KB154406

폭력의 진부함

C 카이로스총서 67

폭력의 진부함 The Banality of Violence

지은이 이라영

펴낸이 조정환
책임운영 신은주
편집 김정연
디자인 조문영
홍보 김하은
프리뷰 문주현 · 유연주 · 표광소

펴낸곳 도서출판 갈무리 등록일 1994. 3. 3. 등록번호 제17-0161호
초판 1쇄 2020년 8월 28일
초판 2쇄 2021년 2월 12일

종이 화인페이퍼 인쇄 예원프린팅 라미네이팅 금성산업 제본 경문제책

주소 서울 마포구 동교로18길 9-13 (서교동 464-56)
전화 02-325-1485 팩스 02-325-1407
website http://galmuri.co.kr e-mail galmuri94@gmail.com

ISBN 978-89-6195-245-3 03330
도서분류 1. 여성학 2. 페미니즘 3. 인문 에세이 4. 문화비평 5. 사회문제

값 18,000원

이 도서의 국립중앙도서관 출판예정도서목록(CIP)은 서지정보유통지원시스템 홈페이지(http://seoji.
nl.go.kr)와 국가자료공동목록시스템(http://www.nl.go.kr/kolisnet)에서 이용하실 수 있습니다.(CIP제어
번호 : CIP2020034393)

이 도서는 한국출판문화산업진흥원의 '2020년 출판콘텐츠 창작 지원 사업'의 일환으로 국민체육진흥기금
을 지원받아 제작되었습니다.

얼굴
이름
목소리가
있는
개인을
위하여

The Banality
of Violence

To be an Individual
with Face, Name
and Voice

폭력의 진부함

이라영

갈무리

보이지 않는 보통명사의 존재들을 위하여

1. 복잡한 개인은 어떻게 보통명사의 존재들을 지배하는가

2020년 7월 둘째 주는 애도와 조문이 어떻게 권력이 되는지 노골적으로 보여준 시간이었다. 안희정 모친상 조문으로 시작하여 박원순 5일장으로 이어지는 시간은 주로 남성의 얼굴로 구성된 권력이 어떻게 여성의 목소리를 문화적으로 묵살시키는지 '예의 있게' 잘 보여줬다. 어떤 위치의 사람과 연결되어 있느냐에 따라 공식적 조문 행위를 누군가는 '예의'로 받아들이고 누군가는 '권력'으로 받아들인다. '사람이 죽었는데'라고 말하지만 우리의 현실에서 어떤 죽음은 '죽음'의 범위에 들어가지 못한다. 누구의 죽음이냐에 따라 권력은 죽음의 무게를 분명히 다르게 측정한다. 그렇다면 말의 무게를 어디에 얹어야 할까.

이 책은 성폭력 피해 생존자의 발화를 독려하며 연대하기 위해 썼다. 성폭력 폭로는 살아있는 사람들의 증언이다.

성폭력 피해자의 말은 수시로 '믿어지지' 않는다. 알고 싶지 않은 진실을 증언하는 사람은 혐오받는다. 그는 자신의 말을 증명하기 위해 이름과 얼굴 공개를 강요받는다. 그래서 이름과 얼굴이 공개되면 그의 말은 신뢰를 얻는가. 그렇지 않다. 피해자의 신상 정보를 손에 쥐고 집단적으로 폭력을 휘두른다.

앞서 언급한 공적 조문들은 예의를 가장한 권력 행위였다. 권력 행위를 '예의'로 만드는 준엄한 호통 앞에서 누군가는 공포를 느낀다. 2020년 7월 14일 서울시 구청장들이 기자회견을 열었다. 서울시장이었던 박원순의 장례가 끝난 다음 날이다. 서울시 구청장들은 "박원순 시장의 정책이 흔들림 없이 유지"되어야 한다고 발표하며 박원순의 재임 기간은 "역사를 바꾼 기간"으로 기록되어야 한다는 입장을 밝혔다. 그들은 박원순의 "공적 역할"에 한정하여 말하는 것일 뿐 성폭력 문제는 "사적 영역에 대한 평가"이기에 구청장 협의회에서 의견을 낼 수 있는 것이 아니라고 했다. 폭력은 공적 권력을 바탕으로 이루어졌건만, 많은 사람들은 이 사건을 사적인 문제로 치부한다.[1]

이처럼 박원순의 사망 이후 한국 사회 각계각층에서 보여준 태도는 공적 인간의 범위에 대해 질문하게 만든다. 서울특별시장으로 5일장을 하면서 애도는 공적으로 하지만, 그의 죽음과 구체적인 관련이 있는 성폭력 피소는 사적인 문제로 처리하려 했다. 박원순 성폭력 피해자는 서울 구청장들 기자회견 하루 전인 2020년 7월 13일에 기자회견을 열었었다. 13일은 박원순의 5일장이 끝나는 날이다. 장례가 끝나기까지 피해자 측은 입장을 발표하지 '않았고' 장례 절차가 끝나자 공식 입장을 발표했다.

애도는 상실의 슬픔을 표현하는 행위인데, 이때 상실의 대상이 무엇일까. 무엇을 애도해야 하는가. 무엇을 슬퍼해야 하는가. 이 슬픔을 표현한 이후는 이전과 어떻게 달라져야 하는가. 애도 이후 달라지는 게 없다면 이 애도는 그저 자위행위에 불과하다. 애도를 빌미로 피해자와의 연대를 무례라 규정하며, 권력 투쟁을 예의라 우긴다. 유난히도 '피해자'라는 호칭을 거부하며 '피해호소인'이라 불렀다. 결국 권력의 상실을 애도했고, 타인의 고통에 연대하기는 나중으로 미뤘다.

특히 박원순 성폭력-피소-사망-애도 과정에서 특정 진영 지식인들의 발언은 이 사회 권력의 구조를 드러냈다. 약자와 소수자에 대해 진보적 의견을 내던 이들이 자신이 '지지하는 권력'은 어떤 방식으로 옹호하는지 잘 보여준 사건이다. 안희정-오거돈-박원순으로 이어지는 지역단체장 성폭력 사건은 우연히 벌어진 개인적 문제가 아니다. 그럼에도 '개인적 오류와 한계'라고 굳이 축소시킨다. 복잡한 개인이 있는 반면 보통명사로 뭉개지는 사회의 수많은 소수자와 약자들이 있다.

2. 보이는 사람이 되기 위하여

나는 20대에 직장에서 남성 상사의 '새끼손가락'으로 표현되는 순간을 목격했다. 여성은 공적 위치에 있는 인간이 되지 못한다. 개인으로 존재하지 못하는 인간은 공적 위치에서 투명해진다. 여성은 남성의 사적 소유물이다. 여성 비서는 권력 있는 남성을 위로하고 수행하는 사적 존재인 '여성'이 되며, 이러한 장치가 조직적으로 마련되었다. 공석 존재가 되지 못한 수많은 사회적 약자들의 공적인 목소리는 막힌다. 폭로는 바로 그 틀을 깨고 나오는 행위다.

보통명사로 불리는 이들은 역설적으로 보편적 존재가 되지 못한다. 보편적 존재가 되지 못한 사람은 개별성도 상실한다. 그렇기에 여성, 흑인, 장애인, 성소수자, 전라도 사람 등의 과오는 '개인적 오류와 한계'라는 이해를 받기 어렵다. 복잡한 개인으로 이해받을 수 있다는 건 권력이 있기에 가능하다. 흑인의 삶Black lives은 '모든 삶'all lives에서 용해되고 여성은 '사람' 안에서 투명해진다. 이들이 드물게 개별적인 서사를 존중받을 때가 있다. '보편적으로' 일어나는 차별을 희미하게 만들고 싶을 때면 소수자의 개별적 서사는 과하게 몸집이 부풀려진다. 오바마가 있잖아, 흑인도 대통령이 될 수 있는데 인종차별이 어디 있어. 박근혜를 봐, 여성도 대통령을 하는데 성차별이 어디 있어. 그러나 이들이 조금만 잘못하면 흑인과 여성의 '문제'가 되어 버린다.

보편적이면서도 개별성을 존중받기 위해 사회적 약자들에게는 얼굴, 이름, 목소리가 필요하다. 동시에 이 얼굴, 이름, 목소리는 보호받아야 한다. 사회적 약자들은 수시로 신상 정보를 보호받지 못하는 한편 정작 필요한 순간에는 얼굴, 이름, 목소리가 지워진다.

나는 이 책을 통해 나의 사적 역사를 복기하지만 그것은 전혀 개인적이지 않다. 나의 개인적 경험들은 이 사회의 문화적 폭력과 끈끈하게 연결되어 있으며 때로는 나 또한 그 문화적 폭력의 한 줄기를 이룬다. 책은 1부와 2부로 구성되었다. 1부는 사적 역사를 복기하며 일상의 폭력이 어떻게 우리의 문화를 구성하는지 다룬다. 내가 겪은 성희롱이나 성추행은 물론이고 딱히 '폭력'이라 불리지 않는 차별적 문화를 언급한다. 가급적 해석을 최소화했다. '사건'이 일어나지 않았어도 마음속에 차별의 흔적이 남았다. '사건'이 되지 않는 사소한 차별들이 문화로 자리 잡았다.

1부에서 내가 열거하는 내용 중에는 스스로 부끄러워 마지막까지 삭제를 할까 말까 망설였던 부분도 있다. 나 또한 이 사회의 구성원인데 나는 늘 옳은 판단을 하고, 부당함 앞에서 용기 있게 싸웠던 사람일 리는 없다. 자주 주저하고, 적당히 넘어가고, 때로 타협하고, 인정 욕구 앞에서 갈팡질팡하다가 뒤늦게 후회하기도 했다. 다소 부끄럽더라도 왜곡하지 않는 게 좋겠다고 생각했다. 2부는 나의 개인적 경험을 넘어 사회적 사건들에 대한 분석이다. 2부는 1부에 대한 응답이기도 하다. 내가 겪은 '개인적' 사건들이 왜 개인적일 수 없는지에 대한 해석이다.

특히 2부에서 내가 중심적으로 엮은 개념은 바로 얼굴, 이름, 목소리다. 미국의 노예제 폐지 운동가 프레더릭 더글라스Frederick Douglass의 삶을 공부하던 중이었다. 그가 평생 찍은 자화상 사진들이 내게 꾸준히 생각을 이어줬다. 2016년 8월 보스턴에 있는 미국 흑인 역사 박물관Museum of African American History에서 '프레더릭 더글러스 초상 사진전'을 볼 기회가 있었다. 더글라스가 평생에 걸쳐 찍은(찍힌) 자화상을 본 후 생각에 많은 도움을 받았다. 프레더릭 더글라스의 얼굴 앞에서 '어떻게 초상이 정치가 되는가'를 생각했다. 카메라 앞에 단정히 앉아 자신의 얼굴 사진을 남긴 더글라스는 노예제 피해자에서 운동가/정치인으로 성장했다. 사회적 약자들은 우선 '보이는 사람'이 되어야 한다.

여성을 비롯한 많은 사회적 약자는 살아서도 보이지 않는 인간이다. 누군가는 살아서도 목소리가 들리지 못한다. 반면 권력은 죽어서도 목소리를 얻는다. 권력은 육신으로 존재하지 않는다. 말씀으로 지배한다. 권력의 말씀을 알아서 섬기는 이들은 자신의 육신으로 지배자를 대리한다. 그렇게 폭력이 인간 개개인에게 체화되어 문화가 되고 하나의 신앙, 법, 관행, 그리고 창작 활동 등으로 자리 잡는다. 적지 않은 지식인들이 배움의 언어로 권력에 봉사한다. 피할 곳은 없다. 일상이 항상 투쟁의 최전선인 이유다.

지금 이 순간에도 사라지는 얼굴과 부당하게 노출되는 얼굴, 사라지는 이름과 부당하게 공개되는 이름, 그리고 묵살당하는 목소리가 있다. 폭력은 진부하게 반복되는데, 이에 대한 저항은 언제나 진부하지 않다. '살아있는 사람'으로 공적 발화를 하기 위해 애쓰는 많은 사람들을 지지하며, 나의 크지 않은 목소리 하나를 얹는다.

2020년 8월
이라영

1부   복기

내가 말을 했을 때, 그때 나는 알았다. 대부분 내 말을 들어줄 준비가 안 되어 있었다. 현실적으로 가장 명예를 지키는 방법은 결국 아무 말도 하지 않는 것이었다. 아무 말도 하지 않아서 내게 아무 일도 벌어지지 않은 것으로 보이게 만들기. 그렇게 문제를 스스로 가려 버렸다. 그러면 아무도 나를 탓하지 않는다. 아무 일도 없다. 그렇게 문제는 한 사람 안에서 곪아간다.

　내 몸이 기억하는 크고 작은 폭력은 물리적인 실체가 없다. 몸으로 나타나는 증상도 없다. 기억은 오직 내 몸 안에 갇혀 있다. 몸의 기억을 어떻게 언어로 전환시킬 것인가. 내 몸의 기억을 언어로 풀어내는 상상을 종종 한다. 이야기가 계속 풀려 나오고 이 이야기를 실타래처럼 엮으면 그 부피와 질량은 얼마나 될까. 아주 먼 훗날의 일이 되리라 막연히 생각했다.

　언론과 사회관계망서비스를 통해 여러 사람들의 성폭력 고발이 이어졌다. 그들의 폭로를 보며 공분하느라 뭔가 끄적거리려 할 때마다 글이 써지지 않았다. 성폭력 폭로에 대해 글을 쓰기가 어렵다. 글이 끝나지 않고 자꾸만 새로운 시작을 한다. 다른 사람이 겪은 일에 분노하다 보면 자꾸 '내 얘기'가 끼어든다. 나는 십수 년 전으로 돌아가 다시 시작하고, 20년 전으로 돌아가 다시 시작하고, 그때마다 당시의 공간과 장소로 돌아갔다. 버스 안, 누군가의 자취방, 길거리,

술집, 사무실…. 내가 문제를 푸는 동안 내 뒤에서 허리띠 풀고 자위하던 중 1 때 수학 학원 강사(그가 뭘 했는지 복기를 거듭한 끝에 나이 서른이 넘어서야 제대로 인식했다.), 중 3 때 처음 겪은 버스 안에서의 성추행(그때 팔꿈치로 그의 성기를 지그시 눌렀다.), 내 옷을 잡아당기던 미술학원 강사(소리 지르며 대들었다가 혼났다.), 여럿이 함께 있는 방에서 내 치마 속에 손 집어넣고 주물러대던 작가(손 걷어내고 자리를 떠났다. 그 와중에도 팬티스타킹을 입어서 다행이라는 생각이 들었다.). 이 기억들이 머릿속에서 뱅글뱅글 돌고 당시의 감각이 몸의 구석구석에서 자꾸 살아났다. 나는 우선 내 기억을 언어로 전환시키기로 했다.

내게서 계속 떠나지 않는 기억들이 가진 공통점이 있다. 해석의 필요성을 느끼는 기억들이다. 행복하고 좋은 기억들은 오히려 해석의 여지가 없어서 흐뭇하게 한 번 떠올리면 그만이다. 내가 그때 왜 행복했지, 내가 왜 그렇게 좋았지, 나를 기쁘게 했던 원인과 상황, 주변 인물들의 반응, 내가 그때 기뻐하는 줄 그들은 알았을까, 몰랐을까, 나의 기쁜 반응을 그들은 기억할까 못 할까…. 이런 생각을 반복적으로 하진 않는다. 좋은 기억들은 분석의 대상이기보다 어떤 이미지로 남아서, 떠올리면 입꼬리가 절로 올라간다.

반복해서 떠올리는 기억들은 대부분 수치와 자책, 후회가 뒤섞여 있다. 그리고 그 감정에 뭔가 의문이 남는다. 나 자신에 대해, 그때 그 상황에 대해, 함께 있었던 사람들에 대해, 계속 해석을 한다. 내가 왜 그랬지, 내가 본 건 뭐였을까, 그때 다른 사람들은 어떤 생각을 했을까, 그 사람은 왜 그랬지, 그들도 나처럼 기억할까, 차라리 그들은 기억하지 말았으면, 도대체 뭘 한 거지…. 이렇게 반복적으로 기억을 떠올리면서 아주 오랜 시간이 흘러 해석이 되는 문제가 있다. 한편 진절머리 나게 싫은 일은 때로 기억이 안 난다. 스스로 기억을 지운다.

많은 경우 성폭력 피해자들이 '그때'를 기억하는 이유는 어디서부터 잘못된 것일까를 계속 복기하기 때문이다. 반면 가해자들은 왜 기억을 못 할까. 그들에게는 해석할 필요가 없는 일이기 때문이다. 사건이 아니다. 일상이다. 복기할 필요가 없는 일상이다. 내가 왜 졌지? 내가 어떻게 이겼지? 상대방이 어떻게 했지? 이런 고민할 필요 없이 매번 바둑을 둘 때마다 내 마음대로 해도 이기는 판이라면 복기의 필요성을 못 느낄 것이다. 상대가 누구든 고려할 필요가 없다. 규정이 자신에게 유리하니까. 그러니까 운이 좋아 얻은 성취를 실력으로 착각하기 쉽다.

기억은 정치적 문제다. 역사를 배우는 일이 바로 복기이다. 피해자들의 복기가 그들을 과거에 가두는 일이 아니라 미래를 위한 디딤돌이 되려면 이 기억을 사적인 영역에 가두지 말아야 한다. 성폭력 고발이 터져 나오는 시기에 여성들은 계속 자기가 겪었던 일을 떠올린다. 기억이 소환되어 피해자에게 강하게 공감하거나 자신의 과거로 돌아가 분이 차오르기를 반복한다. 이 와중에 그들의 기억을 비웃는 말, 혹은 '지지하지만 좀 차분하게' 따위의 말을 들으면 '너나 차분하게 과거를 좀 돌아보세요'라고 말해 주고 싶다.

복기는 분노한 사람들에게 반드시 필요하다. 말하기는 오해를 동반한다. 내가 말을 함으로써 이야기가 생기고, 그 이야기는 나를 보호한다기보다 때로 나를 찌를 수 있는 칼이 된다. 의도는 읽히지 않은 채 결과적으로 오해받기 일쑤다. 그럼에도 기억을 공유하면 개개인의 경험은 고립되지 않는다. 지난날을 돌아보면 나는 어떻게 이런 세상에서 버텨 왔을까, 많은 일들이 필름처럼 돌아간다. 옷을 들추는 정도는 정말 아무것도 아닐 정도다. 나는 수많은 폭력을 거치면서 알게 되었다. 많은 남성들이 내가 보고 듣고 있다는 사실을 신경 쓰지 않는다. (마흔 이후로 나의 사회적 발언권이 상대적으로 생기면서 눈치 보는 남성들이 늘어났다.) 또한 성적으로 여성을 굴복시키려는 시도가 실패했을 때 종종 이렇게 말한다. "다시는 이 바닥에 발도 못 붙이게 해주겠어." 그리고 아무것도 아닌 일로 '지랄을 떠는' 예민하고 이기적인 '미친년' 취급을 한다. 이렇게 말하는 이들이 뭐 그리 대단한 자리에 있는 사람은 아니다. 그 정도는 '남자라면' 여자에게 할 수 있는 행동이라고 생각한다.

남자아이들은 여자아이들을 놀리며 자라난다. 치마를 들치고, 머리를 잡아당긴다. "애들은 다 그렇지." 여자아이들 끼리 놀면 방해를 하는 남자아이가 있다. 내 엄마가 어릴 때는 남자아이들이 고무줄을 끊고 도망가기 일쑤였다고 한다. 모두 남자아이들의 짓궂은 장난으로 봐줄 뿐이다. 이러한 놀이와 장난이 성인이 되었을 때 '철없던 시절의 부끄러운 행동'으로 회고된다면 한 사회는 성숙한 방향으로 나아갈 것이다. 현실은 그렇지 않다. "남자들은 원래 좋아한다는 표현을 그렇게 해."라고 말하며 여성에 대한 괴롭힘을 호감으로 이해해 주는 사회에서 남성은 여성과 관계 맺는 방식을 왜곡되게 배운다. 여자아이를 놀리는 남자아이의 놀이는 폭력적으로 진화한다.

물리적으로 흔적을 남기지 않은 나의 평범한 폭력의 역사는 오직 나의 기억 속에만 고여 있다. 아무도 모른다. 나는 복기한다. 누군가에게는 너무 시시하고 평범하며 특별한 사건이 없어서 실망스럽게 보일 수 있으며 누군가에게는 대단히 놀라운 일처럼 보일 수 있다. 내가 알기로는, 그다지 특별하지 않다. 특별하지 않은 개인의 역사를 복기해 본다. 피투성이가 된 피해자만을 폭력의 증거로 인정하는 사회에서 지극히 평범한 폭력의 얼굴에 대해 말하고 싶다. 문화가 되어 버린 폭력들. 단지 말 한마디일 뿐이지만 나를 지배하는 행위들. 좋은 사람들의 좋은 말은 어떻게 차별에 거름을 주는가. 이 사소하고 평범한 폭력들을 들여다보면 결국은 모두 연결되어 있다. 텔레그램 N번방 사건의 피의자 일명 '박사'의 정체가 공개되었을 때 많은 사람들이 "너무 평범해서 놀랐다"고 했다. 성범죄에 대한 우리의 시각은 피해자가 얼마나 처참하게 '당했는지'에 초점을 둔다. 그렇게 피해를 관음한다. 그보다는 가해 행위가 얼마나 평범하게 이루어져 강간문화를 구성하는지를 살펴보아야 한다.

1980년대 중후반

1

초등학생이었다. 정확히 언제였는지 기억나지 않지만 열 살은 넘었다. 엄마가 다른 아줌마에게 전해 들은 이야기를 아빠에게 전하는 중이었다. 어떤 아저씨들이 아무개네 집에 가서 아무개 마누라가 차려준 밥을 먹고 돌아와 그 아무개 마누라 이야기를 신나게 하더란다. 상에 음식을 차려주는데 "젖통이 훤히 보이는 게 좋더라고."라며 떠들더란 것이다. 의자에 앉는 식탁보다는 좌식 밥상을 많이 쓰던 시절에 밥상에 음식을 놓으려면 허리를 많이 숙여야 한다. 그때 그 아줌마의 헐거운 옷 속으로 가슴이 보였던 모양이다. 그 이야기를 아저씨들이 떠들어대는 통에 아줌마들 귀에까지 들어갔다. 말은 어디까지 전달되었을까. 아직 가슴이 나오지도 않았던 나는 '젖통이 훤히 보이는 게 좋더라.'라는 문장을 통해 '젖통'을 상상해 봤다.

영화 〈말죽거리 잔혹사〉에서 남자 고등학생들은 자주 가는 분식집 사장님과 친하다. 주인이 음식을 내줄 때 옷 속으로 가슴이 훤히 보이고 남학생들이 침을 꼴깍꼴깍 삼키는 장면이 있다. 이 영화가 개봉했을 때 나는 20대 후반이었다. 어릴 때 들었던 '젖통이 훤히 보이는 게 좋더라.'라는 문장이 생각나는 장면이었다. 김부선이 연기한 이 '떡볶이 아줌마'는 남자 고등학생을 자신의 성적 대상으로 삼고 남자 고등학생들도 이 아줌마에게 줄곧 성적인 메시지를 보낸다. "공짜로 막 주나요?" "그럼, 공짜로 막 주지." 한쪽은 떡볶이를 막 준다고 말하지만 다른 한쪽은 '떡볶이 아줌마'를 막 주냐고 묻는다. 같은 말 속에 다른 뜻이 숨어 있다. 이 남자들에게 음식과 음식을 주는 여성은 동급이다.

2015년 여름 대만에 갔다가 숙소 근처에 있는 후터스[1]에서 저녁 식사를 했다. 가슴을 강조한 딱 달라붙는 민소매 셔츠에 엉덩이가 보일 듯 짧은 주황색 반바지를 입은 여성들이 서빙을 했다. 우리 일행이 주문한 음식이 나오자 종업원은 몸을 숙이고 팔을 쭉 뻗어 테이블 끝에 있는 케첩을 집어 들고 음식에 뿌려줬다. 케첩은 우리가 알아서 뿌려 먹으면 되는데 뭐 굳이 이런 서비스까지…. 내가 이런 생각을 할 때 한 남성이 말했다.

"방금 케첩 뿌려 준 거, 일부러 그랬을 거야."

나는 둔하게도 그때까지 이게 무슨 말인가 금방 이해를 못 했다. 그가 설명하길, 여기는 후터스니까 가슴을 보여주는 '섹시한 서빙'을 위해 일부러 허리를 숙여 굳이 케첩을 뿌려줬을 것이라 짐작한다고 했다. 듣고 보니 그럴듯했다. 후터스니까. 종업원은 풍만한 가슴이 테이블에 닿도록 몸을 숙였다. '젖통이 훤히 보이는 게 좋더라.'는 남자들을 위한 서비스 매뉴얼일지도 모른다.

2

뉴스를 보았다. 신은경 아나운서는 당시 최고의 여성 앵커였다. 어느 날 백지연 아나운서가 등장했다. 아빠는 그를 '브룩 쉴즈'라고 했다. "너도 지성과 미모를 겸비해야 해."라고도 말했다. 나는 지성과 미모를 갖춘 여성상에 대해 막연히 생각했다.

3

1980년대 중반에 〈선구자〉라는 주말 드라마가 있었다. 주말마다 온 가족이 꼬박꼬박 보던 드라마인데 말 그대로 역사 속의 선구자들을 매주 한 명씩 보여줬다. 위인전이 남성으로 가득하듯이 아주 당연하게도 매주 위대한 남성 선구자들을 드라마로 만났다. 그러던 어느 날, 나혜석이라는 화가가 등장했다. 당시 유명 배우였던 황정아가 나혜석 역할을 맡았다. 그렇게 처음 화가 나혜석을 알게 되었다. 내가 그림에 취미가 있어서기도 하지만 그보다는 '여성 선구자'의 존재가 상당히 신선했다. 유관순은 너무 어린 나이에 희생되었고, 나이팅게일은 다른 나라 사람이고, 선덕여왕은 아득한 먼 옛날 왕조 시대 인물이라 막연했다. 나혜석은 구체적인 인물로 내게 다가왔다. 그전에는 구체적인 여성을 접한 기억이 없다.

4

1987년 이전 어느 해 겨울이다. 가족과 함께 겨울방학 때 서울 할머니에게 갔다가 양양의 우리 집으로 돌아왔다. 대문 안쪽에 묵직한 우편물이 하나 있었다. 드르륵 갈색 미닫이문을 열고 누군가 우선 불을 켰다. 싸늘한 냉기가 감도는 방바닥 위에 앉아 나는 우편물을 살펴보았는데 수신자에 내 이름이 적혀 있었다. 서울의 한 방송국에서 보낸 소포인데 내게로 왔다. 나한테 이런 게 왔어! 다들 영문을 몰라 물끄러미 소포를 바라보는데 엄마가 "아! 그거 나다!"라고 외친다. 소포를 뜯어보니 여성지 한 권과 가계부 노트 등이 있었다. 엄마는 민망하게 웃음을 터뜨린다. 라디오에서 주부를 대상으로 글쓰기 공모를 했단다. 엄마가 글을 써서 보냈는데 당선이 되어서 원고료와 상품을 받는다고 했다.

상품은 전기장판이었고 엄마는 전기장판을 서울에 있는 할머니(엄마의 시어머니)에게 보내도록 했다. 엄마는 엄마 이름이 아니라 내 이름으로 글을 써서 보낸 것이다. 그때는 엄마가 자기 이름을 창피하게 생각하는 줄 알았다. 살면서 점차 알게 되었지만 엄마는 엄마 이름을 창피하게 여기지 않는다. 다만 이름을 잃어버리는 것에 익숙했을 뿐이었다.

1988년

1

학교에 다니는 동안 '성교육'이라는 이름으로 진행한 수업은 딱 두 번 있었다. 그중 첫 번째는 초등학교 6학년 때였다. 학기가 거의 끝나갈 무렵 한 교실에 여학생들만 모아놓고 한 여자 교사가 성교육을 했다. 주로 생리에 대해서였다. 생리란 무엇이며, 몸에 어떤 현상이 나타나는지를 간단히 알려줬다. 그런데 생리할 때 생리대를 어떻게 처리해야 하는지가 그날 교육 중에서 가장 강조하는 내용이었다. 생리대를 버릴 때 피가 보이는 채로 버리면 안 된다, 꼭 안 보이게 잘 싸서 버려야 한다, 편지 봉투에 넣어서 버리면 좋다 등등.

2

나는 얌전한 아이었다. 말을 잘하는 사람이 되고 싶었지만 말을 많이 하는 사람은 좋아 보이지 않았다. 말을 잘하는 사람은 똑똑한 사람이지만 말을 많이 하는 사람(여자)은 수다스럽다고 생각했기 때문이다. 게다가 목소리가 크다는 지적을 어릴 때부터 많이 받았다. 타고나길 목소리가 크다. 웃음소리도 크다. 초등학교 3학년 때 담임 선생님은 엄마에게 이렇게 말했다. "우리 반은 반장이랑 부반장이 바뀌었어요. 반장(남자) 애는 조용한데 부반장(여자인 나)이 목소리가 우렁차요." 나는 지금도 내 목소리의 볼륨에 신경을 바짝 쓴다. 가끔 볼륨 줄이는 걸 잊고 편하게 떠들다가 가족들에게 목소리 크기에 대해 지적을 받는다. 꾸준히 내 목소리 크기를 지적하는 가족들이 솔직히 야속하다. 어른이 되어서는 밖에서 그런 지적을 딱 한 번 받았다. 여럿이 있는 자리에서 누군가가 내게 눈을 흘기고 손으로 제 귀를 막으며 "어휴, 시끄러워."라고 했다. 나는 수치심에 몸이 뜨거워졌지만 아무렇지 않은 척했다. 속으로 그를 많이 원망했다. 목소리 줄이는 걸 깜빡 잊은 나 자신을 더욱 원망했다. 내 목소리는 나에 대한 첫인상을 종종 배반한다. '얌전한 줄 알았는데 말하는 거 보니 영 딴판이네.' 지금도 나는 일상에서 목소리 크기에 신경 쓴다.

적당한 소리로 듣기 좋게 말하는 건 누구에게나 필요하겠으나, 남성들의 우렁찬 목소리는 그처럼 지적받지 않는다. 한편 강의를 할 때 적어도 목소리 크기에 대해서는 해방감을 느낀다. 오히려 나의 큰 목소리가 장점으로 작용한다. 마이크가 고장 난 호텔의 그랜드볼룸에서도 문제없었다. 내 목소리는 뒷자리까지 잘 들렸다고 한다.

3

정확히 88년인지 89년인지 모르겠다. 이즈음이다. 당시 우리는 반지하와 지상으로 2층이 있는 큰 주택의 반지하에서 살았다. 주인은 2층에 살았다. 어느 날 저녁 갑자기 반지하로 들어오는 우리 집 현관문이 벌컥 열리더니 주인집 아줌마가 뛰어 들어왔다. 순식간에 뛰어 들어온 아줌마는 신발을 신은 채로 아무 방에 들어갔다. 갑자기 무슨 일이 벌어지는지 파악할 틈도 없이 뒤이어 주인집 아저씨가 소리를 지르며 들이닥쳤다. 그제야 주인집 아줌마가 도망쳐 나왔음을 알아차린 부모님이 주인집 아저씨를 막아섰다. 주인집 남자는 누구의 말도 듣지 않았다. 그는 저벅저벅 우리 집으로 들어와 방문을 마구 열어젖혔고 그중 어느 방문이 열리자 보따리처럼 사람이 문지방 바깥으로 푹 떨어졌다. 주인집 아줌마는 문에 기대어 있다가 갑자기 문이 열리자 그대로 고꾸라진 것이다. 그 아줌마는 체구가 아주 작다. 키가 150센티미터 정도일까. 작고 마른 사람이었다. 키가 큰 주인집 남자는 이 아줌마의 머리채를 잡고 질질 끌어내어 우리 집 거실에 내동댕이쳤다. 그는 경찰이었다. 집주인이 경찰이라 우리 집은 안전하다 말하곤 했다. 도둑이나 강도로부터는 안전할지 모르겠으나 적어도 주인집 아줌마는 아저씨에게서 안전해 보이지 않았다. 그는 우리 집 거실에서 제 아내를 구타했다. 게다가 아무리 세입자여도 우리 집인데 그는 우리 부모님의 말리는 손길을 전혀 신경 쓰지 않았다. 되레 화를 냈다. "이년이 어딜 갔다 왔는지 아느냐"며 큰소리쳤다. 주인집 아줌마는 가축처럼 끌려 나갔다.

그 아줌마가 비참하게 맞은 이유는 그날 춤을 추러 갔기 때문이다. 장바구니를 든 채로 춤을 추러 갔단다. 왕년에 좀 놀던 사람이라 했다. 춤추러 갔다고 제 아내를 세입자의 집에서 구타하던 주인집 남자에게는 혼외 자식이 있다. 다방 종업원이 아이를 낳았고 그 아이는 바로 제 아내가 키운다. 동네 사람들이 다 안다. 남편의 혼외 자식을 키우는 여자가 춤추러 갔다가 두드려 맞는 현장을 우리 집 거실에서 목격했다. 그때 나의 공포는 시간이 흐르면서 분노로 변했다. 30년 후에도 나는 내 부모에게 말했다. 그 아저씨 나쁜 놈이고, 그것도 우리 집에서 그런 행동을 했기에 더욱 나쁜 놈이라고. 그런 나쁜 놈이 경찰이라고. 그런데 단 한 번도 나의 부모님이 이에 대해 '온전한 동의'를 한 적 없다. 나쁘다고, 잘못한 행동이라고 그 말만 확실하게 입 밖으로 내었다면 적어도 그 사건에 대한 나의 분노는 고립되지 않았을 것이다. 그러나 나의 분노에 대한 내 부모의 반응은 늘 조용히 웃으며 "어휴, 나쁘지. 그런데 그 아줌마도 행실이 좋은 사람은 아니라서 …."였다. 부모님은 그날 일을 기억조차 하기 싫은 듯했다.

주인집 아줌마는 집주인으로서 내 엄마에게 아주 못되게 군 사람이다. 그 사람이 좋은 사람이라고 생각해본 적은 없다. 그러나 춤추러 다녀서 맞아야 한다면 그 아줌마는 아저씨를 매일 기절할 때까지 구타해도 되지 않을까. 춤추는 여자는 맞아도 싼 여자인데 밖에서 애 만들어온 남자는 큰소리쳐도 되는 그 현실이 잘못되었다고, 아무도 내게 그 말을 해주지 않았다.

1989년

1

중학생이 되었다. 나는 여학교에 다녔다. 하루는 성교육을 한다며 비디오를 보여줬다. 교육용으로 만든 간단한 영화였다. 줄거리는 다음과 같다. 청소년들이 혼성으로 캠핑을 갔다. 즐겁게 떠나서 하루 종일 신나게 놀다가 각자 다른 텐트에 들어가 잠을 청한다. 남학생들이 여학생들이 자는 텐트에 몰래 들어간다. 여학생들의 비명 소리가 들리고 텐트 바깥에서 보이는 그림자를 통해 성폭력을 암시한다. 메시지는 간단하다. 여학생들은 남학생들이랑 어른을 동반하지 않은 채 놀러가지 말라. 이게 나의 두 번째 성교육이다.

2

중학생일 때 인신매매가 있다는 사실을 처음 알았다. 당시에 봉고차로 여성들을 납치해 섬에 팔아넘긴다는 이야기가 언론에 많이 등장했다. 어디까지 사실인지 알 수 없는 소문도 돌았다. 나는 동네 아줌마들이 나누는 이야기를 들었다. 사라진 아내를 수소문한 남편이 어렵게 아내가 있는 곳을 찾았더니 기생집이었다고 한다. 남편은 손님으로 들어가 아내를 특별히 불러 달라고 요청했다. 한복을 곱게 차려입은 여자가 미닫이문을 열고 들어와 손님에게 인사하고 고개를 드니 제 남편임을 알아보고 주저앉았다고 한다. 남편은 울음을 삼키며 함께 나가자 했지만 아내는 자신의 '이런 모습'을 본 남편에게 돌아갈 수 없었다고 한다.

몇 년 후 나는 비비안 리가 발레리나로 나오는 흑백영화 〈애수〉를 봤다. 마이러 레스터(비비안 리)의 애인 로이 크로닌은 장교로, 2차 세계대전이 터지면서 영국을 떠난다. 마이러는 전쟁터로 떠나는 애인을 배웅하고 돌아오느라 공연에 늦어 무용단에서 해고된다. 게다가 애인이 전사했다는 소식까지 들었다. 직장을 잃어 경제적으로 곤궁해졌고, 결혼을 약속한 애인까지 잃은 그는 성매매 여성으로 살아간다. 어느 날 여느 때처럼 마이러는 기차역에서 '일을 위해' 군인들을 기다린다. 짙은 화장을 하고 호객을 하던 중 그는 새파랗게 질린다. 죽었다던 애인이 멀쩡히 살아서 마이러의 눈앞에 보였고 그는 마이러가 자신을 마중 나온 줄 알고 반갑게 맞았다. 마이러는 그와의 결혼을 계속 진행하지 못하고 결국 워털루 다리에서 차에 뛰어들어 죽는다. 나중에 알았지만 영화의 원제는 "워털루 다리"Waterloo Bridge다. 〈애수〉를 보고 나서 나는 그전에 들었던 인신매매 이야기를 다시 떠올렸다. 납치되어 유흥업소에서 일하는 여자, 전쟁 중 일자리를 잃어 성매매로 생계를 이어가는 여자는 왜 남편과 애인에게 죄인이 되어야 할까. 나는 당시에 뚜렷한 비판의식을 가지고 말할 수는 없었지만 납득할 수도 없는 문제였다. 비극적인 러브스토리라는데 그 비극의 방향을 어린 나는 이해할 수 없었다. 도대체 마이러는 뭘 잘못했지?

1990년

1

내가 겪은 최초의 성추행을 나는 서른이 넘어서 인지했다. 내가 최초로 겪은 성추행은 중학교 1학년 겨울방학부터 2학년 1학기까지 다니던 수학 학원에서 일어났다. 젊은 총각인 학원 강사는 잘 가르쳤고 인상도 좋았다. 일대일로 가르치는 학원이라 작은 강의실에 한 시간 동안 둘만 있었다.

그는 내가 문제를 푸는 동안 뒤에서 나를 꼭 껴안고 내가 문제 푸는 걸 보곤 했다. 조금 어색했지만 당시 나는 그를 딱히 나쁘게 여기지 않았다. 어려서 뭘 잘 몰랐고, 그저 아이를 예뻐하는 어른 정도로 생각했다. 내게 의문을 남긴 행동은 그게 아니었다. 그는 뒤에서 한동안 나를 안고 있다가 잠시 후 한 발짝 물러났다. 그다음 허리띠를 풀었다. 옷을 정리하는 줄 알았기에 뒤돌아본 적은 없지만 허리띠를 풀 때 들리는 딸깍거리는 소리와 바지 지퍼를 내리는 소리로 알 수 있었다. 왜 항상 내가 문제 푸는 동안 거친 숨소리와 함께 허리띠 푸는 소리가 들리는지 그게 이상했다. 옷을 정리하겠거니 생각했지만 늘 반복되니까 점차 의구심이 들었다. 수학 문제보다 더 어려운 문제였다. 당시에는 그게 뭔지 몰랐다. 나는 계속 생각했다. 특별한 불쾌감도 없었다. 다만 이상해서 계속 생각했다. 나는 이 수수께끼를 20년도 훨씬 더 지나 풀 수 있었다. 그는 내 뒤에서 자위를 한 것이다.

2

　도덕 선생님이었나, 지리 선생님이었나, 정확히 기억나지 않는다. 어떤 여자 선생님이었다. 그의 모습은 기억난다. 나는 그가 어떤 과목을 가르쳤는지도 헷갈릴 정도로 그가 수업 중에 가르치던 내용은 하나도 기억나지 않는다. 딱 두 장면만 머릿속에 남아있다. 일주일 정도 수업을 빠졌던 그가 다시 수업시간에 들어왔을 때 머리에 하얀 리본이 꽂혀 있었다. 평범한 머리핀으로 보이진 않았다. 집에 가서 물어보니 상을 당하면 여자들이 머리에 꽂는 핀이라고 했다. 또 다른 장면은 그가 우리에게 '한강에 배 띄우기'에 대해 설명할 때다.

"남자들이 여자들 건드리는 걸 뭐라고 하는 줄 알아요? '한강에 배 띄우기'라고 해. 그게 무슨 말인지 알아요? 배가 지나간 자리가 흔적이 남아요? 안 남죠. 그 순간 잠깐 물에 포말이 생기지. 그런데 조금 지나면 흔적이 없잖아요. 남자들한테는 그런 거예요. 그냥 아무런 흔적도 안 남는 놀이라고."

나는 무슨 말인지 잘 이해하지 못했다. 그저 여자들은 남자가 '건드리지' 않도록 조심해야 한다고 생각했다.

3

주말에는 드라마 〈꽃 피고 새 울면〉을 봤다. 당시 청춘 스타였던 김혜수가 주연이었다. 눈이 동그랗고 젊은 배우가 태권도 유단자라고 해서 더욱 사람들이 매력을 느꼈다. 김혜수가 연기한 극중 백미경은 아버지 사업 문제로 최승명(노주현) 사장을 찾아간다. 그 자리에서 최승명은 백미경을 성폭행한다. 경찰에 신고는커녕 역시 아버지 사업 때문에 백미경은 그 악독한 최 사장과 결혼한다. 백미경은 최 사장이 전 부인과의 사이에서 낳은 어린 딸까지 키우지만 그 딸도 새엄마를 싫어한다. 구박받는 결혼 생활 속에서도 희생과 헌신으로 가족을 도우려던 백미경은 끝내 젊은 나이에 병으로 죽는다. 미경이 죽은 후에야 최승명은 후회하고 반성한다. 내가 이 드라마를 기억하는 이유는 오직 한 가지 때문이다. 아버지를 위해 자신을 성폭행한 남자와 결혼하는 설정이 너무 충격적이어서. 어른들은 이렇게 말했다. "그러니까 여자애가 거길 왜 혼자 가!"

4

수학여행을 갔다. 어느 박물관이다. 전국의 여러 학교에서 수학여행을 다니는 시기라서 우리는 가는 곳마다 다른 학교 학생들과 마주치곤 했다. 정확히 기억나지 않는 어느 박물관에서도 또래 남학생들이 단체로 있었다. 어수선하고 복잡한 박물관에서 순식간에 벌어진 일이다. 남학생들이 전시실로 우르르 들어오는 와중 한 남학생이 빠르게 내 옆으로 뛰어가며 손으로 내 사타구니 부근을 움켜쥐고 지나갔다. 아! 내가 비명소리를 내는 동시에 내 뒤에서는 이미 남학생의 으하하하 터져 나오는 웃음소리가 들렸다. 그는 어느새 무리들 속으로 섞여 들어갔고 나는 거의 울음이 터져 나올 듯 분한 상태를 주체하지 못하고 서 있었다.

1991년

1

같은 동네 사는 친구 주영이와 평소대로 함께 집으로 돌아가는 버스 안이었다. 22번이거나 23번일 것이다. 그날 아침 비가 와서 우리는 모두 우산을 가지고 있었다. 사람들이 가장 많이 내리는 강릉 시내의 신영극장 앞을 지나자 버스의 오른쪽 제일 앞자리가 비었다. 주영이가 앉았고 내 가방을 받아줬다. 하굣길에는 비가 오지 않아 아침에 묻은 빗물은 이미 우산에 남아있지 않았다. 주영이는 무릎 위에 제 가방과 내 가방을 올려놓고 물기가 없는 우산 두 개를 다리 사이에 끼우려 하다가 "아, 엄마가 이러지 말랬어."하더니 우산 두 개를 오른쪽 벽에 세웠다. "뭐가? 뭘 하지 말라고?" 내가 물었더니 주영이는 "엄마가 여자들은 다리 사이에 우산 끼우고 앉는 거 아니랬어. 그거 보기 안 좋대."라고 했다. 우산을 잃어버리지 않으려고 나는 버스 안에서 종종 우산을 다리 사이에 끼우고 앉았고, 아마 그 후로도 계속 그랬을 것이다. 우산을 들고 어딘가에 앉을 때마다 생각난다. 헐렁한 하늘색 청바지를 입고 버스 앞자리에 앉아 "엄마가 이러지 말랬어."라고 말하던 단발머리 주영이의 모습이.

2

나는 중고등학교를 모두 여학교만 다녔다. 중학교 때 몇
몇 교사들의 행동이 기억난다. 영어 교사는 칠판 위에 여자
가슴을 그렸다. 여자 가슴은 이렇게 생겨야 한다며 그가 그
린 가슴 모양이 아직도 기억난다. 한두 번이 아니라 여러 번
그는 칠판 위에 여자 가슴을 그렸다. 뜀틀 위에서 구르기를
하던 날 체육 시간이 생각난다. 구르기 자세를 시범 삼아 보
여주기 위해 체육부장 친구는 뜀틀 위에서 엉덩이를 하늘
로 향한 채 몸을 동그랗게 말고 있었다. 체육 교사는 그 자
세로 학생을 고정시켜 놓고 우리에게 설명했다. 설명하면서
체육부장의 엉덩이를 손바닥으로 탁탁 쳤다. 엉덩이를 위
로 한 채 몸을 말고 있는 체육부창은 그 자세에서 체육 교
사의 손바닥을 감수할 수밖에 없었다. 이 사람은 치마 입고
색깔 있는 스타킹 신은 학생들에게 종종 "스타킹을 뭐 하러
신어? 스타킹은 맨살 스타킹이 최고지."라는 말도 했다.

누구였는지 기억나지 않지만 여자의 나이로 농담을 하
던 사람도 있었다. 24세, 25세는 금메달, 26세, 27세는 은메
달, 28세는 동메달이라고 했다. 29세부터는 목메달이라며
값이 좋을 때 시집가라고 했다. 어우~. 우리는 이런 소리를
내며 약간 인상을 찡그리긴 했지만 모두 웃었다. 불쾌하다
고 생각하진 않았다. 그보다는 나이가 들면 점점 시집가기
어려워지니까 '노처녀'가 되기 전에 결혼하는 게 좋겠다는

생각이 들었다. 우리는 그런 말에 불쾌감을 가질 줄도 몰랐다.

2년 동안 사회를 배웠고 3학년 때는 담임이 된 사회 선생님을 나는 참 좋아했다. 그는 소위 '노처녀'였다. 기껏해야 서른 안팎? 키가 작고 바싹 마른 몸인데 눈매가 매섭고 목소리가 우렁찼다. 교과서 내용과 무관한 서양 역사를 줄줄 읊어대는 모습에 빠져들었다. 어느 날 그는 사르트르와 보부아르의 계약결혼에 대해 한참 이야기했다. 물론 세월이 흘러 나는 이 '계약결혼'의 모순과 기만도 발견했지만 당시에는 신선하게 들렸다. 집에 가는 길에 서점에 들러 사르트르의 『구토』를 샀다. 읽다가 지루해서 덮어버렸다.

2년 동안 국어를 배웠던 선생님도 나는 좋아했다. 원래 머리색인지 알 수 없지만 연한 갈색 머리를 하나로 땋고 끝에는 화려한 장식이 달린 끈이나 핀으로 묶고 다녔다. 비녀도 자주 꽂았다. 옷차림은 늘 세련되었고 그도 교과서와 무관하게 이런저런 문인들 이야기를 많이 해주었다. 칠판에 가끔 자신이 좋아하는 시를 수업과 무관하게 적어놓곤 했다. 내가 좋아하는 신경림의 「갈대」는 그 선생님이 적어준 시였다. 그는 친일 경력이 있는 모윤숙이 한국전쟁 후 국제 펜클럽 한국본부 회장이 되는 사회에 분개했다. 당시는 전교조 뉴스로 들썩일 때였다. 그 선생님이 전교조라는 소문이 있었다. 사실은 모르지만 어쩐지 잘 어울린다고 생각했다. 그도 '노처녀'였다.

우리 눈에 멋있게 보이는 '사람'이 많았지만 아무리 멋있어도 결혼하지 않은 여자는 어딘가 흠이 있는 여자로 본다는 걸 어릴 때도 막연히 알았다. 입버릇처럼 우리는 이 '노처녀' 선생님들에게 스승의 날에 이렇게 말하곤 했다. "선생님~~ 올해는 꼬옥~ 시집가세요~~~~." 고등학교에 입학한 뒤 나는 중학교 3학년 때 담임에게 스승의 날 편지를 썼다. "선생님, 꼭 좋은 사람 만나길 바라요."라는 말도 적었다. 내가 마흔까지 '노처녀'의 삶을 살면서 수도 없이 생각했다. 그때 그 선생님들은 똑같은 말을 얼마나 많이 들었을까. 거기에 나까지 말의 무게를 얹었으니 후회가 밀려왔다.

3

두 번째 성추행은 중학교 3학년 때 버스 안에서 일어났다. 아침에 학교 가는 길에 탔던 22번과 23번 버스는 늘 만원이었다. 나는 거의 종점에서 타기 때문에 주로 앉아서 등교했다. 버스가 정류장을 거치며 점점 사람이 많아지면 서 있는 사람들이 앉아있는 사람들에게 기운다. 그날도 마찬가지였다. 그날 나는 버스의 왼쪽 좌석 중간 즈음 앉아있었다. 그날 탔던 버스가 22번인지, 23번인지는 기억나지 않는다. 내 옆에 서 있던 정장 차림의 남자가 내 오른쪽 어깨에 자신의 하체를 밀착한 상태였다. 사람이 많아 흔히 있을 수 있는 일이었지만 그는 조금 이상한 행동을 했다. 내 어깨에 자신의 하체를 계속 비벼댔다. 나는 그가 뭘 하는 건지 알 수 없어도 불편함은 분명히 느낄 수 있었다. 나는 버스가 왼쪽으로 돌면서 오른쪽으로 약간 기울어질 때 몸이 기울어지는 척하며 오른쪽 팔꿈치로 그의 가랑이 사이를 밀쳐냈다. 그렇게 그는 내 몸에서 조금 떨어졌지만 만원 버스 안에서 그는 금세 내게 밀착했다. 내 오른쪽 어깨에 그는 가랑이 사이를 쉬지 않고 비벼댔다. 사람이 많아 나는 일어날 수도 없었다. 더구나 그가 뭘 하는지 정확히 파악이 안 되는 나는 말로 표현하지도 못한 채 버스의 흔들림에 과장된 반응을 하며 팔꿈치로 그를 밀어내는 행동만 반복했을 뿐이다. 집에서 학교까지는 버스로 30여 분 걸렸다. 교실에 도착해 짝과 뒷자리 친구 두 명에게 이 이야기를 했다. 어떤 아저씨가 계속 내 어깨에 몸을 비볐어. 왼쪽 대각선 뒤에 앉았던 친구의 표정이 아직도 생각난다. 그 친구는 상황을 알아차린 눈치였다. 더럽고 난처한 일을 당했다는 듯 얼굴을 찡그렸다. 나는 세월이 조금 더 흘러 그때 그 남자가 뭘 했는지 깨달았다. 엉덩이를 흔들며 내 어깨에 집요하게 하반신을 비벼대던 그의 몸놀림은 아직도 내 오른쪽 어깨가 기억한다. 초록색 때수건으로 박박 문질러버리고 싶은 그 물컹한 느낌. 몸의 기억력은 꽤 강하지만 보이지도 들리지도 않는다.

1992년

1

중학교 졸업식이 끝나고 며칠 후였다. 늦은 오후에 집에서 전화를 한 통 받았다. 낯선 남자의 목소리는 뜻밖에 나를 찾았다. 아직 집안에 불을 켜지 않은 늦은 오후의 어둑한 거실과 바깥이 어두워지기 시작하는 2월의 날씨가 기억난다. 나는 2인용 파란 소파에 앉아 창가에 있는 전화를 받았다. 모르는 목소리라 긴장한 채 누구냐고 물었다. 무슨 고등학교인지는 기억나지 않지만 어떤 고등학교에 다니는 학생이었다. 며칠 전 내가 졸업한 중학교의 졸업 앨범을 보고 전화했다고 한다. 졸업 앨범에 들어가는 얼굴 사진과 앨범 뒤에 들어간 집 전화번호가 이렇게 쓰일 줄은 상상도 못 했다. 나는 약간 무서웠다. 나는 상대가 누군지 모르는데 상대는 나를 알고 있다. 그는 나를 만나고 싶다 말했다. 어리숙했던 내가 했던 말은 지금 생각하면 무척 웃기다. "저는요⋯ 공부해야 하거든요⋯ 만날 수 없어요." 얌전하게 말한 후 상대의 반응을 확인하고 전화를 끊었다. 나는 어두운 거실에서 불 켜진 주방을 바라보았다. 엄마가 저녁 식사를 준비하고 있었다. 나는 아무 잘못도 안 했는데 괜히 조심스러워졌다. 내가 모르는 누군가가 우리 집 전화번호를 알고 내 얼굴을 알아 전화했다는 사실이 찜찜하면서도 당시 나는 애써 상황을 이해했다. '예쁘면' 일어나는 일이라 생각했다.

2

고등학교 때 지리 교사였고 고 3 때 담임이었던 사람은 이런 발언을 한 적이 있다. "라틴 여자들은 처녀 때는 몸매가 진짜 좋지만 애 한 번 낳고 나면 완전히 퍼져 가지고 엉덩이가 이만하고 몸이 엄청 커진다니까. 결혼 후에는 한국 여자들 몸매가 더 낫지." 라틴 여자를 본 적 없던 나는 그의 말을 들으며 커다란 라틴 여자의 이미지를 그려보았다. 출산 후 몸이 커지는 모습을 상상해 봤다.

3

우리는 그때 왜 그런 놀이를 했을까. 형식상으로 일주일에 한 번 있던 학급회의 시간이다. 대부분 자습하는 시간이지만 고등학교 1학년 때는 가끔 정말 '회의'를 하기도 했다. 몇 번 이런 주제를 놓고 투표했다. 우리 반에서 제일 예쁜 사람! 우리는 어릴 때부터 미스코리아 대회를 보고 자랐다. 예쁜 여자를 뽑는 놀이는 낯설지 않았다. 은근한 경쟁심을 부추겼다. 제일 많은 표를 얻은 사람은 마치 우리 반의 미스코리아인 양 잠시 으쓱한다. 그래 봐야 잠깐 자신의 미모에 도취한 뒤 다시 지겨운 공부로 돌아가지만 그 잠깐 동안 '예쁨'을 확인받고자 은근히 신경 쓴다. 물론 나는 한 번도 우리 반에서 제일 예쁜 사람으로 뽑힌 적은 없다. 그래도 언급되는 몇 명에 들어가면 기분이 조금은 좋았다. 신경 안 쓰는 척하면서 속으로는 제일 예쁘고 싶다는 욕망이 있었다. 돌이켜 보면 우스운 일이지만 한때는 전혀 우습지 않게 나의 일부를 지배하던 욕망이다.

1994년

김일성이 죽었고, 역사적인 폭염이 지나갔다. 수능시험을 치렀다. 나는 미대 입시생이라 수능 이후 더 바빠졌다. 본고사를 보거나 나처럼 실기시험을 준비하는 학생들을 제외한 대부분의 학생들을 위해 학교에서는 메이크업 강연을 준비했다. 수능을 마친 학생들에게 해방의 시간을 주는 하루 이벤트였다. 공부만 시키던 학교에서 이런 서비스도 한다는 게 신기했다. 메이크업 강연에 나는 가지 못했지만 궁금했다. 대학에 가면 '꾸며도 되는' 대학생이 된다. 고등학생이 꾸미면 날라리지만 대학생은 꾸민다고 날라리 소리를 듣지 않는다. 세련되게 잘 꾸밀수록 좋다. 다이어트도 당연히 해야 한다. 꾸밈은 마치 입시에서의 해방을 상징하는 의식처럼 다가왔다.

1995년

1

나의 모범생 수행 기간이 1년 연장되었다. 스무 살의 재수생이다. 가을인가. 내가 나팔바지를 입고 학원에 왔을 때 미술학원 강사는 아직 대학도 안 갔는데 왜 이런 바지를 입고 왔냐면서 다시는 입고 오지 말라고 야단쳤다. 이 바지가 뭐가 문제냐고 따졌지만 그 입에서 말이 되는 소리가 나왔을 리는 만무하다. 그저 그런 옷은 대학 가서 입으라는 말 뿐이다.

2

겨울이다. 멜빵바지를 입고 미술학원에서 난롯불을 쬐고 있을 때다. 내게 나팔바지를 입지 말라고 했던 학원 선생도 함께 있었다. 멜빵바지는 허리가 단단히 조여지지 않는 디자인이다. 그는 내 옷을 관심 있게 보더니 갑자기 오른쪽 허리춤을 훅 잡아당겨 옷 안을 들여다보는 시늉을 했다. 그러면서 "이렇게 보면 안이 다 보이는 건가?"라고 하는 게 아닌가. 순식간에 나는 그의 손을 쳐내고 뭐하는 짓이냐며 큰 소리로 화를 냈다. 짜증이 올라왔고 도대체 왜 그런 행동을 하는지 이해하기 어려웠다. 씩씩 화를 내고 그걸로 상황은 종료되는가 싶었다.

그날 하루가 끝나갈 무렵 그는 나를 자신의 작업실로 불렀다. 그는 학원 옆의 한 공간을 자신의 개인 작업실로 이용하고 있었다. (서울에서 지방까지 왔기 때문에 원장이 높은 연봉과 함께 작업실까지 제공해 줬었다. 그럼에도 그는 지방 사람들이 서울에서 온 자신에게 뭔가 더 대우해 줘야 한다는 생각이 있었다. 좀 괜찮게 살던 후배에게는 노골적으로 자신의 거처를 요구했는데 곤란하다는 의견을 접하자 그 애를 대놓고 구박하기도 했다.) 그는 불도 제대로 켜지 않은 채 그 작업실에서 나에게 이렇게 말했다. "아까 내가 니 옷 잡아당긴 게 그렇게 기분이 나빴냐? 내가 무슨 이상한 생각이라도 한 줄 아냐?"며 험한 얼굴로 묻기 시작했다. 자기는 절대 나쁜 의도를 가지지 않았는데 내가 화를 냈기 때문에 오히려 내가 잘못을 저질렀던 것처럼 몰아갔다. 내가 성질이 이상하고, 이상한 생각에 사로잡혀 있으며, 선생을 이상한 사람 취급하는, 한마디로 나는 '미친년'인 거다. 자기는 그저 옷이 특이해서 관심을 가진 것뿐이란다. '멜빵바지가 뭐가 특이해.' 그는 그렇게 자신의 '의도'를 분명히 내게 각인시킨 후 나를 돌려보냈다. 내가 거기에서 그 사람과 마주 앉아서 뭘 할 수 있을까. "네, 네, 네, 네⋯." 이 말뿐이다.

　성추행이라는 개념을 알지 못했다. 하지만 나의 불쾌감은 선명했다. 생각하고 말고 할 것도 없이 자동적으로 화가 터져 나왔다. 이 감정이 정답이다. 이 감정이 수없이 묵살당하는 경험을 하면서 그때 내가 알게 된 것은, 가해자들은 자신의 잘못된 행동을 수치스러워하고 조심하려고 애쓰기보다 '어디 감히 나를 파렴치한 인간 취급을 해서 내 기분을 상하게 만드냐'며 되레 제압한다는 점이다. 이게 바로 권력이다. 자신의 명예가 오히려 손상을 입었다고 생각한다. '감히 나를 나쁜 놈으로 몰다니, 감히 ….' 이 '감히'에 갇혀서 부들부들 떤다.

1996년

1

1월. 다시 추운 입시철이었다. 같은 학교 같은 과를 지원한 친구와 나는 며칠을 함께 지냈다. 지방에서 오는 학생들은 입시를 치르려면 우선 숙박비가 많이 들었다. 더구나 실기시험을 치르는 우리는 한 학교 시험을 치르기 위해 기본적으로 사나흘이 걸렸다. 친구와 나는 숙박비를 아끼기 위해 친구가 아는 오빠의 자취방에서 지내기로 했다. 그 오빠가 마침 우리가 지원한 학교에 다니는 사람이었기에 학교 앞에 자취방을 두고 있었다. 문을 열면 작은 부엌이 있고 부엌 왼쪽 문을 열면 침대와 책상, 옷장 하나가 들어가 있는 작은 방이 있었다. 친구의 아는 오빠는 친절했고 먹을 것도 챙겨줬다. 나는 허기가 져서 그날 초코파이를 여러 개 먹었다. 친구의 아는 오빠는 우리에게 학교 구경을 시켜준 뒤 자취방에서 저녁을 차려줬다. 식욕이 왕성한 시기라 그랬는지 나는 초코파이를 몇 개 먹고도 밥을 많이 먹었다.

밤이 되자 친구의 아는 오빠는 우리에게 자취방을 넘긴 뒤 자기는 근처에 다른 친구 방에서 자겠다며 떠났다. 친구가 침대에 눕고 나는 바닥에 누웠다. 침대와 책상, 옷장이 들어가고 남은 바닥에는 딱 한 사람 누울 자리가 있었다. 방문을 잠그고 불을 끄고 우리는 누워 이런저런 이야기를 나눌 때 침대 위 창가에 사람 모습이 어른거리더니 문을 두드리는 소리가 들렸다. 조금 전 떠난 친구의 아는 오빠였다. 자기 친구 방에 가보니 문이 잠겨있다며 아무래도 이 방에서 같이 자야겠다고 했다. 그가 방주인이니 당연히 우리는 그를 들였다. 그는 침대에 누워있던 내 친구 옆에 함께 누웠다. 그가 내 친구에게 장난을 거는지 친구는 계속 웃으며 "하지 말라"고 했다. 나는 다음 날 시험도 걱정되어 빨리 잠이 들고 싶었으나 편하게 잠을 잘 수 있는 상황이 아니었다. 친구의 아는 오빠가 친구를 간지럽히는지 친구는 계속 격렬히 "하지 말라"고 했다. 친구는 그 아는 오빠를 침대 바깥으로 나가라고 했다. 나는 잠이 들려 노력했고, 침대 위 두 사람을 등지고 누워 아무 소리도 내지 않았다. 친구의 아는 오빠는 아무래도 안 되겠다며 바닥으로 내려와 내 등 뒤에 누웠다. 한 사람만 누울 수 있는 좁은 바닥에 그는 옆으로 누워 나와 몸을 밀착했다. 나는 남자가 나와 몸을 바짝 붙인 채 누워 있는 상황에 익숙하지 않은 미성년자였다. 그는 내가 잠이 든 줄 알고 있었다. 그는 뒤에서 나를 껴안고 옷 위로 가슴을 더듬었다. 그날 나는 남색 코르덴 티셔츠를 입고 있었다. 목이 약간 올라와 있었다. 나는 잠옷으로 갈아입지도 않았다. 어쩌면 다행이었을까. 단추도 없고 지퍼도 없는 옷. 코르덴의 오돌토돌한 질감은 피부의 감촉과 멀었다. 그가 그 코르덴 티셔츠 위로 손을 더듬으며 내 가슴을 만질 때 나는 아무런 행동도 하지 않았다. 뭘 어떻게 해야 할지 몰랐다. 그가 내 가슴을 만지고 있다는 사실을 내가 알아차렸음을 그가 알아차리는 게 오히려 더 두려웠다. 나는 모르는 척하고 마치 깊이 잠이 든 사람처럼 숨을 푹푹 쉬었다. 잠이 안 든다며 친구는 침대 위에서 투덜거렸고 친구의 아는 오빠도 잠이 안 든다고 했다. 두 사람은 배가 고프다며 일어나 주방에서 라면을 끓여 먹었다. 나는 계속 자는 척했다. "쟤는 잘 자네." "그러게 우리가 라면 먹는데도 깨지도 않네." 친구의 아는 오빠는 라면을 먹은 뒤 다시 친구 집으로 갔다. 파란색 코르덴 티셔츠는 내가 좋아하던 옷인데 그 이후로 그 옷만 보면 그 위로 내 가슴을 만지려고 손을 더듬던 그 순간이 떠오르곤 했다.

2

입학 전에 신입생 환영 엠티에 갔다. 신입생 환영회에서 신입생이 술 마시다 죽는 사건이 뉴스에 가끔 나왔다. 술을 억지로 마시게 하면 어떡하나 걱정했으나 다행히 아무도 술을 강권하지 않았다. 속리산에 머무는 며칠간 나는 내내 말똥말똥한 정신을 유지할 수 있었다. 그러나 맨정신으로 바라보니 눈앞에 지옥도가 3차원으로 펼쳐져서 속리산을 탈출하고 싶었다. 6년간 여학교만 다니던 나는 대여섯 살 많은 남자 선배들의 지시하는 목소리와 태도를 갑자기 접하고 질겁했다. 3, 4학년 남자 선배들, 정확히 말하면 군대를 다녀와 복학한 고학번의 남자 선배들이 학생회장을 비롯하여 간부를 대부분 맡고 있었다. 나는 신입생 '환영'회를 왔는데 왜 '김밥말이'를 하는지 이해할 수 없었다. 난생처음 겪는 희한한 일이었다. '김밥말이'가 뭔지도 모르던 나 혹은 우리는 어깨동무를 하고 누워서 한 사람씩 몸을 말았다. 고통스러운 일이었다. 장기자랑도 하고 새로 만난 친구들과 이야기를 나누며 재미있는 시간을 보내기도 했지만 이 '김밥말이'에 나는 충격받아서 도망치고 싶었다. 게다가 '환영'하는 목소리에는 어째서 그토록 힘이 들어가는지 이해할 수 없었다. 고압적인 목소리는 밤이 되면 흐늘거리는 목소리가 되어 여자 신입생에게 아양을 떨었다. 술을 거의 마시지 않던 나는 이 흐물거리는 인간들을 방구석에서 지켜볼 뿐이다.

입학 후 한 달 정도 지나 첫 엠티를 가기 직전이었다. 이미 신입생 환영회에서 충격적인 분위기를 경험한 나는 엠티가 귀찮았지만 그런 자리에 빠진다는 생각은 미처 못했다. 그저 정해진 행사에는 참석하는 걸 당연시 여겼다. 회비 3만 원도 냈다. 떠나기 하루 전에 조를 알려 준다기에 전 학년이 큰 강의실에 모였다. 칠판에 학생회 간부가 각 조의 명단을 적어나갔다. 한 조에 각 학년이 골고루 섞여 있다. 나는 가만히 칠판을 바라보다가 순간 분노했다. 나와 같은 조가 된 4학년 선배의 이름을 보면서 불쾌감이 치솟았다. 엠티에 가기 싫었다. 강의실을 나와 기숙사로 향하며 계속 고민했다. 과연 우연일까. 그는 전년도 학생회장이라 현재 학생회장을 비롯하여 학생회 간부들과 가까웠다. 나는 엠티 조 명단을 보는 순간 우연이 아니라 그가 개입했을 것이란 생각이 들어 화가 났다. 돈 3만 원이 아까웠지만 도무지 그가 쳐놓은 덫에 들어가기 싫어 다음 날 결국 엠티에 가지 않았다.

그 4학년 선배는 신입생 환영회에서 내내 나를 쫓아다녔다. 처음에는 그냥 친절하게 후배를 챙기는 줄 알았으나 조금 지나쳐서 이상하다는 생각 정도는 했다. 학기가 시작되어 1학년과 4학년 대면식이란 걸 하는 날이었다. 술과 밥을 먹고 모두 나이트클럽에 가서 놀았다. 대학생이 되어 나이트클럽에 가니 괜히 좀 노는 사람 같고 기분이 들떴다. 그런데 음악이 휙 바뀌어 끈적끈적하고 느린 박자가 되자 무대에서 몸을 흔들던 사람들이 스르륵 빠져나갔다. 나 역시 자리에 앉아 있는데 그 선배가 내게 와서 춤을 추자고 했다. 싫었지만 4학년 선배라서 싫다는 말도 못하고 부르스를 췄다. 그는 날 기숙사까지 데려다준다며 내내 따라붙었다. 내게 사귀자고 청했다. 어처구니없는 소리였다. 입학해서 이제 겨우 일주일 지났을까. 나는 거절했다. 그래도 그의 돌출 행동은 사람들에게 읽혔다. 아니, 그는 주변 사람들에게 읽히길 원하며 도드라지게 행동했다. 나는 이미 4학년 선배가 '찍은' 신입생이 되어 있었다. 내 의사와 무관하게 나는 이미 누가 '찍은' 사람이다. 짜증이 밀려왔다. 내가 분노에 휩싸이는 이유는 뭘까. 좋아한다는 고백도, 나를 좋아한다는 그 감정 자체도 아니다. 좋아한다는데 왜 기분이 나쁘지. 나도 오래 생각했다. 이런 경우를 반복적으로 겪으면서 알게 되었다. 소문으로 휘어잡아 상대의 마음을 옴짝달싹 못 하게 하는 행위가 괘씸하다. '열 번 찍어 안 넘어가는 나무 없다잖아!'라고 말하며 서로 '찍은' 대상을 향해 돌진하기를 독려한다. 그렇게 열심히 찍었는데 안 넘어가면 또 소문에 시달린다. 찍을 때는 여자가 나무인데, 찍어도 넘어가지 않으면 더 이상 나무가 아니다. '찍게 내버려 둔' 쌍년이다.

주말이 지나갔다. 친구들은 엠티에 다녀온 이야기를 한다. 엠티에 가면 큐피드의 화살을 맞고 오는지 커플이 여럿 생겼다. 동기 간에도 커플이 생겼고 신입생 여자와 남자 선배들 간에도 커플이 생겼다.

며칠 후 학과 복도에 사진이 잔뜩 붙었다. 남학생들이 미니스커트에 망사 스타킹, 짙은 화장, 가발 등으로 여장을 한 모습이었다. 해마다 3월에 가는 엠티에서 여장 남자 중 최고 미인을 뽑았다. 학과 '전통'이라 했다. 4년 동안 학과 공식 엠티에 딱 한 번 갔다.

세월이 흘러 나는 이런 이야기를 했다. 예전에 말이야, 대학 때 엠티 갔을 때, 어쩌고저쩌고…. 그러면 꼭 이렇게 말하는 사람이 나온다. "어느 학교야?" "무슨 과?" "거기가 이상하네." 가끔 사람들은 매우 흔하게 벌어지는 일을 특수한 상황으로 이해하고 싶어 한다. 자신에게는 절대 일어나지 않을 일처럼.

3

나는 연극동아리에서 활동했다. 동아리 내에서는 연애를 금지했다. 연애하는 사람들이 있으면 연극하기 힘들다고 했다. 이해할 수 없었지만 어차피 남자친구가 있던 나와는 상관없는 문제라 크게 신경 쓰진 않았다.

동아리 선배들이 자주 하던 이야기가 있었다. 그들은 91학번 남자 선배 중 한 사람을 수시로 놀렸다. 그가 얼마나 순진하고 어리석은지 설명하기 위해 수도 없이 우려먹는 일화가 있다. 그들이 모두 군대에 가기 전, 남자 선배들이 91학번 남자들을 데리고 '역전'에 갔다고 했다. '아가씨' 앞에 가자 그 순진한 선배는 우물쭈물 어쩔 줄 몰라 하면서 이렇게 말했다고 한다. "저 … 이런 일 하면 힘들지 않으세요?" 그들은 매번 이 이야기를 하면서 박장대소했다. 여자 선배들도 함께 웃었다. 나아가 그 이야기를 새로 후배들이 올 때마다 공유했다. '역전'에 가면 성매매 업소가 많다는 사실을 잘 모르던 신입생 때 나는 이 이야기를 온전히 이해하지 못했다. 서서히 알게 되었다. 그들이 역전에 왜 갔는지. 누군가를 좋아하는 마음은 숨겨야 하지만 남자 선배들이 역전에 가는 일은 공공연하게 떠들어도 되는 일이었다. 나는 내내 이 집단생활에 적응하지 못했다. 2학년이 되자 동아리를 떠났다가 3학년 때 다시 돌아왔다. 연극이 좋아서 동아리 활동을 놓지 못했다. 연극을 준비하고 무대에 오르고, 또 무대를 바라보는 즐거움이 좋아 객석에서 밤을 새우거나 새우잠을 잘 때도 많았다. 그러나 이 조직에 적응하진 못했다.

내가 4학년이 되었을 때 나는 이 동아리 회장이었다. 줄곧 남자만 회장을 해왔던 동아리였다. 선배들이 동아리 역사상 두 번째 여자 회장이라고 호들갑을 떨었다. 처음 보는 동문들까지 나서서 나를 불러 걱정을 늘어놓았다. 여자라서. 기껏 동아리 회장일 뿐인데. 그리고 무슨 일이 생길 때마다 모두 내가 여자인 탓으로 돌렸다. 남성성을 흉내 내는 여자 선배들에게 거부감이 있었고, 여학우라는 존재는 늘 음식을 담당하는 이 문화가 싫어 나는 어떻게든 바꿔보려

했다. 그럴 때마다 내가 '여자라서' 이 조직을 취약하게 이끌 것이라며 동문들은 걱정했다. 여자는 그 존재 자체가 걱정을 몰고 오는 모양이다.

한번은 동문들과 술을 마시는데 한 선배가 내게 이렇게 말했다. "야, 술 먹었으면 좀 자빠지기도 하고 그래라. 너는 술 먹고도 그렇게 꼿꼿하게 있으니까 그게 문제야."

4

버스를 놓쳤다. 막차였다. 택시를 탔다. 장거리라 택시비가 비쌌다. 가지고 있는 돈으로는 택시비가 모자랐다. 그렇지만 집에 가야 하니까 어쩔 수 없었다. 학교 기숙사에 살 때였는데 일단 도착한 후에 친구에게 빌릴 생각이었다. 가는 내내 택시 기사가 내게 말했다. "그 돈으로 아깝게 괜히 택시 타지 말고, 지금이라도 나랑 여관 가서 술이나 마시자. 그리고 내일 아침 첫 차 타고 가면 되잖아. 그게 낫지. 뭐 하러 돈 아깝게 이 시간에 택시 타고 가. 응?" 나는 무사히 도착할 수 있을까. 달리는 택시 안에서 어떻게 해야 할까. 기숙사 근처에 왔을 때 비로소 안심했다.

나는 지금도 늦은 시간 홀로 택시를 타지 않으려 애쓴다. 생각해 보면, 어릴 때는 세상에 대한 불신이 덜했기에 그만큼 사람을 신뢰했다. 성인이 되고, 나이가 들어간다는 건, 여자는 혼자 늦은 시간에 택시를 타는 일조차 위험하다는 걸 알아가는 일이었다. 그리고 여성으로서, 나는 사람이 아니라 고기로 존재하는 순간이 많다는 걸 발견해야만 했다.

5

여름. 고속버스 안이었다. 내 옆에 정장을 입고 서류가방을 든 말끔한 남자가 앉았다. 그는 웃옷을 벗어 담요처럼 덮더니 눈을 감았다. 피곤한지 금세 잠이 든 듯했다. 나는 창가에 앉았고 그는 복도 쪽에 앉았다. 창밖을 보며 가다가 나도 눈을 감고 쉬려고 했다. 그때 내 오른쪽 옆구리에 뭔가 닿는 느낌이 들었다. 스멀스멀 내 옆구리 위로 뭔가 기어가는 느낌이 나더니 점점 묵직하게 다가왔다. 옆자리 남자의 손이 내 옆구리를 더듬고 있음을 알아차렸다. 어떻게 해야 하지? 나는 고개를 돌려 남자를 바라보았다. 남자는 여전히 눈을 감고 자는 모습이었다. 그가 덮고 있는 상의 안에 그의 손은 감춰져 있었다. 그는 팔짱을 낀 손을 옷 속에 감춘 채 오른쪽 손으로 내 오른쪽 옆구리를 더듬고 있었다. 내가 쳐다보자 눈을 감고도 시선을 의식했는지 그의 손 움직임이 일시적으로 멈췄다. 눈을 감고 자는 척하는 옆모습을 가만히 보니 점잖은 분위기의 남자였다. 그의 몸을 덮고 있는 웃옷 안에서 그가 무슨 행동을 하는지 아는 사람은 그 버스 안에서 오직 나뿐이다. 나는 어떻게 해야 할지 몰라 그의 얼굴을 잠시 바라보다가 그가 행동을 멈추기에 다시 창밖을 내다보았다. 그때부터는 잠을 청할 수 없었다. 나는 몸을 왼쪽으로 붙이고 오른쪽 팔을 옆구리에 바싹 붙인 채 경계심을 늦추지 않았다. 잠시 후 또 오른쪽 옆구리에서 그의 손이 느껴졌다. 나는 오른쪽 팔꿈치로 그의 손을 지그시 눌렀다. 같은 행동을 몇 번 더 반복한 후 그는 멈췄다. 그는 계속 자는 척했다.

6

가을. 추석이 지난 후였다. 일요일 밤 9시에서 10시 사이일 것이다. 혼자 자취방으로 가던 중이었다. 큰길은 영업 중인 가게들 덕분에 밝았고 사람도 많았다. 큰길에서 조용한 골목으로 접어드는 순간, 뒤에도 사람이 온다는 걸 느꼈다. 처음에는 그냥 행인이라 생각했으나 걷는 속도가 나와 똑같아서 신경이 쓰였다. 편히 걷기 위해 나는 걸음 속도를 늦췄다. 뒤에 오는 사람이 나를 앞질러 가길 원했다. 그런데 내가 천천히 걷자 뒤따라오는 발걸음도 속도를 늦췄다. 설마, 하면서도 불길하여 나는 가급적 대로변에서 멀어지지 않기 위해 더욱 천천히 걸었다. 그런데 그는 나를 앞질러 가지 않았다. 서서히 나와 거리를 좁히더니 어느 순간 나와 나란히 서서 걷는 게 아닌가. 나는 걸음을 멈췄다. 그는 내 오른쪽에 있었다. 나는 오른쪽으로 몸을 돌렸다. 키가 큰 젊은 남자가 나와 마주 보고 서 있다. 가로등이 없는 골목의 어둠 속에서 그의 얼굴을 파악할 틈도 없는 찰나의 순간, 지금 이 사람은 내가 모르는 사람이라는 사실을 알아차리고 뭔가 문제가 생겼음을 느낀 아주 짧은 그 순간, 그는 뒤로 묶은 나의 긴 머리를 확 잡더니 그대로 바닥에 패대기쳤다. 아악~~!!! 갑자기 세상이 90도 회전을 하던 그 순간은 내 기억 속에서 여전히 동영상으로 남아있다. 차가운 땅바닥에 내 오른쪽 볼이 닿았고 나는 세상이 수직으로 일어서는 그 순간 온 힘을 다해 소리 질렀다. 이대로 죽는 건가, 라는 생각이 빠르게 스쳐갔고 내 입에서 절로 "살려 줘요!"라는 외침이 터져 나왔다. 내가 목소리가 커서 다행일까. 미칠 듯한 나의 비명 소리에 놀랐는지 그놈은 어느새 달아났다.

나는 대로변으로 뛰어 자전거를 타고 지나가던 남자를 무조건 세워 도움을 요청했다. 그런데 정말 이상하게도 말이 제대로 나오질 않았다. 그냥 가지 말라고만 할 뿐 더 이상 내 입에서 말이 나오질 않았다. 저, 저, 저기요, 저기요, 가지, 가지 마세요, 저기요, 자, 잠시만요, 저기요. 아마 그 남자는 나를 보고 놀랐을지 모른다. 갑자기 골목에서 뛰어나온 여자가 무조건 자기를 붙들고 가지 말라니 황당했을 것이다. 그는 결국 나를 물끄러미 바라보다가 가버렸다. 나는 컴컴한 골목을 바라보며 이제 어떻게 다시 저 길로 들어가야 할지 막막했고 거의 정신이 나간 상태였다. 그때 중년의 여성과 남성 무리가 웅성거리며 오더니 방금 비명 소리 들었는데 혹시 내가 그랬냐고 한다. 바로 근처 포장마차에서 술 마시던 남자들과 포장마차를 운영하는 여자였다. 그들은 이상한 비명 소리에 놀라 모두 포장마차 밖으로 나와 동태를 살피던 중이었다. 나는 구세주를 만난 것 같았다. 그들은 울음이 쏟아져 말도 못 하는 나를 포장마차로 데려가 진정시킨 후 우선 연락할 사람이 있으면 전화하라며 전화기를 줬다. 나는 한동안 대낮에도 그 길을 홀로 가지 못했다. 혹시라도 그 치한이 내 얼굴을 기억할까 봐 걱정했다.

1997년

1

97학번 신입생이 들어왔다. 우리 학과는 정원이 40명이다. 우리 학번은 그중 10명이 남학생이었다. 선배들을 보면 남학생 비율이 우리보다는 많았다. 선배들은 늘 남학생이 줄었다고 걱정했다. "여대 애들 작업 안 좋다."라는 말을 하며 여학생들은 '스케일이 작은' 작업을 하기 때문에 남학생이 많아야 작업의 질이 좋아진다고 했다. 97학번 신입생은 우리보다 남학생 비율이 높았다. 15명이었다. 97학번부터는 남학생 정원을 15명으로 정했다는 사실을 알았다. 그래서 여학생들끼리 경쟁이 더 치열해서 여학생들 성적이 훨씬 더 높다고 했다.

남학생이 줄어들면 제도를 바꿔서라도 남자의 자리를 늘려준다는 사실을 알았다. 여학생에게 불리하다는 생각이 들었지만 그때는 그게 부당한 성차별이라는 생각을 못 했다. "남자가 있어야 작업이 좋아."라는 말을 하도 들어서 우리는 모두 이에 반발할 의식조차 갖추지 못했다. 오히려 '그러니까 우리 여자들은 더 열심히 해야지.'라는 방향으로 생각이 흘렀다.

2

나는 덧니가 있다. 어느 날은 길을 지나다가 설문조사에 응해 주고 다시 가던 길을 가려는데 방금 내게 설문지를 내밀었던 남자가 얼른 쫓아와 다시 나를 붙들었다. "저기요. 덧니가 너무 예뻐서요."라고 한 뒤 그냥 돌아갔다.

첫 번째 남자친구와 그의 친구들은 참 성실하고 참한 사람들이었다. 좋지 않은 기억이 딱히 떠오르지 않는다. 대신 다른 기억이 난다. 남자친구가 있다고 했을 때 이렇게 물어봤던 선배가 있었다. "진도가 어디까지 나갔어?" 나는 화들짝 놀랐다. 그 질문이 무례해서 놀란 게 아니다. '진도'는 가급적 덜 나가는 게 좋다고 생각했기에 나의 '진도'를 들킬까 봐 놀랐다. 실제로 나는 '진도'가 너무 나가면 큰일 나는 줄 알았다.

두 번째 남자친구가 생겼다. 그와 그의 친구들은 내 앞에서 종종 내 덧니로 농담을 했다. "덧니 있으면 키스할 때 찌르지 않나? 키키키키." 내 남자친구는 웃으며 그들에게 답했다. "덧니 있는 여자랑 키스해 보면 알아. 다 방법이 있다니까." 내가 옆에 있었다. 나는 화내지 않았다. 실은 화가 나지도 않았다. 같이 웃었다. 화가 나진 않았지만 말끔하게 설명할 수 없는 찜찜한 감정이 계속 남았다. 그래서 기억한다. 내가 옆에 있는데 왜 저들은 내 덧니를 두고 저런 말을 할까. 덧니와 키스에 대해. 나는 미처 생각도 못 해본 문제였다. 내 덧니를 보면서 '키스할 때 어떨까?' 같은 상상을 한다는 걸 내가 어찌 상상할 수 있을까. 내 덧니를 보며 무슨 상상이든 할 수는 있지만 왜 내 앞에서 그렇게 말할까. 내가 듣고 있는데. 내가 보고 있는데. 내가 보고 듣는 건 아무 상관도 없다는 듯 그들은 말을 주고받았다.

그들은 같은 학년에 어떤 여자를 두고 자기들끼리 '젖소부인'이라 했다. 가슴이 크기 때문이다. 누군가의 다리는 '코끼리 다리'라고 했다. 당사자는 '쿨'했다. "응, 나는 저주받은 하체를 가졌잖아."

3

천으로 이것저것 만든 내 작업을 보고 남자친구는 이렇게 말했다. "역시 여자라서 스케일이 작네. 바느질을 했어. 크리스토 알아?" 나는 별말을 하지 않았다. 당시에 크리스토[2]

의 작품에 딱히 매력을 느끼지도 않았다. '큰 규모'는 중요한
걸까? 아니, 바느질이 시시해 보이나? 바느질하는 김수자도
있는데. 훗날 생각했다. 내가 그때 20세기 초 유럽에서 있었
던 미술공예운동3과 오메가 공방4 등에 대한 지식이 있었다
면 더 정확하게 내 생각을 정리하고 표현할 수 있었을 텐데.

그러고 보면 나도 '규모'에 집착했다. 고등학교 2학년 때
학교 축제에 내놓을 그림을 그리면서 나는 친구들보다 훨
씬 큰 그림을 생각했다. 큰 그림. 그해에 나는 가장 큰 그림
을 걸었다. 대학 졸업작품으로도 나는 큰 그림을 걸었다.

4

1997년 8월 8일 금요일. 『스포츠서울』을 펼치자 김흥수
의 〈꿈〉이 컬러로 크게 보인다. 한 큐레이터가 쓴 누드에 대
한 글을 읽는다. 제목은 「감각적 여체 조형미로 승화」이다.
첫 번째 문단에 "미술과 여인의 아름다움을 상승 통합함으
로써" 어쩌고 한다. 여체와 여인. 누드는 곧 '여체'다. 인상적
인 내용은 하나도 없는, 배울 게 없는, 공감도 안 되는, '여체
와 여인'의 아름다움에 대한 글을 수도 없이 읽었다. 이 글
의 마지막은 이렇게 끝난다. "예술적인 누드Nude는 야하지
않고 일상의 나체Naked는 야한 것으로 재단하는 우리 사회
의 습관적인 상황논리를 극복함으로써 현실의 자유와 미
술의 자유를 함께 누렸더라면 하는 아쉬움이 남는다." 나

는 왜 여성의 몸은 아름다움과 음란물 사이에 놓여 있는가 생각하는데 남성인 글쓴이는 "예술적인 누드"와 "일상의 나체" 사이에 발생하는 괴리감을 극복해야 할 과제로 여긴다. 누드든 나체든 벗은 몸의 기본 성별은 으레 여성으로 둔 채 말이다.

5

대학 4년 동안 한 번도 수업시간에 남성 누드를 그려본 적이 없다. '남자가 있어야 작업이 좋아'라고 하지만 누드모델만큼은 남자가 없어도 아무 문제가 없어 보였다. 해마다 누드 수업이 있었지만 단 한 번도 남성 모델은 오지 않았다. 한 여자 동기는 남자친구를 모델로 남성 누드를 그린 적이 있다. 그 친구 자리에서 남자친구의 누드 사진이 다량 발견되었다고 전해 들었다. 아마도 밑작업을 위해 찍어둔 사진일 테다. 내놓고 말하진 않았지만 남자친구의 누드 사진을 가지고 있다는 이유로 그 친구는 은근히 쑥덕거림의 대상이 되었다. 우리는 여러 차례 여성 누드모델을 앞에 두고 그림을 그렸지만 이는 어느 누구도 문란하게 만들지 않는 '수업'이다. 남학생들은 공식적으로 그렇게 여성의 나체를 보고 배울 수 있었지만 여학생은 기껏해야 제 남자친구를 활용했다. 그조차도 실은 매우 드물었다.

1998년

1

나는 화장을 많이 하지 않았고 꾸밈에 큰 신경을 안 쓰는 편이었다. 고등학생일 때는 꾸밈이 입시로부터의 해방을 상징했다. 성인이 되어 보니 외모 꾸미기는 성인 여성의 역할 수행일 뿐 해방과는 무관했다. 아, 지성과 미모를 겸비해야 하나? 스물세 살의 나는 처음으로 볼터치 화장품을 샀다. 화장을 잘하는 친구들에게 제일 많이 듣는 단어는 '커버'였다. 잡티를 커버하고, 눈 밑 지방을 커버하고, 볼살을 커버하고, 커버하고 커버한다. 우리의 얼굴은 어쩐지 온통 '커버'해야 할 영역처럼 여겨졌다.

2

나는 실기실 내 자리에 앉아 100호 캔버스를 앞에 두고 작업 중이었다. 4학년 선배가 놀러와 내 왼쪽 옆에 앉아 잠시 수다를 떨었다. 나는 작업 중인 그림을 바라보고 앉은 채 가끔 고개를 돌려 옆에 앉은 선배와 이야기를 했다. 그는 내 옆에서 잠시 말이 없더니 이렇게 물었다.

"A 컵인가?"

그는 내 가슴에 시선을 둔 채 킬킬거렸다. 곱슬머리에 안경을 쓰고 피부가 하얀 얼굴에 드리운 장난스러운 그 웃음이 기억난다. 그 시선의 높이까지. 그의 웃음. 왜 웃을까. 뭐가 재미있을까. 내가 뭐라고 한마디했는데 정확하게 기억나지 않는다. 그의 웃음이 내 기억을 장악한다. 그 웃는 얼굴. 꽤 친한 선배였다. 졸업 후에도 만난 적 있고, 그가 모친상을 당했을 때 급히 밤중에 상가를 찾기도 했다. 전반적으로 나쁜 평판을 듣는 사람도 아니다. 오히려 남자들 사이에서 그는 '순정파'로 언급되는 인물이다. '진국'이라고도 한다. 나 역시 그를 나쁘게 생각한 적 없다. 그가 내 가슴을 바라보며 '사이즈'를 언급하는 행동에 순간적으로 당혹스럽고 불쾌감이 일어도 나는 간단한 감정 표명 후 넘어갔다. 그 정도는, 실은 다수가 공유하는 농담에 해당한다. 게다가 이런 농담에 너무 진지하게 화를 내면 꽉 막힌 사람 취급받는 분위기가 나의 감정 표현을 가로막았다. 34-24-35라는 숫자는 미스코리아 대회를 보며 초등학생일 때부터 익숙했다. 그 숫자가 낯이 익을 뿐 그 숫자로 몸이 불리는 현상에 정말 익숙한 적이 있었을까. 그건 익숙해지지 않았다. 다만 내 몸을 검열할 뿐이다.

"우리는 인체 크로키를 많이 하니까 사람 몸이 딱 보이잖아."라며 여자의 몸에 대한 품평을 마치 조형물 분석인 양 둔갑시키는 사람들도 있었다. 나는 '그럴 수도 있겠구나.'라고 생각했다. 어딘가 찜찜하지만 소화시키지 못한 농담은 그저 나의 몫으로 남는다. '사람은 좋은데, 농담이 지나쳐.' 나는 이렇게 생각했다. 언젠가 그 선배에게 말했다. "상대방이 즐기지 않는 농담은 농담이 아니에요." 약간 당황하는 기색이 그의 얼굴을 스쳤다. 사람은 좋은데, 농담이 지나친 사람들이 내게 전한 일상의 피로감이 쌓여갔다. 사람은 좋은데.

'예술 전공' 하는 사람은 생각이 자유로워야 한다는 강박이 있었다. '그까짓' 야한 농담이나 성적 표현들은 대담하게 받아들여야 한다는 생각이 우리를 휘감고 있었다. 내 마음에는 와닿지 않지만 이를 표현하면 '생각이 꽉 막혔다'는 평을 들을까 봐 혼란스러웠다. 그게 문제다. 생각이 꽉 막힌 사람으로 취급받는 건 가장 두려운 일이었기에 불쾌감을 억누르곤 했다. 속에서는 터져 나온다. 불쾌감을 받아들이는 게 자유로운 건 아니잖아!

3

한 유명 연예인의 성관계 비디오가 유출되었다는 소문이 돌았다. 처음에 나는 믿지 않았다. 조작이겠지. 한 남자 선배는 그 비디오를 봤다고 말하며 기술적으로 그렇게 완벽하게 합성하기 어렵다고 했다. 비디오를 봤다는 사람들이 하나, 둘 늘어났다. 그들은 예외 없이 여자의 '몸매'와 남자의 '기술'을 말했다. 그때는 몰랐다. 2년 후에 또 다른 여자 연예인의 성관계 동영상이 유출되는 사건이 일어날 줄은. 게다가 초고속 인터넷을 통해 더 빠른 속도로 번져 나갔다.

2년 사이 인터넷은 차원이 달라졌다. '비디오테이프'와는 유통의 속도가 달랐다. 이것은 성폭력의 '기술복제시대'의 서막에 불과했다.

4

대학로 동숭아트센터 앞에서 친구와 공연을 막 보고 나온 후였다. "김지숙 씨야!" 〈로젤〉의 배우 김지숙이 무대 위가 아니라 바로 눈앞에 있었다. 친구가 낮은 목소리로 다급하게 말하더니 어느덧 노트를 꺼내며 앞으로 나아가고 있었다. 짧은 머리에 검은 바지 정장을 입고 선글라스를 쓴 연극배우 김지숙이 누군가와 대화하고 있었다. 친구가 불쑥 다가가 "팬이에요."라며 상기된 목소리로 말을 걸며 노트를 내밀었다. 나도 덩달아 달려가 노트를 내밀었다. 고개를 약간 숙인 채 선글라스 너머로 우리를 바라보던 김지숙은 내가 내민 노트에 이렇게 적었다.

"그대여, 삶을 스스로 선택하고 걸어가시오."

1999년

1

3학년에서 4학년이 되는 겨울방학 동안 연극 한 편을 기획했다. 친구가 연출을 하기로 했고 그가 작품도 골랐다.

신경숙의 단편 「멀리, 끝없는 길 위에」를 각색했다. 나는 후배들에게 나눠줄 대본을 만들기 위해 이 단편과 친구가 각색한 희곡을 읽고 또 읽었다. 나는 이 친구를 썩 좋아하지 않았고 그의 취향도 조금은 우습게 여겼다. 얘는 또 신경숙이군.

그와 별개로 내 마음속으로 이 작품이 계속 들어왔다. '나는 아니야.'라고 밀어내고 싶었다. 신경숙의 소설을 각색했다고 하자 남자 선배들은 피식 웃었다. "하여튼 여자들이 맡으니까." 그들은 여성 작가의 원작을 여성이 각색해서 연출하고 여성이 기획하여 여성이 주인공인 극을 만드는 동안 내내 이렇게 말했다. "여성국극단이냐?" 우리는 그저 배시시 웃을 뿐이었다. 샘 셰퍼드Sam Shepard의 〈트루 웨스트〉를 준비하던 남자 선배들에게는 아무도 그런 말을 하지 않았다. 내 안에서 받아들이는 작품과 내 외부에서 굴러다니는 평가의 언어 사이에서 나는 혼란을 겪었다. 비웃음의 대상이 되지 않으려면 '이런' 작품들과 거리를 둬야 했다. 그러나 내 마음은 이미 '이런' 작품들에 스며들어서 분리가 어려웠다.

우리는 이윤택이나 이강백이 쓰고 연출한 작품은 늘 몰려다니며 봤다. 브레히트나 스타니슬랍스키에 대해 막힘없이 생각을 말할 수 있어야 연극에 대해 가장 심도 있게 고민하는 사람처럼 여겨졌다. 우리는 언제나 〈에쿠우스〉의 주인공이 누가 되는지 관심 가졌다. 〈에쿠우스〉 주인공 알런 역을 맡은 남자 배우는 연극 바깥으로도 유명해져서 영화 계로 진출하는 경우가 꽤 있다.

대학에 다니는 동안 수도 없이 연극을 봤다. 돈이 별로 없으니까 돈을 안 들이고 볼 수 있는 각종 방법을 동원해서 어떻게 해서든 온갖 연극과 뮤지컬 등을 봤다. 포스터 붙이는 아르바이트를 하고 표를 얻거나, 극단이나 무용단에 속한 선배를 통해 각종 공연 초대권을 얻거나, 자리가 없으면 계단에 방석을 깔고 앉을 수 있게 부탁이라도 했다. 그렇게 많은 연극을 보아도 극작과 연출이 모두 여성인 경우는 손에 꼽을 만했다. 몇 년 후 나는 〈여성연출가전〉에서 여성들의 작품을 실컷 봤다.

2

어느 날 실기실 안에 낯선 종이가 붙었다. 복학생 선배들이 학과생 한 사람 한 사람에게 별명을 지어서 지나가는 사람들이 볼 수 있게 붙여 놓았다. 자기 별명을 확인한 뒤 어떤 사람은 그냥 웃었지만 어떤 사람은 어이없다는 반응을 내비쳤다. 누군가는 남의 별명을 보며 놀리기도 했다. 다른 사람 별명은 전혀 기억나지 않고 내 별명만 기억한다. "모든 게 연기"라고 적혀 있었다. 내가 연극동아리에서 활동하기 때문이었다. 유쾌하지 않았지만 그렇다고 심히 불쾌하지도 않은, 그래서 딱히 뭐라 할 말도 없는, 나는 딱 그 정도의 기분이었다. 그저 궁금했을 뿐이다. 이게 재미있나? 저 사람들은 왜 이렇게 누군가에게 이름을 붙여 부르려고 할까.

같은 학년이지만 여학생은 동기라면 남학생은 거의 복학한 선배들이다. 2학년 때 내 옆자리에 온 남자 선배에게 "담배를 피우더라도 담배꽁초를 바닥에 버리지 않았으면 좋겠다."라고 말한 적 있다. 부탁이었다. 조용한 그 선배는 고개를 끄덕였고 별말 없었다. 며칠 지난 후 그와 같은 학번인 남자 선배들이 내게 와서 슬쩍 말했다. "이야~ 요즘은 후배가 막 선배한테 담배도 피지 말라 그런다며?" 동기니 선후배니, 이런 개념이 약했던 나는 서서히 알아갔다. 내 자리가 지저분해지니까 담배꽁초는 밖에 버려 달라 말했을 뿐인데 그조차도 '선후배'라는 관계에서는 당돌한 행동이었다는 사실을. 그러니 각 사람에게 별명을 지어놓고 그 별명을 종이 위에 적어 벽에 붙여 놓은 모습을 보고 따져야겠다는 생각을 차마 못 했다. 괜히 분란만 생기지. 나는 모른 척 지나가려 했으나 모른 척 지나가지 않은 딱 한 사람이 있었다. 나랑 제일 친한 친구였다. 작고 바싹 마른 친구는 선배들을 올려다보며 소리 높여 따졌다. 왜 마음대로 별명을 짓냐, 별명을 지었으면 그냥 당신들끼리 놀지 왜 굳이 종이에 적어 벽에 붙여 놓느냐, 기분 나쁘다, 그는 계속 싸웠다. 안경 너머로 매서운 눈초리로 내 친구를 내려다보며 "장난인데 이

게 왜 기분 나빠!"라고 소리치던 선배의 모습이 기억난다. 그
는 결국 종이를 뜯어내며 성질을 잔뜩 부렸다. 나는 그때 적
극적으로 친구와 함께 그 선배들에게 대항하지 못했다. 그
냥 친구가 적당히 하다 넘어가기를 바랐다. 내가 소극적으
로 저지른 수많은 잘못 중 하나다.

3

미학을 가르치는 선생님이 어느 날 『제2의 성』을 읽으
라고 했다. 꼭 읽으라고 했다. 그래서 읽었다. 내게 흥분의
시간이 찾아왔다. 나는 내가 어릴 때 읽었던 많은 문학을
복기했다. 『채털리 부인의 사랑』에서 내가 느꼈던 불편함은
단지 어린 나이에 읽었기 때문이 아니라는 걸 인식했다. 어
쩐지 이제는 내가 느꼈던 감정을 말해도 될 것 같았다. 한
가지 잊었던 기억이 되살아났다. 나는 중학생 때 보부아르
와 사르트르에 대해 열심히 말하던 사회 선생님의 수업을
들으며 흥미를 느꼈지만 내가 서점에서 그날 골랐던 책은
사르트르의 책이었다. 난 그때 왜 보부아르의 책을 찾지 않
았을까.

4

신경숙이나 공지영의 소설을 읽는 '여자애들' 취향을 깔
보는 남자 선배들, 유지나 평론가를 욕하던 남자 선배들, 그

들 앞에서 나는 또렷하게 목소리 내지 못했다. 옅은 웃음을 짓고 내가 느끼는 감정과 그들의 말 사이에서 발생하는 혼란의 정체에 대해 생각할 뿐이었다. 신경숙의 『외딴방』에서 주인공 엄마는 글을 모른다. 주인공은 작가이며 신경숙 자신을 반영한다. 제 이야기를 쓰려 애쓴다. 주인공의 사촌은 사진 찍길 갈망한다. 주인공은 사촌이 사진 찍는 사람이 되고 싶다 말하자, "사진 찍는 사람? 열여섯의 나, 되묻는다. 사진관의 사진 찍는 사람은 다 남자들이었다."[5] 생각한다. 나는 내 일상만이 아니라 내가 읽고 본 것들도 복기했다. 『외딴방』과 더불어 신경숙의 단편 「멀리, 끝없는 길 위에」를 계속 떠올렸다. 내가 그 소설에서 느꼈던 감정은 '여자애들'의 시시한 감상인가. 『태백산맥』은 웅장한 역사소설인데 『외딴방』은 시시한 사소설일까. 사진 찍기와 글쓰기를 갈망하는 여성 인물은 전혀 시시하지 않았다. 신경숙의 『외딴방』이 가지는 문학적 의미는 애도 받지 못한 '사적인' 죽음을 공적으로 복기하는 작업이라는 점이다.

2000년

1

2월 말. 대학 졸업식을 하고 얼마 지나지 않아서다. 모르는 남자에게서 전화가 왔다. 내 이름과 출신학교 등을 알고 있었다. 어떻게 알고 전화했냐고 하니까, 졸업전시 도록을 보고 전화했다고 한다. 졸업전시 도록에는 사진이 있고 뒤에 집 주소와 전화번호가 적혀있다. 내 얼굴, 이름, 출신학교, 집 주소, 전화번호를 다 알고 있는 낯모르는 남자가 전화해서 만나고 싶다고 한다. 이미 겪어본 방식이다. 이런 방식이 어떤 남자들 사이에서는 낭만적으로 유통되는지 모르겠으나 내 입장에서는 전혀 낭만적이지 않다. 얼굴과 이름, 주소지가 모두 공개되어 나는 두려웠다. 동기들 사이에서 공유하기 위해 졸업 앨범이나 전시도록에 들어가는 개인정보가 이렇게 활용될 수도 있다는 사실에 혼란스러웠다. 게다가 내가 성장한 만큼 이런 전화에 대한 불쾌감도 성장했다. 하지만 개인정보를 알고 있는 낯선 사람에게 거절도 함부로 하기 힘들다. 무서워서 얌전히 달래가며 거절했다. 그는 미사리 카페에서 노래를 부른다고 했다. 그럼, 노래를 불러보라고 했다. 그는 전화기에 대고 기타를 치며 노래를 불렀다. 노래를 들으며 이제 어떻게 할지 나는 생각했다. 그사이에 전화를 끊을까 말까 고민했다. 그때 그냥 끊었어야 했는데. 내가 고민하는 사이 노래가 끝났다. 그는 아직 수화기를 들고 있는 나를 반가워했다. "와, 끊을 줄 알았는데!"라고 했다. 그는 내가 노래를 다 들어줘서 기분이 좋은 듯했다. 자신감을 얻은 목소리가 전해졌다. 그때 끊었어야 했는데. 이런저런 질문을 하더니 그는 내게 '경험'이 있냐고 물었다.

모욕감에 나는 불같이 화를 냈다. 좀 친절하게 받아주니까 아무 말이나 막 해도 되는 줄 알지!!!! 그는 예상치 못한 반응에 말을 멈추고 잠깐 더듬거리더니 갑자기 태도가 돌변해서 소리쳤다.

"야, 이 씨팔년아, 개 같은 년아, … 년아!"라고 소리를 지른 뒤 전화를 끊었다. 순식간에 전화기에서 세 가지 '년'이 쏟아져 나왔다. 한 가지 '년'은 뭐였는지 기억이 안 난다. 전에는 다 기억했는데 세월이 흐르니 하나씩 까먹나 보다. 그 순간 정말 손이 부들부들 떨리고 분함과 무서움이 뒤섞여서 한동안 가라앉지 않았다.

그가 노래를 부른 뒤 내게 '경험'이 있냐고 묻기 전 했던 말 중에 아주 웃긴 말이 있었다. 내가 계속 거절하자 "지금 그쪽이 제가 처음 전화한 사람이 아니거든요."라고 했다. 이게 무슨 말이냐면, 너한테 전화하기 전에 이미 너보다 더 예쁜 여자한테 전화했다, 네가 첫 번째로 꼽힌 인물이 아니다, 그러니 너무 튕기지 마라, 라는 뜻으로 한 말이다. 이 어마어마한 착각. 자신이 마땅히 '여자를 고르는' 입장이라고 생각하기 때문에 '간택'해 주면 고마워해야 하는 줄 착각하고 저런 헛소리를 한다. 한편 나는 생각했다. 내게 전화하기 전에 혹시 아무개에게 전화하지 않았을까. 아무개도 거절했는데 내가 거절하지 않았다면 더 웃길 뻔했어. 거절하길 잘했네.

이 이야기를 다른 사람에게 했더니 "왜 전화를 받아주

고 있어?"라고 했다. 졸업식 후 한창 대학 선후배들과 만나 술을 마셨다. 그때 나는 한 남자 선배에게 이 이야기를 하며 부글부글 속이 끓는 심정을 토해냈다. 어둑한 술자리에서 그는 편하게 이렇게 말했다. "신고해. 성희롱으로 신고해. 이 제는 그런 거 다 성희롱이야. 야, 성희롱 그거 2천만 원이야. 너도 성희롱 고소해서 2천만 원 벌어."

2

5월. 사당동 총신대학교 건너편 버스정류장에서 이수역 으로 가는 버스를 기다리고 있었다. 일요일이었다. 평일보 다 버스가 드문드문 왔다. 나는 차도를 등지고 앉아 있었다. 내 왼쪽에서 오토바이 한 대가 오더니 내 앞에 멈췄다. 오토 바이를 탄 남자는 오토바이를 세워두고 내 정면에 있는 건 물로 들어갔다. 반팔 푸른색 체크무늬 남방을 입고 반바지 를 입은 차림이었다. 안경을 썼고 동그란 얼굴에 깔끔한 인 상을 한 남자였다. 나는 버스를 기다리며 주변 건물에 붙어 있는 간판을 하염없이 읽었다. 내 정면에 있는 건물은 4층 정도였는데 제일 꼭대기에 학원이 있었다. 나는 3층, 2층 그 리고 1층 입구로 시선을 내리다가 용수철처럼 솟아올라 일 어나며 재빨리 반대편으로 돌려 앉았다. 건물 입구 유리문 안쪽에서 조금 전에 본 오토바이 남자가 반바지를 발목까 지 내린 채 시커먼 아랫도리를 드러내고 나를 바라보고 있었다. 왼손으로는 유리문을 짚고 오른손으로는 열심히 수음을 하는 중이었다. 그 모습을 보자마자 생각하고 말고 할 것도 없이 순식간에 몸이 놀라 반응했다. 생각은 그 뒤에 이어졌다. 저 인간이 지금 뭘 한 거지. 내가 뭘 봤지. 그 이미지, 푸른색 체크무늬 남방을 입은 깔끔한 인상의 남자가 변태 행위를 하는 그 이미지가 선명하게 남았다. 나는 운이 좋았는지 대학을 졸업할 때까지 한 번도 '바바리맨'을 본 적 없었다. 여학교 앞에는 '바바리맨'이 있다는 이야기를 들었지만 중고등학교를 여학교만 다닌 나는 한 번도 본 적도 들은 적도 없었다. 대학에 와서도 가끔 친구들이 밤늦게 돌아가다가 이런 걸 봤고, 저런 걸 봤다는 이야기들을 했지만 나는 본 적이 없었다. 내 눈앞에서 보고 나자 그동안 막연하게 알고 있던 '바바리맨'이 현실적인 실체로 다가왔다. 그리고 결코 웃기지 않았다. 하나도 웃기지 않은데 왜 '바바리맨'이 웃긴 캐릭터로 소비되었는지 오히려 의아했다.

아주 오래전 기억이 떠올랐다. 1987년, 열두 살 때다. 한 여자아이가 전학을 왔다. 내 뒷자리에 앉았기에 쉬는 시간에 수다를 함께 떨었다. 어느 날 이 친구가 이상한 아저씨를 봤다며 그 아저씨가 자기에게 한 행동을 떠들었다. 젊은 아저씨가 "얘야, 이리 와 봐."라고 하기에 가까이 다가갔더니, 바지를 내리고 고추를 보여 주더란다. 그러고는 "이리 와서 만져 봐."라고 하더란다. 친구는 이상하고 무서워서 더는 가까이 가지 않고 도망쳤다고 했다. 나는 그 친구의 이야기를 반신반의하며 들었다. 다른 친구들도 잘 이해하지 못하는 반응이었고 친구는 "진짜라니까."라는 말을 여러 번 했다. 말도 안 된다고 생각했지만 친구가 하도 진지하게 말하니까 믿어야 할지 말아야 할지 알 수 없었다. 하지만 아무리 생각해도 '그게 말이 돼? 왜 고추를 보여줘. 사람들은 다 자기 고추 가리고 사는데 왜 고추를 보여줬다는 거야.' 나는 속으로 이렇게 생각했다. 그 친구가 거짓말을 하는 게 아닐까 의심했다. 너무나도 괴상한 이야기라는 생각에 머릿속에 물음표를 남긴 채 기억에 남았다. 나는 살면서 점점 그 친구의 이야기가 실재하는 이야기라는 사실을 알게 되었다. 내가 그 아이의 말을 믿지 못했던 시간이 미안했다. 그 친구의 이름도 기억나지 않지만 그 이야기를 하던 모습만은 잘 기억한다. 키가 좀 크고 곱슬곱슬 파마를 한 긴 머리를 뒤로 묶고 다녔으며 눈이 동그란 아이였다. 그 동그란 눈을 더 동그랗게 뜨고 이야기했다. "진짜라니까!"

3

시기를 특정할 필요 없는 일상적인 일이 있다. 버스와 지하철 안에서는 뒤에서 아랫도리를 비벼대는 남자들이 있다. 밤늦게 신도림역에서 부천과 인천으로 가는 좌석버스 안이었다. 그 버스는 그 시간에 늘 만원이다. 좌석버스의 좁은 통로에도 사람들이 **빽빽**하게 서 있다. 서로 몸이 너무 붙어 있으니 온몸에 힘을 주고 아슬아슬하게 자세를 유지한다. 그런데 누군가 뒤에서 몸을 부비는 느낌이 들었다. 만원 버스에서 밀착한 몸은 낯설지 않지만 그래도 비비적대는 행동은 '밀착'과 다르다는 정도는 안다. 버스가 좌우로 회전하지도 않고 심하게 흔들리지도 않는데 비벼대는 움직임이 있다. 조금씩 몸을 이리 틀고 저리 틀며 내 엉덩이와 정체불명의 아랫도리가 어긋나게 만들려고 애쓴다. 그렇지 않아도 수많은 사람들의 체온 때문에 덥고 다른 사람의 발을 밟지 않으려 힘을 주고 있는 와중에 그런 신경까지 쓴다.

한번은 평일 낮 한산한 지하철 안에서였다. 사람이 많지 않았고 앉을 수 있는 자리도 있었다. 나는 곧 내릴 생각이라 앉지 않고 문 앞에서 기둥을 붙잡고 서 있었다. 잠시 후 엉덩이에 뭔가 묵직하게 닿는 느낌이 들었다. 반사적으로 내 엉덩이에 닿는 뭔가를 손으로 치며 고개를 돌렸다. 위아래 연한 살구색 정장을 입은 아담한 남자가 내 뒤에 서 있었다. 그는 시선을 돌리고 모른 척했으나 나는 그만 보고 말았다. 사실 나는 고개를 돌리는 순간까지 '이상한' 생각은 하지 않았다. 그냥 뭐가 닿는 느낌에 순간적으로 돌아봤다가 그만 보고 말았다. 그 남자의 살구색 바지 앞섶이 불룩하게 나와 있었다. 그 순간 알았다. 내 엉덩이에 닿았던 묵직한 느낌의 정체를. 그리고 또 알았다. 만원 버스나 만원 지하철에서만 벌어지는 일이 아니라는 사실을.

2002년

1

어느 날 전자 우편에 접속할 수 없었다. 무슨 일인가 했더니 접속할 때 여러 번 비밀번호가 틀려서 본인 확인 절차가 필요한 상황이었다. 누군가가 내 전자 우편 계정에 접속하려고 시도했다는 사실을 알았다. 다행히 그 누군가는 여러 가지 비밀번호를 시도했지만 결국 접속하지 못했다. 아마도 핸드폰 뒷자리, 생년월일 등으로 비밀번호를 맞춰 보려했을 것이다. 나는 그 누군가가 남자친구라는 느낌이 들어그를 추궁했다. 그는 부정하지 않았다. 내가 헤어지려고 하자 그는 내게 다른 남자가 생겼는지 알아내기 위해 전자 우편을 뒤지려고 했다.

그때 그런 생각이 들었다. 깨끗하게 헤어졌던 이전 남자친구들은 상대적으로 괜찮은 사람이었구나. 당연한 일이당연하지 않았던 형편없는 남자들을 통해 당연함을 특별함의 반열에 올려놓는 건 참 서글픈 일이다. 전자 우편을 해킹하려고 시도하지 않는 그 당연한 거리를 지켰다는 사실만으로도 괜찮은 사람이 된다.

2

나는 남자친구와 헤어지려고 계속 애를 썼다. 나는 그를 달래도 보고 거리를 두기도 했고 화를 내기도 했지만 다 소용없었다. 연애할 때 그가 가끔 집까지 바래다주었다. 내가 부천으로 이사한 후로 몇 번 바래다주었는데 그게 후회가 되었다. 집을 알고 있다는 사실이 공포였다.

어느 날 점심시간에 나 혼자 사무실에 있을 때였다. 갑자기 사무실에 그가 들이닥쳤다. 그는 같이 밥을 먹자고 했다. 나는 싫다고 했다. 이제 곧 직원들이 돌아올 테니 빨리 돌아가 달라고 했다. 그는 계속 같이 밥을 먹자고 조르다가 의자에 놓여 있던 내 가방을 들고 도망쳤다. 나는 뒤따라 나가며 소리쳤지만 그는 저 멀리 달아나고 있었다. 그때 밥을 먹고 돌아오는 다른 부서 직원들이 있었다. 나는 "저 사람 빨리 잡아요. 제 가방을 가지고 있어요."라고 소리 질렀다. 재빨리 한 남자가 뛰어가 그를 붙잡았고 내 가방을 빼앗았다. 그는 이 남자 직원에게 질질 끌려왔다. 나는 가방을 되찾았고 남자 직원은 내게 그를 어떻게 처리할지 의사를 물었다. 그냥 돌려보내라 했다. 상황을 전혀 모르던 남자 직원은 갑자기 사무실에 도둑이 들었는 줄 알고 경찰을 불러야 하는 건 아닌지, 다른 물건은 없어지지 않았는지, 나는 괜찮은지 물었다. 나는 다 괜찮으니 그를 놔주라 했고, 남자친구는 찍소리도 못하고 얼굴만 붉으락푸르락하더니 조용히 돌아갔다. 나중에 그는 "나를 박물관 직원에게 붙잡히게 만들다니!"라며 나를 비난했다.

2003년

1

겨울. 대학원을 졸업하고 나는 몇 가지 일을 한꺼번에 하면서 하루 24시간 중 20시간을 일하면서 살았다. 그래도 돈은 늘 없었고 4대보험도 안 되는 일용직뿐이었다. 그래서 밤낮으로 평일과 주말도 없이 살아야 했다. 전시 기획에 참여하고, 글을 쓰고, 이런저런 연구 용역에 참여하며 이력서에는 경력이 늘었지만 통장은 늘 비어 있었다. 비어 있는 정도가 아니라 학자금 대출 때문에 꼬박꼬박 갚을 돈이 있는 빚쟁이 신세였다.

준비하는 전시 때문에 작가들과 자주 만나던 어느 날이다. 그날 나는 검은색 팬티스타킹에 검은색 속치마와 검은색 치마를 입었다. 치마는 랩스커트 형식으로 폭이 넓은 형태였다. 나는 몇몇 작가들과 전시 기획자들과 일이 끝난 후 홍대 근처에서 술을 마셨다. 시간이 늦어져서 한 작가의 집에 모두 들어갔다. 집주인과 다른 남자 작가, 나와 여자 후배 두 명이 있었다. 집주인은 우리에게 방 하나를 내주고 자기는 다른 방에서 쉬었다. 조금 더 이야기하다가 우리는 피곤해서 그 방에서 자기로 했다. 방에는 작은 침대 하나가 있었다. 한 사람은 침대에 누웠고 나와 다른 후배는 바닥에 누웠다.

나이가 많은 남자 작가는 왜 집주인 남자와 함께 있지 않고 여자 셋과 한 방에 있었는지 모르겠다. 그는 여자 셋이 누워있는 방에 끼어 함께 누웠다. 자는 척하면서 누워있는 내 몸을 더듬는 느낌이 전해졌다. 나는 모른 척하며 침대 위로 올라가 다른 사람과 함께 누웠다. 그의 팔은 마치 가제트 팔처럼 늘어나는지 침대 아래에서도 침대 위에 있는 내 몸을 더듬었다. 내 랩스커트 안에 손을 넣어 다리 사이를 더듬었다. 나는 지금 이 상황을 내가 인지한다는 걸 알리기 싫어 모르는 척하며 몸을 뒤척여 자연스레 그의 손을 걷어냈다. 그러나 그의 손은 끈질기게 내 다리 사이를 휘저었다. 그의 가운데 손가락이 팬티스타킹을 입은 내 가랑이 사이에서 움직이던 그 느낌을 아직도 기억한다. 바닥에서 자던 다른 후배가 먼저 나갔다. 나는 더는 참을 수 없어 그의 손을 발로 차고 일어나 또 다른 후배를 데리고 나왔다. 새벽에 첫차를 기다려 집에 왔다.

나중에 그날 함께 있었던 후배들과 만났는데 그 자리에서 모두 그의 손길을 피하느라 정신이 없었다는 사실을 알았다. 그는 한 방에서 세 여자를 상대로 성추행을 할 수 있는 '탁월한 능력'을 가진 사람이었다. 먼저 방을 나간 후배는 그의 더듬는 손길에 일어났고, 그가 나를 더듬는 모습을 봤지만 어쩌지 못하고 그냥 홀로 떠났다. 전철로 두어 정거장 거리에 집이 있었던 그는 걸어서 갔다고 했다. 나와 함께 나왔던 후배도 비슷한 일을 겪었지만 우린 서로 자세하게 이야기하진 못했다. 암시만 했다. 아무개가 이상한 짓 했지? 그 후 우리는 그 작가를 다시 만날 때 아무도 그의 옆에 앉지 않았다. 그는 회식 자리에서도 자기 옆에 아무도 앉지 않자 조금 민망해했다.

1년쯤 지났을까. 그에게서 전화가 왔다. 개인전을 한다며 내게 글을 써줄 수 있냐고 했다. 나는 요즘 글 쓸 지면이 없다며 에둘러 거절했다. 그는 괜찮다며 전화를 받아줘서 고맙다고 했다. 거기까지는 괜찮았다. 그는 거기까지만 말했어야 했다. 그러나 거기에서 멈추지 않았다. "내가 옛날에… 내가 말이야… 그… 실수한 것도 있는데… 응? 이렇게 친절하게 전화를 받아줘서 고마워요."라고 미끄덩거리는 목소리로 말했다. 차오르는 분노와 수치심을 간신히 억누르며 안면근육에 힘을 주고 나는 다시 "아, 네네, 네…." 겨우 평정심을 유지하고 전화를 받던 나는 내 팬티스타킹 위로 더듬던 그의 손가락 느낌이 다시 되살아나며 몸서리를 쳤다. 개새끼.

그는 아마 그렇게 생각할 것이다. 1년이 지나 전화를 해도 내가 친절히 응대했다고. 친절하게. 나는 왜 친절하게 전화를 받았을까. 내가 친절하게 전화를 받았다는 사실이 나를 더 괴롭혔다. 처음에는 모르고 전화를 받았다 하더라도 그의 이름을 듣는 순간 전화를 끊을 수도 있었는데 왜 전화를 끊지 못하고 받았을까. 왜 그의 말을 나는 받아줬을까. 왜 나는 친절하게 거절했을까. 나는 왜 계속 아무렇지 않은 척하는 걸까. 마치 그래야만 '승리자'인 양 내 감정을 속였다. 내 자신을 불쾌하게 만들면서 감수한 친절들이 나를 괴롭힌다. 20대의 내 친절을 회수하고 싶다.

꽤 오랫동안 생각하면 몸서리가 쳐지는 일이었다. 생각을 떨쳐내려 애썼다. 나는 시간이 많이 흐른 후 인터넷으로 그의 근황을 찾아보려 했다. 그런데 희한한 일이었다. 그의 이름을 다시 떠올리려 했지만 기억나지 않았다. 정말 이름을 기억하려 이리저리 머리를 굴려봤는데 기억나지 않는다. 지금도 여전히 이름이 기억나지 않는다. ㅎ … ㅎ … ㅎ이 들어가는 이름이었나? 아닌가? 기억나지 않는다. 그의 손가락 움직임은 계속 기억이 나는데 왜 그 새끼의 이름은 기억나지 않는가.

누군가는 아마 그렇게 말하겠지. 그런 사람을 왜 상대해? 친절하게 상대해 줬으면서 왜 성추행이라고 해? 당시 내가 할 수 있는 최선의 대응은 현장을 빨리 떠나기, 그 후 그 새끼와 상대하지 않기, 여자들이 그 새끼 옆에 앉으려고 하면 알아들을 수 있는 말로 적당히 면박을 주어 다른 여자들도 그 새끼 옆에 앉지 않도록 도와주기. 거기까지였다. 나는 20대 후반이었고 그 새끼는 50대의 '선생님'이었다. 몇 달만 참으면 안 볼 사이였다. 1년 후에 전화가 오리라곤 생각도 못 했다. 게다가 자기 입으로 "내가 예전에 실수한 것도 있는데 전화 받아줘서 고마워~"라며 말하는 목소리를 들었을 때는 정말 아무 생각도 나지 않았다. 에둘러 거절하는 게 나로서는 최선이었다. 그 새끼는 이미 그 바닥에서 유명하고 나는 정말 아무것도 아니었을뿐더러 당연히 일이 필요한 사람이었으니까. 거기서 더 이상 뭘 어떻게 할 수 있을까? 내 치마 속에 손이 들어올 때 아무 말 없이 혼자 자리를 벗어나지 말고 큰소리로 '이 새끼가 나를 성추행한다'고 외치며 손모가지를 부러뜨렸어야 했을까? 다른 '선생님'들에게 고발하여 알려야 했을까? 추행의 증거는 어떻게 마련할 것인가? 1년 후 전화가 왔을 때 '야 이 새끼야 어디 감히 전화해!'라고 소리쳤어야 했을까? 그렇게 하지 않은 내가 잘못인가? 그렇게 하지 않았다면 나는 추행에 합의한 사람인가?

2

2003년 가을부터 2004년 봄까지, 업무상 두세 주에 한 번꼴로 메일을 주고받던 '학자'이며 '번역가'가 있었다. 메일로 첫인사 후에 그가 보낸 답장은 "선생님이라 하지 말고 오빠라고 하면 좋겠어요~~~."였다. 무시하고 지나갔다. 그렇게 반 년 정도 업무상 메일만 주고받았는데 어느 날 한 전시회에서 만났다. 얼마 후 내 부서 팀장이 내게 하는 말, "아무개가 그날 집에 가면서 약 사 먹었대. 젊은 여자를 오랜만에 봐서 가슴이 떨리더라나 뭐라나~. 낄낄낄." 그는 그 후 내게 사적 연락을 해왔고 내가 직장을 옮긴 후에도 가끔 메일을 보냈다. 나는 간단히 답을 보냈고 그는 몇 번 자신의 시를 적어 보낸 적도 있다. 그는 등단한 시인이기도 해서 "미발표작"이라며 몇 줄 적어 보냈다.

2004년

1

당시 나는 한 예술단체에서 기획자로 일했다. 참여하는 작가들 개개인의 작품은 편차가 컸다. 그러나 작품이 문제가 아니다. 밖에서 볼 때는 작품만 보였으나 내가 내부로 들어가 보니 믿기지 않을 정도로 보수적인 태도에 놀랐다. 대중성은 없어도 '아방가르드'를 추구한다는 자부심으로 가득했던 그들의 일상은 아방가드르와는 아무 상관이 없었다. 그들이 '선생님'이라 부르는 남성 작가의 집에 가면 아내가 수많은 사람들을 위해 밥을 해줬다. 대기업 스폰서에 목을 매고 사람을 소개할 때 학벌을 강조하는 경우도 있었고 교수 앞에서는 놀라울 정도로 굽실거렸다. 전위적인 예술가로 나름 그 바닥에서는 이름을 날린 사람도 내가 내 생각을 말하자 천둥처럼 소리를 질렀다. 그는 내가 내 생각을 말하는 걸 싫어했다. 심지어는 자기가 들어와도 내가 인사를 안 했다고 소리를 질렀다. 문이 내 뒤에 있고 나도 다른 사람처럼 뒤에 눈이 없다. 나는 일하느라 누가 들어온 줄도 몰랐는데 갑자기 꽥 소리를 질러 돌아보니 그가 거칠게 숨을 쉬며 분한 표정으로 나를 보고 있었다. "사람이 들어왔으면 인사를 해야 할 거 아냐!!!!!!!!!!!!!!" 그는 미친 사람처럼 보였다.

내가 기획한 한 파티에서 나는 상반되는 그의 태도를 보았다. 아무런 사회적 명함이 없는 20대 여성 기획자에게 소리를 지르던 그는 파티에서 처음 본 한 대학교수에게 굽실거리며 앞으로 자주 찾아 달라고 했다. 그는 전혀 전위적이지 않았다. 내가 이 이야기를 다른 사람에게 했을 때 그들은 이렇게 말했다. "네가 이해해. 그분도 교수한테 그렇게 머리 숙이는 게 얼마나 힘들겠어." 그들은 머리 숙이는 예술가의 곤란함을 이해하느라 나에게 쓸데없이 소리 지르는 행동을 내가 '이해'해야 한다고 했다. 당시 나는 한 달에 30만 원 받으며 한 달에 한 번만 쉬면서 일했다. 젊은이의 열정을 착취하며 사회적으로 권력 있는 이들에게 머리 숙이는 모습에서 내가 추구할 수 있는 전위는 전혀 없었다. 나는 일을 그만두었다. 아직도 가끔 생각한다. 그는 왜 그렇게 내게 소리를 질러야 했을까. 게다가 아무도 그에게 목소리가 크다고 핀잔을 주지 않는다.

2

초여름. 직장 상사와 외근 나갔다. 내가 '국장님'이라 부르는 사람이었다. 볼일을 보고 돌아오는 길에 국장님은 자기 친구가 운영하는 한 상점에 잠시 들렀다. 나는 뒤에 서 있었다. 국장님의 친구가 나를 힐끗 보더니 씩 웃으며 새끼손가락을 들고 '이거'냐고 물었다. 국장님이 사무실 '선생님'이라 했다. 국장님 친구의 행동은 불쾌하다기보다 신기했다. 왜 나를 보면서도 없는 사람 취급할까. 내가 분명히 눈앞에 있고 귀로 들을 수 있는 거리에 서 있는데 왜 나를 의식하지 않을까.

2005년

여름휴가를 앞두고 있었다. 팀장이 사무실 한가운데 서서 이리저리 떠들다가 휴가 차례가 된 내게 휴가 때 뭐하냐고 물었다. 남자친구랑 여행 간다고 했다. 그는 2초 정도 입을 다물더니 이렇게 말하며 자기 자리로 돌아갔다. "배불러서 오지나 마라." 전혀 예상치 못한 말에 나는 거의 아무런 말도 하지 못하고 입을 벌린 채 숨소리만 내고 있었다.

2006년

1

나는 한동안 중고등학교에 파견을 나가 수업을 했다. 중학생일 때는 남자 교사가 칠판 위에 여자 가슴 그리며 낄낄거리더니, 15년 후 내가 중학교에 수업하러 가니 남학생이 내 앞에서 남자 성기를 그리며 낄낄거렸다. 중학교 2학년 남학생은 내 수업 시간에 나에게 보이기 위해 답안지 위에 남자 성기를 그렸다. 그는 나를 바라보며 종이 위에 성기를 계속 그렸다. 앞으로 불러내서 아이들이 다 들을 수 있는 상태에서 뭘 그렸는지 물어봤다. 네가 그린 걸 또 그려보라고 했다. 그러나 그 아이는 전혀 움츠리지 않았다. 그 아이는 이제 칠판 위에 남자 성기를 그렸고 남학생들은 함께 낄낄거렸다. 내가 예상했던 상황이 아니다. 돌아와 청소년지도사에게 이 문제에 대해 상의했다. 그는 명확한 답은 말하지 못했지만 오히려 내가 학생에게 당한 셈이라고 했다. 내가 학생을 불러내어 여러 친구들 앞에서 남자 성기를 그리게 함으로써 공개적으로 내가 반 아이들에게 성희롱당한 꼴이 되었다고 했다. 나는 선뜻 동의하기 힘들면서도 정말 그럴 수 있겠다는 생각이 들었다. 그는 내가 그냥 모른 척 지나가는 게 나았다고 생각하는 듯했다. 나는 지금도 정확한 답을 잘 모르겠다. 나는 학생에게 소리를 높이거나 체벌을 하고 싶지 않았다. 당황한 모습을 보이고 싶지도 않았다. 그렇다고 그냥 지나가고 싶지도 않았다. 나는 그 학생을 공개적으로 불러내어 '네가 한 짓을 친구들 앞에서도 해봐라.'라고 하면 수치심에 그와 같은 행동을 하지 못할 것이라 생각했다. 내가 순진했다. 그는 여성 교사를 놀리는 걸 수치스러워하지 않았다. 내가 어리석었다. 나는 여러 번 이 기억을 떠올렸지만 이런 상황에서 어떻게 하는 게 최선인지 여전히 잘 모르겠다. 남는 것은 나의 분노다.

2

대학로의 한 술집에서 친한 선배와 친구를 만났다. 선배가 그날 자기 친구를 한 명 데려왔다. 네 명이 술을 마시며 이야기하던 중 불쑥 선배의 친구가 내게 물었다. "결혼했어요?" 아니라고 하자 그는 이렇게 중얼거렸다. "결혼한 여자가 더 매력 있는데." 나는 되물었다. "네?" 그는 또박또박 내게 정확하게 전달했다. "결혼한 여자가 더 매력 있다고요!" 갑자기 무슨 소릴 하는지 이해하지 못했다. 차차 알아간다. 아무리 살아도 살아도 세상이 얼마나 여자들을 놀리는지 끝없이 발견한다.

3

한동안 그의 존재를 잊었는데 내게 "선생님이라 하지 말고 오빠라 부르라."고 했던 그 시인이자 번역자가 2006년 어느 날 불쑥 연락이 왔다. 그러곤 만남을 요구했다. 주변에 얽힌 관계들 때문에 처음에는 친절히 이런저런 핑계를 대다가 나중에는 아예 대꾸를 안 했다. 혼자 연락하다 지친 그는 내게 메일로 욕설을 보냈다. 몽글몽글 부드러운 언어로 시를 보냈던 그는 쌍욕을 적어 보냈다. 나는 이 메일을 아직도 지우지 않았다. "나는 당신이 착한 여잔 줄 알았어! 결혼해도 좋아! 계속 좋아할 거야!" 이런 내용을 보내고, 씨팔, 무슨 팔, 나름 운율에 맞춰 욕을 써서 보냈다. 그리고 내가 근무하는 부천에 와서 물의를 일으킬 수도 있다고 협박성 메일을 보냈다. 나는 실제로 내가 일하는 곳에 와서 물의를 일으킨 남성을 경험했기에 이런 협박이 그리 막연하게 다가오지 않았다.

그는 내게 보낸 욕설과 협박 메일 이후로는 '다행스럽게' 조용해졌기 때문에 내게는 '해프닝' 정도로 남았다. 나는 그가 보낸 이 정신 나간 메일을 이상하게 지우기 싫었다. 그토록 똑똑하고 성실한 그의 인생에 티끌만큼의 수치스러운 오점 정도는 굳이 지워줄 필요가 없어서다. 그가 다수의 책을 내고 언론에 가끔 글을 기고하며 인터뷰하는 모습까지 봤다. 여성을 존중하지 않아도 이 세상에서는 충분히 정의롭고 똑똑한 사람으로 살아갈 수 있다.

아, 이 경우에도 내가 느낀 것이 있는데, 혼자 메일 보내면서 그는 "이것은 연애편지"라고 스스로 정의했다. 흔히 여성과 남성 사이에 어떤 사건이 일어나면 경찰이 아주 쉽게 '연애 문제'나 '사랑싸움' 등으로 규정할 때가 있다. 언론은 이를 전달한다. 하지만 실상을 알고 보면 아무 사이 아닌, 그저 성별이 여/남일 뿐인 일방적 관계인 경우가 많다. 아마 내가 겪은 일도 그가 혼자 시를 지어 보내고 온갖 달콤한 소리를 하며 '데이트'를 요구했으며 '연애편지'라고 명백히 규정하기까지 했으니, '연인 사이'라고 왜곡될 소지가 충분하다.

주변에 이야기를 했더니 "넌 왜 그렇게 이상한 사람 많이 만나니?"라고 했다. 나는 점점 입을 다물었다.

2007년

1

외국어로 말하기는 내게 '말하기' 그 자체에 대해서도 생각하게 만들었다. 외국어로는 어떤 말이든 잘하는 게 중요했다. 또렷하게 말할수록, 의사 전달을 분명하게 할수록 실력을 인정받는다. 한국어를 그와 같은 방식으로 말하면 '너무 되바라져 보이고 사람이 좀 질릴 수 있다.'는 충고를 듣는다.

2

나는 한국을 떠났다. 실은 잠시 떠나기로 했을 뿐인데 그렇게 오래 머물게 될 줄 몰랐다.

2008년

1

한여름에 나는 방을 구하려고 파리 한복판을 헤맸다. 프랑스의 북서쪽 노르망디 지역에 있다가 파리로 이사를 오려는데 방을 구하는 일이 너무도 막막했다. 기숙사에 살 때는 그래도 사정이 괜찮았다. 다행히 한 친구가 자기가 아는 사람에게 세를 주는 방이 하나 있으니 연락해 보라고 연락처를 줬다. 나는 목돈이 없어 보증금이 적은 집을 원했다. 친구가 준 연락처로 전화를 하니 한 노인이 받았다. 그가 알려준 주소로 찾아갔다. 파리 3구의 피카소 미술관 근처에 있는 우아한 아파트였다. 세를 주는 방은 그 아파트가 아니라 조금 떨어진 거리에 있는 아주 낡은 아파트였다. 이 집은 보증금이 없었다. 내게는 더없이 좋은 조건이었다. 가능한 빨리 이 아파트에 들어오고 싶다는 의사를 비쳤고 주인은 지금 살고 있는 사람이 나가는 날짜를 확인하고 다시 연락을 주기로 했다. 나는 마음이 조급했다.

그의 이름은 엔리코다. 엔리코는 내게 방을 보여준 뒤 이런저런 이야기를 많이 했다. 혼자 사는 여든 언저리의 노인이었다. 책상에는 오래된 엽서가 수북하게 쌓여 있었다. 피카소의 그림을 하나 소장하고 있었으며 이탈리아 영화감독 베르나르도 베르톨루치와의 오래전 인연을 과시하기도 했다. 하루 종일 혼자 지내서인지 그는 사람을 보자 계속 말하고 싶어 했다. 나는 그에게 호감을 보이고 얼른 친해져서 그 집의 일 순위 세입자가 되고 싶었다. 그가 장을 보러 간다며 동행하자길래 동행했다. 그는 와인 가게에서 와인을 사고 치즈 가게에서 치즈를 샀다. 마트에서 파는 치즈는 맛이 별로라며 치즈 가게에서 이것저것 골랐다. 이탈리아 출신인 그는 모차렐라 치즈에 대해 특히 열심히 설명했다. 마트에서 한 봉지씩 포장해서 파는 모차렐라는 제대로 모차렐라의 맛을 느낄 수 없다며 '진짜 이탈리아 모차렐라'가 아니라 했다. 그가 치즈 가게에서 주인에게 자신이 찾는 치즈를 말하자 주인은 따로 보관 중인 치즈를 꺼내 주었다. 나이 든 사람이 혼자 살면서도 자기 취향을 고집스럽게 유지하며 우아하게 산다고 생각했다.

치즈 가게를 나와 당시 내가 임시로 머물던 감베타 역 근처 집으로 돌아가기 위해 지하철을 타려 했다. 생폴 역 횡단보도 앞이었다. 그 자리에서 헤어지는 인사를 할 참이었다. 엔리코는 조금 전 산 와인과 치즈를 들어 보이며 내게 함께 저녁을 먹지 않겠냐 했다. 혼자 밥 먹기 싫은가 보다 생각했다. 하지만 조금 부담스러워서 그냥 집에 가겠다고 했다. 그는 자기랑 같이 밥 먹고 "faire l'amour"(성관계)를 하면 좋은데 왜 그러냐며 실실 웃었다. 순간 나는 정신이 번쩍 들었다. 그의 집에서 함께 나와 마레 지구의 골목들을 거치며 만난 몇몇 주민들과 그가 대화를 나눴고, 횡단보도를 건너 와인 가게와 치즈 가게에 들르면서 가게 주인들과도 이야기를 나눴다. 나는 아무 생각이 없었는데 혹시 그들에게 나는 엔리코와 어떤 관계로 읽혔을까. 소문으로만 듣던, '돈 많은 노인들이 요즘은 젊은 아시아 여자랑 연애한다더라'는 '카더라'가 갑자기 생각났다. 혹시 내가 그들에게 엔리코의 애인으로 보였으려나. 이런 생각에 이르자 엔리코를 달리 보게 되었다. 이 인간이 지금까지 내게 친절히 대한 건 다 이런 속셈이 있었던 건가. 나는 인상을 찡그리고 그를 노려보았다. 그는 내가 농담도 못 알아듣고 정색한다는 듯 나를 비웃으며 알았으니 이제 돌아가라 했다. 나는 간신히 화를 억누르며 돌아서려는데 그는 손으로 내 가슴을 만지는 시늉을 하면서 또 나를 놀렸다. 나는 "그만하라고!" 외쳤다. 그는 웃음을 터뜨렸다. 나는 씩씩 거칠게 숨을 쉬며 그를 노려보았다.

집으로 돌아와 다른 집을 알아보기로 했다. 집 구한다고 여기저기 소문을 냈다. 저렴한 집을 많이 알고 있다는 중국인 중개인도 만났다. 그러나 여전히 보증금과 중개 수수료가 부담스러웠다. 나는 보증금도 중개 수수료도 없는 엔리코의 집에 결국 들어갔다. 다행히 엔리코는 다시는 내게 쓸데없는 농담을 하지 않았다.

2

2008년 12월 31일에서 1월 1일이 되는 시간에 에펠탑 앞에 사람들이 바글바글 모여 있었다. 셋, 둘, 하나! "본 누벨~"(새해 복 많이 받으세요)을 외치는 순간 어디선가 까악, 비명소리가 들리더니 내 일행이 앞으로 뛰어 덩달아 나도 그들을 따라 앞으로 뛰었다. 옆을 보니까 젊은 남자들이 우리에게 달려들었고 우리는 간신히 인파 속에 뒤섞이며 그들의 손을 피했다. 무슨 일이 일어났는지 파악도 되지 않았다. 그 남자들이 우리 얼굴을 잡고 입을 맞추려 시도했다는 것만 알았다. 나중에 들었다. 새해가 될 때 아시아 여자와 키스하면 그해 운이 좋다는 낭설이 프랑스 젊은 남성들 사이에서 돌고 있었다.

외국에서 겪는 성희롱은 조금 다른 양상을 띤다. 처음에는 성희롱으로 인식하기보다는 '혹시 문화적 차이에 내가 민감한가'라는 생각이 들어 자신의 감정을 드러내길 주저한다. 어떤 여성은 희롱을 매력과 비례하는 문제로 받아들인다. 실제로 내가 프랑스에서 길거리 성희롱이 지긋지긋하다고 했을 때 한 여성이 "왜 나는 그런 일이 없지"라며 "나도 좀 그런 일이 있어 봤으면"이라고 반응하는 모습을 본 적 있다. 주변에 있던 사람은 그에게 "너는 옷차림이 여성스럽지 않아서 그래"라고 했다. 상대적으로 운이 좋아 성희롱이나 성추행에서 멀리 있는 여성은 스스로 여성성이 부족하기 때문에 남자에게 매력이 없어서 '그런 일'이 안 일어난다고도 생각한다. 누군가에게 불쾌한 성희롱이 매력적인 유혹의 징조로 읽힌다. 희롱과 유혹의 경계에서 종종 젠더 권력은 유혹을 지지하며 희롱을 유혹의 영역으로 포섭한다.

'얼굴이 무기'라는 말은 유머로 유통된다. 이를 두고 여성혐오라 인식하지 않는다. '얼굴이 무기'라는 수사는 성폭력에 대한 불쾌한 농담이다. 우선 성폭력을 마치 얼굴 예쁜 여자에게 일어나는 일처럼 변질시킨다. 그로 인해 상대적으로 성폭력을 덜 겪는 여성은 자신이 성적 매력이 없어서 성폭력이 피해간다고 착각하는 경우도 있다. '얼굴이 무기'라는 폭력적 농담은 여성에게서 성폭력의 원인을 찾는 강간 문화의 산물이다.

유혹은 자신이 상대를 평가한다는 사실을 감히 드러내지 않는다. 유혹은 유혹하려는 대상의 마음을 얻기 위해 애쓴다. 곧 자신이 상대에게 좋은 평가를 받기 위해 자신의 행동에 꾸준히 신경 쓴다. 희롱은 자기 자신에 대한 검열이 전혀 없다. 상대의 기분을 신경 쓸 필요 없이 자신의 우월감을 드러내는 행위다. 어느 날 한 친구가 이렇게 말했다. "정말 기분 나쁜 게 뭔지 알아? 'Pas mal!'이라고 하는 애들. 허, 참 어이가 없어서. 지나가는데 'Pas mal', 이러는 거야. 지들이 뭔데 평가야." Pas mal은 not bad, 곧 '나쁘지 않네', '괜찮네'라는 뜻이다. 이 섬세한 평가의 언어를 뱉으며 지나가는 여자에게 비릿한 웃음을 흘리는 남자들. 이것은 유혹이 아니라 희롱이다.

2009년

1

봄. 날씨가 좋았다. 나는 프랑스 동부 로렌 지방의 모젤 강가를 혼자 걷고 있었다. 짧은 청반바지, 노란 민소매 셔츠 위에 엉덩이까지 덮는 하얀 니트를 입고 발목까지 올라오는 베이지색 신발을 신고 햇살을 반갑게 맞으며 걸었다. 갑자기 뒤에서 fuck, fuck, fuck! 소리가 들리는가 싶더니 내 옆으로 자동차가 쌩 지나갔다. 운전석 뒷자리에 앉은 남자가 창문을 내리고 머리를 바깥으로 내민 채 나를 향해 온 힘을 다해 외치고 있었다. Fuck!!! 그는 왜 그래야 했을까.

누군가가 말했다. "프랑스에서 짧은 치마를 입고 다니면 뒤에서 아무 짓이나 해도 된다고 생각해." 그러니까 내 짧은 반바지가 '문제'였다.

2

서른 즈음 친구들은 대부분 결혼했다. 친구를 만날 때

그의 남편과 함께 만나는 일이 잦아졌다. 프랑스로 떠났던 나는 잠시 여름에 한국에 돌아왔다. 지방에 사는 친구 집에서 하루 잘 때였다. 친구 남편이 늦은 시간 술에 취해 돌아왔다. 만취 상태가 아니라 거실에 앉아 이야기를 나눴다. 나는 소파에 앉아있었고 친구 부부는 거실 바닥에 편하게 앉아 있었다. 친구 남편은 두 팔을 뒤로 짚은 채 앞으로 다리를 쭉 뻗고 있었다. 술기운에 약간 피곤한 상태였지만 그는 친구를 찾아온 아내 친구를 최선을 다해 맞이했고 웃긴 이야기를 해주려 애썼다. 결혼 전에도 봤지만 그는 언제나 좋은 인상을 주었고 예의 바른 사람이었다.

친구 남편은 알딸딸하게 취한 채 방금 전 있었던 회식에 대해 이야기했다. 밥을 먹고 술을 마시고 노래방에 가서 '도우미'를 불렀다. 사람 수에 맞춰 도우미가 왔다. 나중에 팁을 줘야 하는데 난감한 일이 생겼다. 지갑에 5만 원짜리 한 장만 있었다. "5만 원 지폐가 나오니까 이런 애로 사항이 생기네. 꼭!" 딸꾹질을 하며 그는 말을 이어갔다. "제가 팁을 5만 원을 줘버리면 집에 올 택시비가 없잖아요. 나도 택시비를 남겨놔야 하는데…. 아니, 그렇다고 팁을 거슬러 달라고 할 수도 없잖아요. 5만 원 주고 뭐 3만 원 거슬러 줘요, 이럴 수 없잖아요~~~~. 그렇다고 팁을 안 줄 수도 없고요. 그러면 안 되거든요. 그분들 힘들게 일하시는데 팁을 안 주면 안 되잖아요. 아~. 나 이거 참, 난감해서. 노래방에서 계속 그 생각 하느라고 … ." 우리는 겉으로는 다 같이 웃었다. 그래서 어떻게 했냐고 물으니 다른 과장님에게 결국 1만 원을 빌려서 팁을 줬다고 한다. 친구가 웃으니 나도 웃었다. 천천히 내게 생각이 다가왔다. 어쩌면 이 사회에서 '좋은' 남자는 자신이 '부른' 여자에게 노동의 대가를 잘 챙겨주고 함께한 시간 동안 최선을 다해 존중해 주는 것, 딱 거기까지가 한계일지도 모른다는 생각이 들었다. 여자를 '부르는' 문화에서 빠져나오거나 거부하진 못하고 성실하게 동참하면서.

2010년

1

4월. 한국에서 공무원들이 연수를 왔다. 친구 소개로 며칠간 도와준 적이 있다. 처음에는 오랜만에 한국에서 온 사람들을 만난다는 생각으로 반갑게 대했으나 반나절 만에 별꼴을 다 봤다. 여러 가지 면에서 내게는 아주 이질적인 경험이었다. 이들 중 한 사람은 노트르담 성당 앞에서 "석굴암이 더 멋있지! 우리 석굴암이 진짜 대단한 거라고!"를 외치며 분에 찬 표정으로 씩씩거렸다. 그는 카페에서 내가 사과 파이를 주문하며 맛있으니 먹어보라고 권하자 "우리나라 사과보다 더 맛있어? 응, 더 맛있냐고?"라는 소리를 해댔다.

연수를 왜 왔을까 싶을 정도로 유럽 문화에 이상한 적

개심을 보이던 그들이 유난히 눈을 반짝이던 순간이 있었다. 몽마르트르로 가기 위해 피갈 역에 내려 붉은빛이 번쩍이는 화려한 거리로 들어서자 "여기 성매매는 어때요? 합법이에요, 불법이에요?"라고 묻는다. 당시 프랑스는 개인 간의 성매매는 합법이었다. 부분적으로 합법이라고 하자 "이야~ 역시, 선진국이야~캬~"라며 탄성을 질렀다. 사과파이 앞에서도 조국과 민족에 대한 무궁한 영광을 꿋꿋이 지키던 그들은 성매수 가능성 앞에서 '선진국'을 찬양했다. 몇 년 후에 성매수자를 처벌하는 법이 프랑스에 생겼다는 사실을 알면 뭐라고 할까.

이들은 스위스와 이탈리아 등을 거쳐 프랑스에 왔다면서 가는 곳마다 현지에서 만난 여성 가이드와 '밀착한' 상태로 찍은 사진을 보여줬다. 마치 수집가처럼 모아둔 여성 가이드 사진을 보여주며 일종의 '현지처'라는 말까지 했다. 그러면서 나도 그들과 이런 사진을 찍어야 한다고 넌지시 말했다. 튈르리 공원에서는 손을 잡고 연인 분위기를 연출하자는 변태적인 장난을 걸었다. 본격적으로 그들을 경계하게 되었고, 농담처럼 면박을 줘서 선을 그었다. 이렇게 면박을 주는 행동이 가능했던 이유는 내가 그들에게 돈을 받고 고용된 가이드가 아니었기 때문이다. 게다가 나의 도움 없이는 커피 한 잔도 제대로 주문하지 못하던 그들 입장에서는 내 기분을 살필 필요가 있었다.

이 사람들은 우리 사회에서 전혀 특별하지 않다. 아주 평범한 공무원이고 가정이 있으며 올망졸망 자식들도 있다. 게다가 몽마르트르의 홍등가에서 부러운 눈빛을 보내긴 했지만 성매수를 하진 않았고, '현지처' 놀이를 했을 뿐 실제로 '현지처'가 있는 건 아니었다. 더 인격적인 사람들이라서가 아니라 그저 여행 와서 여자를 '구매'할 정도로 돈이 많지 않았을 뿐이다. 이들은 돈을 아끼느라 컵라면과 김치, 고추장을 싸들고 왔다. 그래서 박탈감을 가진다. 돈이 많은 남자들은 '스폰서'를 하고 '현지처'를 둘 수 있는데, 평범한 7급 공무원이라 겨우 성구매를 한다거나, 성구매조차 못하는 가난한 계층이라고 여긴다. 아, 이건희는 마음 놓고 성구매를 하는데 이 소시민들은 소박한 성희롱도 못 하는 세상을 한탄한다. 이렇게 가난한 남자를 억압하다니!

별일도 아니지만 분했다. 마지막 날 술자리를 하면서 그중 제일 나이 많은 사람이 내게 "자, 한 잔 따라 봐."라고 했다. 술 한 잔 따르라 했을 뿐인데, 그래서 한 잔 따랐을 뿐인데, 아직도 이 순간의 모멸감이 생생하게 내 안에 남아있다. 운이 좋았었나 보다. 나는 그런 태도로 내게 술 따라 보라는 남성을 거의 만난 적이 없다는 사실을 그때 알았다. 치근대거나 음담패설을 늘어놓는 경우는 있어도 쓸데없이 술 따르라는 사람은 없었다. 술이 한두 잔 들어가자 다른 사람은 내 왼손을 잡았다. 그때 그 남자가 했던 말이 가관이었다. 쌍꺼풀이 있는 선한 눈매로 웃으며 자신의 오른손으로 내 왼손을 잡아 자기 무릎 위에 올려놓고 이렇게 말했다. "이야~. 역시 다르다~." 나는 서서히 그 뜻을 알았다. 유부녀가 아니라 '아가씨' 손을 잡으니 역시 다르다는 뜻이었다. 마치 장갑을 끼어보고 '역시 가죽이 좋아서 촉감이 다르네'라고 사용 후기를 말하는 모습이었다. 그 자리에서 불쾌감을 드러내지 못한 나는 계속 그 더러운 기분이 기억에 남았다. 불쾌감을 드러내서 그들을 내게 소개한 친구가 난감해질까 봐, 괜히 마지막 날 분위기가 이상해질까 봐 차마 표현하지 못했다.

2

서른 중반이 되자 나를 대하는 사람들의 태도에서 느껴지는 게 있었다. 아주 어린 나이가 아니니 알 만큼 아는 여자. 그러나 결혼하지 않은 여자. 게다가 외국에서 혼자 사는 여자. 폭력적인 언어들이 이런 여자들의 일상에 준비되어 있다. 그래. 그게 문제였다. 외국에서 혼자 사는 여자. 쌍욕을 하거나 노골적으로 희롱의 언어를 던져서가 아니다. 마치 〈B사감과 러브레터〉의 B사감처럼 여긴다. 좀 얌전해 보인다면 공부만 하느라 내면에는 욕구불만으로 가득한 외로운 여자, 자유로워 보인다면 외국 나가 여러 남자와 어울릴 문란한 여자. 그 틀에서 어디에 끼워 넣으면 제격인지 맞취 보려 한다. 소위 '결혼 적령기'에 결혼하여 아내와 엄마가 되지 않은 여성이 듣는 말과 마주하는 시선은 어쩔 수 없이 받아들여야 하는 문화로 생각한다. "결혼한 여자가 더 매력 있다고요!"라고 내게 또박또박 말하던, 이름도 기억나지 않는 남자의 말뜻을 서서히 알아갔다. 상품 가치가 없는 '노처녀'보다는 '주인'이 있는 유부녀가 더 사냥의 대상으로 짜릿한 긴장감을 준다.

3

30대 중반을 넘기면서 만나는 사람이 급격히 줄어들었다. 서른두 살에 한국을 떠난 후 주변의 관계가 재배열되었다. 동문이니 동창이니 이런 관계에서 떠난 지 오래다. 잘 보이고 싶은 상사도 선생도 없다. 위험할 정도로 혼자가 되었다. 나는 내가 하고 싶은 말을 정리해서 쏟아내기 시작했다. 내 말이 들리는 사람들과 언젠가 연결되리라 생각했다.

4

프랑스에서는 길거리 성희롱이 한국에서보다 더 극심하다고 느꼈다. 내가 이방인이었기 때문이다. 니하오를 외치며 불러 세우는 행인들, 답하지 않고 지나가자 쌍욕을 하던 노숙인, 수첩에서 한국 영화 목록을 메모한 흔적을 보여주고 김기덕, 임권택 등의 이름을 읊어대며 끈질기게 따라붙던 중년 남자 등. 유혹과 희롱은 한 끗 차이였다. 유혹은 상대의 감정을 살피느라 팽팽한 긴장감이 감돌지만 희롱은 상대가 어떤 반응을 보이든 하고 싶은 대로 한다. 그렇게 홀로 즐겁다.

5

한 가지 나 자신에 대한 발견. 나는 한국어보다 외국어로 말할 때 오히려 나의 불쾌감을 전하기 쉬웠다. 외국어와 나 사이에는 얇은 막이 있다. 거절의 언어, 따지는 말, 질타의 언어를 모국어보다 조금 더 편하게 사용할 수 있었다. 외국어를 잘한다는 뜻이 결코 아니다. 모국어가 아닌 외국어는 내가 거절하고 있음을, 내가 화를 내고 있음을, 내가 불쾌감을 전달하고 있다는 사실을 조금 희석시켰다. 한국어로 한국 남자에게 말하기보다 프랑스 남자에게 무례를 콕콕 집어내기가 쉬웠다. 나는 한국어로는 욕을 뱉지도 못할뿐더러 흔한 일상적 비속어도 입에 담지 않았다. 그런 내가 프랑스어로 욕에 해당하는 'merde!'를 외치는 건 전혀 어렵지 않았다.

2014년

여름. 여성은 제 몸에 대해 주체성을 갖지 못한다. 한국에 왔다가 자궁경부암 검사를 하러 갔는데 내가 결혼하지 않았다는 이유로 간호사가 검진을 거부했다. 결혼과 무슨 상관이죠? 내가 물었을 때 간호사는 피식 웃으며 이렇게 말했다. "처녀막 터져도 괜찮으면 하시든가요." 간호사의 입에서 '처녀막 터져도 괜찮다면'이라는 말을 들었다. 관념이 의학을 지배한다. 당시 나는 서른아홉 살이었다. 열아홉 살도 아니고 서른아홉. 서른아홉 살 먹은 여자가 의료 검진을 받는 기준이 결혼 여부와 연결되어 있을 줄이야. 남성들은 전립선 검사를 받을 때 총각성을 지키기 위해 고려할 사항이 있는지 궁금했다. 결혼을 하지 않아서 전립선 검사를 받을 수 없다면, 검사를 받으려니 총각딱지 떼고 싶으시면 마음대로 하시죠, 라는 비아냥거림을 듣는다면 어떨까.

2016년

샌프란시스코의 한 호텔 로비. 학회가 열리는 호텔이라 사람이 가득했다. 번잡한 사람들 틈에서 등록을 하고 돌아서는데 갑자기 누군가 뒤에서 빠르게 우리를 앞지른 뒤 다시 뒤돌아 우리 앞을 가로막았다. 남편의 후배였다. 남편에게 인사한 뒤 내게 한 번 눈길을 주고 다시 남편에게 공손히 이렇게 말했다. "형수님이 미인이시네요." 나는 남자들이 서로의 아내를 '제수씨'라고 부르는 모습도 유치하다고 생각하지만, '윗사람'의 아내에게 형수님이라 부르는 이 문화도 썩 유쾌하지 않다. 물론 여자들도 자기보다 나이 많은 여성의 남편에게 '형부'라 부른다. 나도 어쩔 수 없이 그렇게 부른다. 부를 말이 없다. 하여튼 이 나라는 이름을 부를 수 없으니 사람을 부르는 일부터 에너지 소모가 크다. 결혼을 했더니 졸지에 '형수님'이라 나를 부르는 남성이 나타나 어색했다. 그러나 거기까진 그러려니 한다. 그다음 말이 기가 찼다. "미인이시네요."라니. 내가 미인이 아니라는 사실은 나도 안다. 그 사실관계가 중요한 게 아니다. 그 후배는 그렇게 '선배의 아내'를 외모로 칭찬하는 게 예의라고 생각했기 때문에 첫 만남에서 "미인이시네요."라고 말한다. 그것도 나를 바라보며 하는 말이 아니라, 나를 한 번 본 뒤 남편에게 말한다. 내가 마치 남편이 달고 다니는 고급 액세서리인 양. 학회에서 만났는데 어떤 세미나에 참여하는지, 일정이 어떻게 되는지 등을 묻기는커녕, 나에 대한 외모 품평 한마디로 첫인사를 다한다. 다들 말하길, 그는 예의 바르고 성격 좋은 사람이라고 한다. 그렇다. 그는 예의가 바른 사람이라 굳이 사람들을 헤치고 우리에게 다가와 인사한 뒤 아내가 미인이라는 말까지 선배에게 잊지 않고 전한다.

2018년

1

도무지 그대로 옮길 수도 없는 폭력적 언어로 가득한 메일에 시달린다. 알고 보니 나뿐 아니라 젠더 관련 칼럼을 쓴 필자들이나 관련 기자들에게 정체불명의 사람이 꾸준히 언어 성폭력으로 채워진 긴 메일을 보내는 모양이다. 반년 넘게 지속되던 폭력적인 메일은 『한겨레신문』에서 법적 대응을 하겠다고 나서면서 잠시 멈췄다. 발신자는 미국에 거주하는지 미국 시민인지 모르겠으나 미국에서 보내는 것으로 추정했다. (1년쯤 지나 다시 메일을 보내기 시작했고 지금도 메일이 온다. 만약을 대비해 나는 한 통도 지우지 않았다.)

2

이상한 질문들에 시달린다. '미투'라는 이름으로 성폭력 폭로가 더 활발해졌다.

"이라영 작가님, 미투에 대해 어떻게 생각하십니까? 미투. 허허, 미투, 하하하하."

이것은 질문일까. 비아냥거리며 내게 이렇게 묻는 남성. 나의 생각이 궁금해서 묻는 질문이 아니라 나의 생각을 조롱하기 위해, 여성들의 목소리를 묵살하기 위한 가짜 질문이다. 어떻게 생각하냐고? 어떻게 생각하는지 지금부터 말한다.

2부 얼굴, 이름, 목소리

1장

보이지 않는 인간

보이지 않는 인간

이 모든 끝없는 비천과 아픔을 나는 앉은 채로 바라본다

보고, 듣고, 침묵한다

월트 휘트먼Walt Whitman의 시 「나 여기 앉아 바라보노라」를 곱씹어 읽는다. 시의 화자는 수많은 사회의 고통과 슬픔, 모욕, 학대 등을 보고 듣는다. 그리고 침묵한다. 보았으나 침묵하는 자의 내적 갈등을 짐작할 수 있다. 보고 들었지만 침묵할 때, 이 보고 들은 사실은 세상에 없는 문제가 된다.

사회적 약자들은 일반적 의미의 노동 외에 추가 노동을 한다. 누구나 그렇듯이 우선 생계를 위해서든 자아실현을 위해서든 기본적인 노동을 한다. 여기에 자신이 속한 계층 때문에 사회적으로 불이익을 받지 않기 위해 수행하는 노

동이 추가된다. 모멸을 견디거나, 자신의 '약자다움'에 걸맞은 감정노동을 한다. 장애인이나 흑인은 착해야 하고 여성은 친절해야 한다. 이 노동을 멈추는 순간 '~답지 않다'는 공격이 들어온다. 그다음은 바로 '보이지 않기 위한 노동'이 필요하다. 존재를 투명하게 만들어야 한다.

어느 날 미국의 중서부에서 '철도 재벌'로 유명한 제임스 제롬 힐James Jerome Hill의 저택에 잠깐 들렸다. 19세기 후반에 지어진 로마네스크 양식의 저택이다. 부부의 침실도 각자 분리되어 있었으며 그 시절 저택들이 그렇듯 아침 먹는 식당과 저녁 먹는 식당의 공간이 분리되어 있었다. 한 사람이 한 끼를 먹기 위해 식탁 위에 올려놓는 식기도 여러 종류이며 칼과 포크만 해도 고기용, 생선용, 굴용, 가재용 등등 십여 가지다. 이 '우아함과 품위'는 물론, 집 안에 12명 정도의 하인이 있었으니 가능했다.

이 저택에서 가장 인상 깊던 공간은 파이프 오르간이 있던 음악실도, 전망이 좋던 여자 주인의 방도, 손자들을 맞이하던 응접실도 아니다. 19세기에 지어진 다른 대저택과 마찬가지로 다이닝룸이 역시 화려했다. 그 다이닝룸 한쪽에 어떤 칸막이가 있었다. 그 칸막이는 식사 중에 하녀가 서 있는 자리였다. 주인 가족이 식사를 하는 동안 시중을 드는 하녀는 모습이 보이지 않게 벽과 같은 색깔, 같은 무늬로 만들어진 ㄱ자 칸막이 뒤에 서서 명령을 기다려야 했다. 벽처럼. 하녀는 주인이 식사할 때 시중을 들어야 하기에 그의 노동력은 필요하지만 그의 존재는 보이면 안 된다. '자연스럽게' 그는 보이지 않으며, 부자연스럽게 의도적으로 보려고 해야 보인다. 마치 오늘날 청소노동자들이 청소도구실에 들어가 휴식을 하거나 식사를 하며 '보이지 않도록 노동'하는 것과 같았다.

길에서 구걸을 하는 사람이나, 노숙인, 전단지를 나눠주는 사람에게 우리는 모두 반응을 보여야 한다는 부담을 갖지 않는다. 그들의 호소를 듣지 않아도 되는 권력이 있기 때문이다. 나눠주는 전단지를 무시하고 그 사람을 투명한 사람으로 여기며 통과해도 비난받지 않는다. 이 평범한 권력이 보이지 않는 인간을 만들어낸다. 구조라는 게 그리 거대한 사회 제도와 문화만을 뜻하진 않는다. 내가 곧 타인에게 구조의 일부다. 내가 바로 다른 누군가에게 그를 가리는 벽이 될 수 있다. 보았으나 침묵하는 나의 입은 타인에게 감옥의 창살이다. 다이닝룸에서 벽처럼 서 있을 투명한 하녀의 존재는 일상 곳곳에 스며있다.

2013년 말 김태흠 의원이 고개를 숙인 청소노동자들을 내려다보던 장면이 한동안 내게 각인되어 있었다. 나는 『보이지 않는 인간』의 한 구절을 떠올렸다. "우리 같은 부류의 사람은 노턴 씨와 같은 부류의 사람을 그런 식으로 바라볼 수 없었다."[1] 흑인은 백인을 제대로 바라볼 수 없던 시절이었다. 마찬가지로 청소노동자들은 정치인의 고압적이고 오만한 시선 앞에서 고개를 숙이고 있다. 국회 청소노동자라는 직업은 여느 장소의 청소노동자와 마찬가지로 '나이 많은 여성'이 주로 맡는다. 남성 정치인과 다수의 여성 청소노동자가 대면한 그 순간의 사진은 계층과 성별의 위계가 교차하는 한 장의 이미지다.

랠프 엘리슨Ralphe Ellison 2의 소설 『보이지 않는 인간』은 사회적 약자는 어떻게 개인의 존재가 지워지는지에 대해 매우 섬세하게 다루는 작품이다. 1952년 작품인 이 소설의 화자는 '보이지 않은 인간'인 주인공 '나'이다. "나는 보이지 않는 인간이다."는 이 소설의 첫 문장이다. 그는 왜 보이지 않을까. "나는 살과 뼈가 있고, 섬유질과 체액으로 이루어진, 실체를 지닌 인간이다. … 자신들의 상상 속에서 꾸며진 것만을 본다. 그야말로 그들은 모든 것을 빠짐없이 다 보면서도 정작 나의 진정한 모습은 보지 않는다."3 정확히 말하면 주인공 '나'는 보이지 않는 인간이 아니라, 사람들이 보려고 하지 않는 인간이다. 제목 '보이지 않는 인간'Invisible man은 곧 비가시화된 인간을 뜻한다.

왜 비가시화된 인간일까. '사람'에 해당하는 백인들에게는 보고 싶은 것만 보려는 '내부의 눈'이 작동하기 때문이다. 이 '내부의 눈'을 통해 어떤 존재를 바라볼 때 진짜 실체는 결코 보이지 않는다. 인종 문제를 유쾌하면서도 섬뜩하게 다룬 영화 〈겟아웃〉(2017)은 이러한 차별의 시선을 흥미롭게 표현했다. 백인들은 모두 주인공 크리스의 몸에 관심 있고 이 몸을 찬양한다. 악수를 하며 손아귀의 힘을 느끼거나 팔뚝을 만져 보며 감탄할 줄은 알지만 그가 직업적으로 사진을 찍는 사람이라는 사실에는 관심이 없다. 흑인에 대한 편견, 운동을 잘하고 춤을 잘 춘다는 편견으로 그의 몸을 대한다. 운동과 춤도 생각이 필요한 줄 모르고, 타고난 몸으로 자연스럽게 운동하고 춤을 춘다고 착각한다. 그를 의식이 있는 인간으로서가 아니라 하나의 매끈한 살덩이로 여긴다. 그렇기에 흑인의 몸에 백인의 뇌를 이식하면 그 사람의 정체성, 다시 말해 그 몸의 주인이 백인이 된다고 생각한다.

차별의 양상은 비슷한 측면이 있다. 몸과 정신의 이분법에 기초하여 차별 대상을 몸으로 환원한다. 지배 계층의 의식이 피지배 계층의 몸을 지배할 수 있다고 여긴다. 이 영화에서 주인공이 사진작가라는 사실은 그가 '보는 인간'임을 뜻한다. 시선이 있는 인간이지만 그의 시선에 영화 속 백인들은 관심 갖지 않는다. 그의 사진에 관심을 보이는 수집가도 신체 기관으로서의 눈에만 관심이 있다. 그 눈을 가지고 싶을 뿐 크리스의 생각에는 아무런 관심이 없다. 이러한 무관심은 흑인에 대한 백인의 우월감에서 비롯된다.

다시 소설 『보이지 않는 인간』으로 돌아가자. 소설에서 이름도 없는 주인공 '나'는 미국 남부 출신이다. 작가는 교묘

한 방식으로 주인공의 이름을 끝까지 독자에게 숨긴다. 그는 고등학교에서 연설을 잘해서 대학에 장학생으로 갈 기회를 얻었다. 대학을 다니면서 운전기사로 학교 재단 이사를 수행하던 중 어처구니없는 이유로 학교에서 쫓겨났다. 그는 돈을 벌기 위해 남부를 떠나 뉴욕으로 간다. 이런저런 일을 전전하다 우연히 흑인 빈민들의 강제퇴거 현장을 목격하고 즉흥적으로 시민들 앞에서 연설을 한다. 이를 본 운동조직 간부의 권유로 그는 조직에서 연설을 하는 임무를 맡는다. 그렇게 직업적인 연설가가 된다.

백인 지도자들의 지하조직은 이 운동의 모든 사안을 결정하고 조직원들에게 지시 내린다. 그들은 민중을 말하지만 민중의 생각을 들으려는 자세는 없고 민중에게 지시를 내릴 뿐이다. 그리고 이 민중에게 다가가는 '말하는 얼굴'을 위해 주인공 '나'를 필요로 한다. 그의 '검은 얼굴'을 내세워 뉴욕의 할렘 가를 지도하기 위해서다. 그들 중에는 주인공의 피부색이 더 까맣지 않아 아쉬워하는 사람도 있었다.

처음에는 호의적으로 주인공을 추켜세우던 이 백인 지도자들은 주인공이 스스로 생각하고 뭔가 의문을 가지고 의견을 내자 그를 조직에서 제거해야 할 대상으로 만든다. 주인공뿐 아니라 성실하게 투쟁했던 다른 흑인 동지들이 그렇게 하나둘 사라졌다. 주인공 '나'는 자신이 백인들과 동지인 줄 알았으나 실은 백인 지도자들의 인형으로 취급받아왔음을 자각한다. 그는 '보이지 않는 인간'이어야 한다. 그런데 할렘 민중의 지지를 받으며 영향력 있는 '보이는 인간'이되어 간다. 흑인인 그는 말하는 사람이지만 그의 몸을 통해나오는 목소리의 진짜 주인이 될 수는 없었다. 백인 지도자들이 지시하는 말만 할 수 있다. 입을 뻥긋거릴 수는 있지만스스로 생각한 내용을 말하면 조롱받거나 경계의 대상이된다.

> "동지는 생각하라고 고용된 것도 아니었소. 그걸 잊었소? 그렇다면 내 말을 들어 보시오. 동지는 생각하라고 고용된 것이 아니오." 그는 매우 신중하게 말했다. 나는 생각했다. 그래…그래, 바로 이것이었군. 적나라하게 보니 구태의연하고썩어 빠진 것이었어. 그래 이제 속을 드러냈으니….
> "이제야 저의 위치를 알게 됐습니다." 내가 말했다. "그리고누구와 있다는 것도…."
> "내 말을 왜곡하지 마시오. 우리 모두를 대신해서 위원회가생각을 한다는 말이오. 우리 모두를 대신해서. 그리고 동지는 말을 하라고 고용된 것이오."[4]

백인 남성 지도자들이 주인공의 생각을 노골적으로 억압한다면 이 소설 속 백인 여성 중에는 흑인 남성을 성적 대상화하는 사람도 있다. 이처럼 말과 생각이 무시당하는 모습을 통해 〈겟아웃〉의 크리스처럼 오직 몸으로만 존재하는 사회의 약자를 그려낸다. 이 소설은 평범한 남부의 흑인이 어떻게 투쟁의 최전선에 서는 인물로 향해 가는지 꼼꼼하게 보여준다. 그뿐 아니라 운동조직의 비민주성, 기회주의와 변질을 까발려 보여주는 작품이다. 운동조직은 자신들이 대변한다고 알려진 여성, 흑인 등을 오히려 이용하고 착취한다. 이 남성 지도자들은 '여성 문제'에 대해서도 연설을 하고 다니지만 정작 여성의 생각은 알려고 하지 않는다. 지배 계층은 피지배 계층이 생각하기를 원치 않는다.

백인에게 흑인이 보이지 않는 인간이듯이, 여성은 남성에게 보이지 않는 인간이다. 보이지 않는 인간이어야 한다. 여성을 보려는 의식적 노력이 없으면 무의식적으로 여성을 지나치기 마련이다. 여성은 '사람'도, '어른'도 아니기 때문이다. 각종 방송이나 신문에서 누구의 말을 주로 인용하는지 관찰해 보라. '여성 문제'라고 하면서 남성 '지식인'의 목소리를 빌려 여성의 '문제'를 말한다. 많은 사람들이 '여성이 없다'고 한다. '여배우'가 없고 여성 필자가 없다고 한다. 여성이 없다고 말하기보다 그동안 얼마나 많은 여성을 지나쳐왔는지 생각해 볼 필요가 있다. 문학 작품 속에서, 오래된 회화 속에서, 오늘 펼쳐 든 신문 속에서, 여성은 또 잊힌다. 여성 필자는 많다. 여성 감독도, 여성 화가도 늘 있다. '우리 내부의 눈'이 이들을 보지 못할 뿐이다. 남성 '지식인'이 큰 목소리를 내는 동안 여성의 비판적 의식이 아주 쉽게 '불만'으로 여겨져 '고충 처리'해야 할 일 정도로 떠넘겨지고 있을 뿐이다.

조심할 필요 없는 권력

파리에 있을 때다. 한 친구에게서 상당히 분노에 찬 목소리로 전화가 왔다. 집 천장에 가득한 곰팡이를 발견하고 집주인에게 이를 알렸더니 예상치 못한 반응이 돌아왔다고 한다. 집을 살펴보던 주인은 전기밥솥에 시선이 꽂혔다. "혹시 한국 음식에 수분이 많지 않으냐, 밥통에서 수증기가 많이 나오지? 너희가 먹는 음식 때문에 곰팡이가 생긴다."라고 했단다. 밥통에서 특별히 수증기가 많이 나오는 건 아닙니다! 그는 얼떨결에 밥통을 변호하고 있었다. 실제 그는 프랑스인 남편과 주로 파스타를 해 먹었다고 한다.

말 한마디도 더 조심하는 사람과 조심할 필요 없는 사람들이 있다. 알제리나 말리 등의 나라를 언급할 때 '예전에 우리나라'라는 식으로 말하는 프랑스 사람을 어렵지 않게 만날 수 있었다. 그들이 특별히 식민주의를 지향하기 때문은 아니다. 그 반대의 입장임에도 '예전에 우리나라'라는 표현을 종종 쓴다. 그저 조심할 필요가 없기 때문이다.

더 조심하는 이들은 누굴까. 개인이 될 수 없는 위치에 있는 사람들이다. 존재 자체가 문제의 원인이 되는 사람들. 아랍인이라 음주 단속에 더 잘 걸리거나 흑인이라 강도로 오해받는다. 세입자가 한국인이라는 사실 때문에 알지도 못하는 한국 음식에서 곰팡이의 원인을 찾듯이. 개인이 될 수 없는 이들은 더 조심하지만 더 진압당한다. 2016년 7월 미국 미네소타주에서 강도로 오해받아 경찰의 총에 사망한 필란도 카스틸Philando Castile의 사례가 그렇다. 당시 내가 사는 곳 근처에서 일어난 일이라 몸서리치며 체감했다. 그는 흑인이라 더 의심받았다. 이 사건은 일 년 후 경찰의 무죄로 마무리되었다. 아무도 처벌받지 않는 억울한 죽음이다.

흑인의 죽음은 덜 관심받는다. 의심은 차별적으로 작동한다. '흑인의 삶도 소중하다'는 뜻의 구호인 '블랙 라이브즈 매터'Black lives matter를 말하면 반복적으로 돌아오는 질문이 있다. "흑인에 대한 흑인의 범죄는?" "경찰의 삶은 중요하지 않아?" "흑인의 삶만 소중해?" "경찰에게 희생되는 백인도 있어." 그러면서 '올 라이브즈 매터'All lives matter, 곧 모든 삶은 소중하다고 말해 버린다. 어디서 많이 보던 방식 아닌가. 남자도 데이트 폭력 당해, 모든 인권은 중요하다, 이와 똑같은 방식이다.

평소에는 사람의 범위가 협소하지만 문제가 생기면 갑자기 차별받던 약자들이 '모든 사람'이라는 범주 안에 들어가는 영광을 누린다. 약자와 소수자는 위험 앞에서만 보편적 사람이 된다. 그들이 겪는 예외적 상황을 보이지 않게 만들기 위해 '보편적' 인권을 끌어온다. 그것이 차별이다. '모든 생명의 문제', 이런 표현은 사회에서 약자와 소수자가 처한 상황에 대한 문제제기를 '정의롭게' 제압하는 방식이다. 이런 수사는 순진한 무지와 결합하여 힘을 얻는다. 보편적 문제로의 확장은 흑인의 상황을 설명할 수 없다. 바로 이렇게 '설명할 수 없게' 만들어서 그들의 삶은 '원래' 그런 것으로 고착시킨다. 마찬가지로 여성이 겪는 상황, 성소수자가 겪는 상황은 그들의 언어로 그들의 경험을 바탕으로 구체적으로 설명될 필요가 있다. '모든 인간의 문제' 속에 용해되어 버리면 각각의 구체적인 문제가 흐릿해진다. 성별을 떠나, 인종을 떠나, 그냥 인간의 문제라고 해버리면 약자와 소수자는 발언권을 가질 기회를 잃어버리며 사람의 범주에서 또다시 탈락당한다.

흑인이나 여성, 성소수자 운동을 비판하며 때로 '정체성 정치'라는 낙인을 찍는다. '일부' 자신의 정체성을 무기로 활용하는 이들이 왜 없겠냐만, 이 정체성 정치라는 표현은 매우 교활한 비판 수법이다. 특정 정체성으로만 읽혀지는 존재에 대한 저항의 몸짓을 거꾸로 정체성으로 특권을 누리려는 사람인 양 몰아가며 '정체성 정치'라 공격하기 때문이다. '정체성 정치의 한계'라거나 '정체성 정치를 넘어서' 등의 표현은 마치 '정체성 정치'가 대단히 이 사회에 활보하는 정치와 운동처럼 여겨지게 만든다.

오늘날 흑백 '갈등', 혹은 젠더 '갈등'이라 표현되는 문제들은 하나의 집단이던 이들이 개별성을 얻는 투쟁의 과정에서 필연적으로 벌어지는 일이다. 이는 정체성 정치가 아니라 보편에서 탈락당한 이들이 보편성을 얻으려는 투쟁이다. 해리엇 터브먼⁵처럼 '이름이 있는 흑인 여성'의 초상이 화폐에 들어가는 시대가 도래했다. 미국 원주민 토벌에 앞장섰던 전쟁 영웅이자 일곱 번째 대통령이었던 앤드루 잭슨 Andrew Jackson이 20달러짜리 지폐에서 사라지고 흑인인권운동가인 헤리엇 터브먼이 그 자리에 들어선다. 한때의 전쟁 영웅은 이제 대학살의 주인공이 되었다. 버락 오바마나 콘돌리자 라이스처럼 권력을 얻은 소수의 흑인이 존재한다는 사실만으로도 일부 백인들은 '지배받는' 백인이라는 감정을 느껴 '역차별'당한다고 생각한다. 조심할 필요 없었던 권력이 조심을 분배해야 할 시기가 오자 성을 내고 있는 중이다. 보이지 않던 인간이 피와 살이 있는 인간이 되자 너무 많이 보이고, 너무 많이 말한다고 착각한다.

얼굴의 정치

얼굴은 무엇을 의미하는가. 화폐에 누구의 얼굴이 들어가는지를 두고 왜 그리 치열하게 논쟁할까. 서울의 인사동에서 파리의 몽마르트르까지, 관광객이 몰리는 곳에는 초상화 그리는 거리의 화가들이 있다. 왜 사람들은 자신의 '얼굴'을 그려 달라고 할까. 손이나 발, 뒷모습이 아니라 늘 얼굴을 그려 달라고 한다. 얼굴은 곧 정체성을 대변한다.

채식주의자들 중에는 먹거리의 기준을 얼굴에 두는 경우도 있다.[6] 얼굴이 있는 생명은 먹지 않는다. 얼굴을 존재의 본질로 인식하기 때문이다. 우리는 정체를 모를 때 '얼굴 없는'이라는 표현을 쓴다. 얼굴 없는 작가, 얼굴 없는 가수. 얼굴을 알려는 노력은 그의 정체를 알려는 기본적인 시도다. 범죄를 준비하는 사람에게 얼굴을 가리는 복면은 지문을 남기지 않는 행위만큼 중요하다. 또한 명예가 실추되거나 수치스러운 일을 겪으면 '얼굴이 팔린다'고 한다. 볼 낯(면목)이 없다는 말은 부끄러움과 미안함을 뜻한다. 체면은 영어로 'face'다. 안색, 곧 낯빛은 그의 건강과 기분을 담고 있다. 일본어 '가오'는 얼굴을 뜻하는데, '가오 잡다'는 체면을 유지하다, 폼 잡다, 허세를 부리다 등의 뜻으로 쓰인다. 얼굴은 곧 인격이다.

이처럼 얼굴 공개는 정체성을 드러내는 첫 번째 단계이다. 장례식장에서 고인은 그가 남긴 얼굴 사진으로 대신한다. 학교를 졸업할 때마다 얼굴이 찍힌 사진첩을 기념으로 남긴다. 얼굴은 강력한 힘을 가지며 인간을 기록하는 대표적인 시각 자료다. 사사롭게는 한 사람의 이미지를 만드는

'인상'을 형성하고, 나아가 인생을 읽는 '관상'을 만든다. 관상의 과학적 근거와 별개로 사람의 얼굴로 그의 인격과 삶의 지형을 읽으려는 태도가 흥미롭다. 얼굴이란, 한 사람의 이미지이며 이야기를 품고 있는 하나의 정보매체다. 사람은 타인에게 제 얼굴을 가장 먼저 보이지만 정작 자신은 제 얼굴을 볼 수 없다. 우리는 단지 거울이나 사진을 통해 맺힌 상으로 자신의 얼굴을 본다. 자신을 알기란 그토록 어렵다는 뜻이다.

신이 아니라 인간의 모습을 보여주기 위해 르네상스 시대(1300~1600년) 들어 초상화 그리기가 본격적으로 활발해졌다. 엉어의 초상화portrait는 본래 '끌어내다', '노출시키다'는 뜻의 라틴어 'protraho'에서 유래했다. 얼굴을 그리는 행위는 그 대상을 공적 영역으로, 이 세상의 한 존재로 끌어내는 행위다. 노예는 '노예'의 정체성만 가질 뿐 '개인의 얼굴'은 가질 수 없었다. 보통 초상은 왕이나 귀족들이 공식적으로 남기는 그림이었다. 르네상스 시대 활발히 그려진 옆모습은 고대 로마의 화폐나 메달에 새겨진 황제의 옆모습에서 영향을 받았다.

2018년 2월 워싱턴 D.C.에 있는 국립초상박물관에 버락 오바마와 미셸 오바마의 초상화가 걸렸다. 미국의 첫 번째 흑인 대통령과 흑인 영부인의 얼굴이 그림으로 남아 보존되는 순간이었다. 그들의 초상화가 매우 신선하다는 평가를 받았다. 초상화에서 배경은 주로 자신이 소유한 장소나 거쳐 간 여행지를 담곤 했다. 17~18세기에 로마를 여행한 영국인들은 콜로세움을 배경으로 한 초상을 남기며 일종의 정복욕에 취했고, 개인의 정원을 배경으로 한 초상을 통해 자신의 영지를 과시했다. 마찬가지로 전직 미국 대통령들은 자신이 백악관에 있었음을 드러내기 위해 백악관이라는 장소를 초상화의 배경으로 활용한다. 권위 있는 집무실이나 웅장한 백악관의 건축 양식을 드러내는 배경을 사용한 전임 대통령들의 초상과 달리 오바마의 초상은 푸른 잎사귀와 꽃으로 가득한 배경이다. 오바마는 국화(시카고), 재스민(하와이), 백합(아프리카)을 통해 개인의 정체성과 정치적 여정을 강조했다.

미셸 오바마의 초상화는 더욱 눈길을 끌었다. 아무런 배경이 없이 미셸 오바마는 기하학적 무늬의 원피스를 입고 한 손으로 턱을 괸 채 생각하는 눈빛으로 관객과 시선을 맞춘다. 특히 원피스에 시선이 몰렸다. 흰색 바탕에 검은 무늬가 있고, 부분적으로 노랑, 분홍, 빨강이 있었다. 많은 이들이 미국 원주민의 전통에서 영향받은 패턴과 LGBTQ 등 다양한 정체성의 평등을 담았다고 해석했다. 이처럼 그들의 초상화에는 백악관의 흔적이 없다. 즉, 과거의 영광에 머물지 않는 초상화다.

그러나 일부에서는 미셸 오바마의 초상에서 그의 피부

색을 덜 까맣게 표현하고 팔뚝의 근육을 좀 더 부드럽게 처리한 방식을 아쉬워했다. 미셸 오바마는 영부인 시절에도 늘 머리를 곧게 편 모습만 보여줬다. 흑인 사회에서는 이에 대해 서운해하는 목소리도 가끔 나왔다. 흑인의 곱슬머리가 감춰졌기 때문이다. 소수자의 외모를 공적 영역에 노출시키기도 일종의 정치적 행동이다.

얼굴을 통해 정체성을 드러내기. 이처럼 권력자에게 초상화는 권력을 증명하는 도구이지만 소수자에게는 운동 방식이다. 랠프 엘리슨의 소설 『보이지 않는 인간』의 주인공 '나'에게도 초상화는 중요한 역할을 한다. 그가 할렘의 운동 조직에서 활동할 때 다른 동지에게서 초상화 하나를 선물받는다. 바로 프레더릭 더글러스의 초상화다. 주인공의 동지는 이 초상화를 사무실에 걸어놓고 이렇게 말한다. "그냥 가끔 저분의 얼굴을 한 번씩 쳐다보기만 하게."[7] 흑인 얼굴들의 '공식화'는 곧 인권 투쟁의 역사다. 사회의 소수자에게는 운동을 상징하는 얼굴의 재현이 필요하다.

에마뉘엘 레비나스Emmanuel Levinas에 따르면 얼굴은 현상이 아니라 '그 자체로 유일한 것'이다. 그 자체로 드러내 보여주는 존재 방식이다. 이 얼굴은 함부로 예측하기 힘들며 '아는 얼굴'도 낯설게 보일 때가 있다. 타인의 얼굴은 '나'에게 일어나는 "윤리적 사건"이다.[8]

초상은 어떻게 운동이 되는가 : 프레더릭 더글러스의 경우

개인의 존재가 아닌 흑인은 과거에 단독적인 초상화를 감히 남기지 않았다. 루브르에 소장되어 있는 마리-기유민 브누아Marie-Guillemine Benoist의 〈흑인 여성의 초상〉Portrait d'une négresse(1800)은 노예제 폐지9 후 흑인 여성에게 개별성을 부여한 정치적인 그림이다. 개별성을 가진다는 것은 최소한의 인격적 존중을 바탕으로 한다. 개별성의 차원을 넘어 타인에게 영향력을 행사하는 통치자는 과장된 초상화와 동상을 좋아한다.

일찍이 토마스 게인즈버러Thomas Gainsborough는 노예제 폐지 운동의 선구자라 할 수 있는 이그나티우스 산초Ignatius Sancho의 초상화, 〈이그나티우스 산초의 초상〉(1768)을 남겼다. 18세기 흑인은 주로 백인 옆에서 하인의 모습으로 등장하는 경우가 더 많다. 흑인 노예의 초상화는 노예의 얼굴을 '사람의 얼굴'로 공적 영역에 노출시키는 데 일조한다. 18세기 영국에서 주로 상류층의 초상과 풍속화를 그렸던 게인즈버러는 당시 노예선에서 태어났던 산초와 '친구'였다. 산초가 당대의 문인들과 편지를 주고받을 수 있는 '예외적인 노예'였기에 가능했던 일이다. 글을 배웠던 산초는 자신의 생각을 표현할 수 있었기에 자신이 속한 계급을 뚫고 목소리를 낼 수 있었다.

그렇다면 19세기 미국에서 초상 사진을 가장 많이 남긴 사람은 누굴까. 노예해방의 '영웅'으로 널리 알려진 에이브러햄 링컨 대통령을 떠올리기 쉽지만, 링컨도, 19세기 대표적인 문인인 월트 휘트먼도, 전쟁 영웅 커스터 장군[10]도 아니다.『보이지 않는 인간』의 주인공 '나'의 사무실에 걸려 있던 '흑인'인 프레더릭 더글러스다. 그는 링컨의 조언자였고, 주아이티의 대사로 부임하면서 미국의 첫 번째 흑인 대사가 되었으며, 워싱턴 D.C.에서 흑인으로서는 처음으로 연방정부 임명직으로 일했던 사람이다. 더글러스는 당시에 그 어떤 유명한 백인보다 많은 사진을 남긴 '흑인'이었다.

그는 어떻게 사진을 많이 남길 수 있었을까. 그의 운동의 역사는 그가 처음 카메라 앞에 앉는 순간부터 시작되었다고 말할 수 있을 정도로 더글러스에게 '사진 찍히기'는 적극적인 활동이었다. 이미지의 힘을 일찍이 알았던 인물이다. 더글러스에게 사진은 개인의 정체성을 드러내고 보는 이의 감정을 자극하기에 좋은 도구였다. 1850년대부터 미국은 사진에 열광했었다. 1850년대 중반 즈음 거의 모든 도시마다 사진 스튜디오가 들어섰다. 더글러스는 1841년에 첫 번째 사진을 찍고 1895년 사망할 때까지, 할 수 있는 한 최선을 다해 카메라 앞에 앉았다. 생애 전반에 걸쳐 그는 꾸준히 카메라 앞에 앉아 '흑인의 얼굴'을 드러내었다. 더글러스는 남북전쟁 전에 "권력은 요구 없이는 아무것도 내어주지 않는다."Power concedes nothing without a demand라는 말을 한 적 있다. 그에게 사진 찍히기는 일종의 요구, 곧 발화였다. 그의 초상 사진은 대부분 프로필 사진의 형태를 갖추고 있다. 곧은 자세로 앉아 어딘가를 응시하는 모습이다. 흑인이 '감히' 의복을 갖추고 정자세로 카메라 앞에 앉아서 자신의 얼굴 사진을 남기다니.

1818년 노예로 태어난 그는 1838년 탈출에 성공하면서 스스로 노예의 굴레에서 해방되었다. 탈출 후 붙잡힐 것을 염려해 이름을 바꾼다. 그렇게 프레더릭 더글러스가 되었다. 1845년 더글러스는 그의 첫 번째 책 『미국 노예, 프레더릭 더글러스의 삶에 관한 이야기』를 출간한다. 이 책에서 그는 자신의 출생에 대한 질문을 던진다. "나 자신에 관한 정보의 결핍은 어린 시절부터 불행의 근원이었다. 백인 아이들은 자기 나이를 말할 수 있었다. 나는 왜 똑같은 권리를 박탈당해야 했는지 말할 수 없었다. 나는 주인에게 그것에 관해 전혀 물어볼 수 없었다. 그는 노예의 그런 질문을 모두 부적절하고 주제넘고 마음이 들떠 있는 증거로 생각했다. … 나의 아버지는 백인이었다. 내가 나의 혈통에 대해 들은 모든 것에 비추어 보아 그렇게 여겨졌다. 수군거리는 말로는 나의 주인이 내 아버지였다. 그러나 이런 말이 정확한지 나는 전혀 모른다."[11]

스스로 몇 살인지도 몰랐던 그는 백인에게는 당연한 정

보가 흑인 노예에게는 특별한 질문이 될 수 있음을 인식한다. 내가 누구인지 알려고 하는 태도는 노예에게는 감히 허락되지 않았다. 그것은 "부적절하고 주제넘고 마음이 들떠 있는 증거"이다. 지배 권력이란 곧, 피지배자를 '내가 누구인지 모르게 만드는 힘'이다.

1873년에 찍힌 그의 사진은 1883년 잡지 『하퍼스 위클리』*Harper's Weekly*의 표지로 등장한다. 미국에서 최초로 흑인의 얼굴이 잡지 표지로 인쇄되어 나온 순간이다. 그는 1895년 2월 20일 죽었고 21일 찍힌 사진이 그의 마지막 사진으로 남아있다. 사진 속의 그는 마치 썩지 않을 몸처럼 단정하게 누워 있다. 더글러스의 사진은 일종의 시각적 지서전이다. 일생에 걸쳐 자신의 얼굴을 남기며 연설을 하고 제 이야기를 글로 남겼다.

사회에서 소수자의 초상화는 시각적 재현의 권력에 균열을 만든다. 응시하는 눈빛은 얼굴에 권위를 준다. 두려움과 수치심으로 가득한 얼굴이 아닌, 결연한 의지를 드러내는 얼굴. 미술사에서 여성의 초상화와 자화상은 남성에 비해 훨씬 덜 알려졌다. 여성의 몸이 그토록 아름다워 수많은 나체를 화가들이 남겼지만 이름이 있는 여성의 얼굴을 그린 그림은 상대적으로 적다. 무명의 '미인도'가 아니라, 이름이 있는 한 개인의 서사를 드러내는 얼굴이 여성에게는 더 많이 필요하다.

'예쁨'과 상관없이 이야기가 있는 여성의 얼굴을 꾸준히 그려온 윤석남의 작품을 본다. 1993년 그는 〈어머니의 눈〉이라는 개인전을 통해 '어머니의 눈'으로 여성을 관찰한 작품을 선보였다. 대상으로서의 어머니가 아니라 관찰자 위치에서의 어머니. 여성의 얼굴을 그린 '너와' 시리즈와 그의 수많은 자화상에 이르기까지, 윤석남의 작품을 관통하는 소재는 여성의 얼굴이다.

응시의 권력과 여성의 눈

여성은 남성의 언어로 남성의 시선을 통해 묘사된 세상을 읽는다. 여성이 자기 자신을 대상화하는 태도는 특별하지 않다. 여성이나 남성이나 모두 여성을 '보기' 때문이다. 마릴린 먼로와 오드리 헵번이 인기를 누리던 시절 한국에서 젊은 여성과 젊은 남성들의 모습을 담은 기록을 보자.

먼로와 헵번은 한국에서도 큰 인기를 누렸다. 1953년부터 1956년 봄까지 부산에서 소년 시절을 보낸 권정생(1937~2007)의 증언에 따르면, "메릴린 먼로가 나오는 〈나이아가라〉 영화간판이 걸린 극장 앞은 100미터가 넘게 줄을 서 있다."(1995) 전쟁 중 그리고 전후에 비참한 가난을 겪고 있는 나라의 남성이라고 '먼로 워크'에서 그 어떤 본능적인 욕구를 느끼지 말란 법은 없었다. 아니, 비참한 사회 상황이었기에 더욱 '먼로 워크'의 마력에 푹 빠져들고 싶었을 것이다. 여성들은 〈로마의 휴일〉에 나온 헵번의 머리 모양을 흉내 내 이른바 '헵번스타일'이 유행했다.[12]

전쟁을 겪는 비참한 상황 속에서도 남성은 '본능적인 욕구'에 따라 '미녀의 몸'을 보기 위해 줄을 선다면, 여성들은 미녀를 흉내 낸다. 모두가 여성을 본다. 이것은 본능에 따른 결과가 아니라 사회화의 결과다. 여성은 유체이탈과 다름없는 상태로 자기 자신을 바라보는 태도에 길들여졌다. 외모뿐 아니라 태도에 이르기까지 여성이 훨씬 더 자기검열에 시달리는 이유다. 여성이 주체가 되기 위해서는 '혼/신'의 힘을 다해서 이 분열된 자아를 붙들어야 한다. 고통스럽게 자신의 눈과 목소리를 찾는 과정이 없으면 계속 읽히는 존재로 살아간다.

살아서 '세계에서 가장 많이 사진 찍히는 사람'이었던 다이애나는 죽음도 찍혔다. 더글러스의 주체적 '찍기'와 달리 다이애나에게는 원치 않는 '찍힘'이었다. 영국 다이애나 왕세자비의 죽음은 여성에 대한 관음증을 빼고 설명할 수 없다. 파파라치들은 사고 직후 아직 살아있었던 다이애나를 구조하기보다는 카메라를 들이댔다. 살 수도 있었던 다이애나는 구조 시기를 놓쳐서 죽은 것이나 다름없다. 여성은 이렇게 극단적으로 보는 대상이 되지만 정작 여성의 시선은 어떻게 다뤄질까. 예술사에서 여성의 눈은 어떻게 다뤄져 왔는가.

초현실주의자들은 타인을 보는 '눈'을 주요 소재로 삼았다. 살바도르 달리와 루이스 브뉘엘Luis Buñuel이 시나리오를 쓰고 브뉘엘이 감독한 〈안달루시아의 개〉Un Chien An- dalou(1929)는 한 남자가 담배를 물고 면도칼을 가는 장면으로 시작한다. 테라스에서 보름달을 바라본 뒤 이 남자는 면도칼로 여성의 눈을 자른다. 이때 보름달 위로 면도칼처럼 구름이 지나간다. 기존의 관념이 섞이지 않은 순수한 눈이 된다는 뜻으로 눈을 칼로 벤다. 여기서 눈이 잘리는 사람이 여성이며 눈에 칼을 긋는 사람이 남성인 것은 우연일까.

예술사에서는 혁명적인 초현실주의 운동을 비롯하여 많은 전위 예술이 여성을 운동의 매개로 삼는다. 초현실주의자들은 기존의 이성과 합리에 대항하기 위해 새로운 발상의 전환을 추구하였다. 이 발상의 전환을 위해 여성은 순수를 표현하는 매개로 종종 등장한다. 임권택의 〈서편제〉에서 유봉은 송화에게서 좋은 소리를 끌어내기 위해 송화의 눈을 멀게 만든다. 품격 높은 창작을 위해 여성의 눈은 폭력의 대상이 된다. 이는 보지 못하는 사람을 오염되지 않은 순수의 세계를 간직한 존재로 타자화하기 때문이다. 여성 시각장애인에 대한 성적 판타지와도 연결된다. 반면 〈심청전〉의 심봉사는 전혀 매력적인 인물이 아니다.

김동인의 「광화사」에서도 여성의 눈빛은 중요한 역할을 한다. 주인공 '여'는 조선 시대 한 화가에 대한 이야기를 한다. 이 화가는 그림으로 남길 이상적인 여성을 찾아 10년 동안 헤맨다. 어느 날 앞을 보지 못하는 한 미인을 만난다. 눈을 제외한 모든 얼굴을 완성한 그는 미인과 하룻밤을 보낸다. 그다음 날 그는 이 미인을 통해 눈동자를 완성하려고 했으나 이미 여자의 눈은 하룻밤 자기 전의 눈과 달랐다. 성관계를 거친 여자의 눈빛은 더 이상 순수하게 보이지 않았다. 아직 남자를 만난 적 없는 순수한 눈빛을 가진 처녀가 남자와 하룻밤을 보낸 후 욕정의 맛을 알아서 더는 순수하지 못한 여자가 된다. 화가는 이 여자를 붙들고 다시 순수한 눈빛을 보여 달라고 화를 내며 목 졸라 죽인다. 여자가 쓰러지며 벼루가 뒤집어져 먹물이 튀면서 그림 속의 눈동자가 완성된다. 그 눈빛은 여자가 죽어가면서 보냈던 원망의 눈빛이었다.

빅토르 위고Victor Hugo의 『웃는 남자』에는 상반되는 두 여성이 등장한다. 데아와 조지안느. 여기서 데아는 가난한 신분에 유약한 몸, 볼 수 없는 사람이다. 조지안느는 육감적인 몸을 가진 여성이다. 이 작품에서도 '볼 수 없는' 데아는 순수한 영혼을 상징한다. 기본적으로 장애에 대한 문학적 은유는 비장애인의 환상에 기초하며 여성에 대한 환상은 남성이 창조한다. 여성 장애인의 등장은 이중의 판타지 속에서 탄생한다.

이 보는 대상에 머무는 이들은 감히 보는 주체가 될 수는 없지만 거울을 통해 자기 자신을 보도록 권유받는다. 그렇게 '내부의 눈'을 통해 자기 자신을 더욱 검열한다. 여성의 시선과 시각이 하찮게 여겨지기에 여성이 목격한 것도 사사롭게 취급받는다. 영화는 '남성적 응시' 속에서 여성을 묘사하고, 이렇게 시선의 권력 속에서 묘사된 여성의 모습이 여성에 대한 편견을 재생산하고, 이는 실체와 무관한 실재가 된다. 여성을 응시할 수 있는 권력은 곧 여성을 재현할 수 있는 권력이며 여성을 정의내릴 수 있는 권력이다. 여성의 눈은 도려내고 온통 남성적 응시로 가득 채워진 묘사와 재현이 아름다움과 이야기를 지배한다.

2018년 지방선거에서 서울시장 후보로 출마한 녹색당 정치인 신지예의 포스터가 논란이 되었다. 여성 후보자의 시선은 많은 남성들에게 불편함을 주었다. 심지어 한 남성 변호사는 노골적으로 자신의 페이스북에 적대적인 감정을 드러내었다. 여성에게 '내부의 눈'을 심으려는 사회에서 '시건방진 눈빛'은 용납할 수 없는 중대 사안이다.

또한 여성의 눈은 응시의 주체가 아니기에 폭력적 응시는 남성의 경우보다 훨씬 가혹한 처벌을 받는다. 2018년 5월 한 미술대학에서 남성 누드모델의 사진이 유출되는 사건이 있었다. 가해자는 동료 여성 모델로 밝혀졌다. 일단 '누드 수업'은 보는 사람과 약속을 하고 상호 신뢰를 바탕으로 특정 장소, 특정 시간에 모델이 자발적으로 보는 대상이 되는 일이다. 이를 모델의 동의 없이 외부에 유출하는 행위는 신뢰를 저버리는 행동이다. 게다가 많은 누드모델들이 비인격적 대우를 받고, 사회적 편견 때문에 자신의 직업을 공개하지 못하는 상황에서 유출 피해자가 상당히 충격받았으리라 생각한다.

그런데 이 사건을 다루는 방식에서 의아한 면이 있다. 『한겨레신문』에서 이 사건을 다룬 기사는 「워마드는 페미니즘이 아니다」[13]라는 제목으로 나왔다. 어떤 사건을 두고 어떤 각도에서 어떻게 이슈화하는지에 따라 담론이 전혀 다르게 형성된다. 워마드는 이 사건과 관련하여 나올 수 있는 여러 담론 중 하나지만, 가장 중요한 핵심 담론은 아니다. 나아가 워마드가 페미니즘이냐 아니냐로 틀이 만들어지는 건 이 사건의 방향을 점점 이상한 쪽으로 몰고 간다. 결국에는 누드 사진 유출이 아니라 '남성의 몸을 유출하고, 남성의 몸을 조롱한 여자들'에 대한 분노와 응징으로 사안이 옮겨갈 수 있다. 이렇게 되면 페미니스트 여자들 중에서 '진짜'와 '가짜'를 고르는 작업에 아무렇지도 않게 착수하는 환경이 만들어지고, 궁극적으로는 페미니즘 그 자체를 원인으로 만드는 데 일조한다.

디지털성폭력 가해자의 98%가 남성으로 알려졌다. 디지털성폭력은 그 바닥이 어디인지 파악이 어려울 정도로 '아직 들키지 않은' 폭력들이 어마어마하다. 여성들은 '혹시 나도' 카메라에 찍히지 않았을까 걱정한다. 이 사건은 워마드가 페미니스트냐 아니냐에 주목하기보다는, 카메라를 이용한 보는 폭력인 디지털 성범죄를 둔감하게 방치한 사회에서 불거진 문제라는 점에 주목해야 한다. 무려 183명의 여성을 향해 '몰래카메라'를 찍은 남학생은 기소조차 되지 않는 등, 판사를 비롯하여 각계각층의 남성들이 일상적으로 여성을 향해 폭력적으로 카메라를 들이댔다. 조직적이고 상습적인 디지털성폭력 가해행위를 꾸준히 법이 용서해 주면서 전반적으로 보는 폭력에 무감각한 사회가 되었다. 학교, 병원, 술집 등 심지어 제집에서도 장소를 가리지 않고 여성들이 찍히고 있다. 이런 환경 속에서 이제 '남성도' 피해자가 되었다. 여성이 남성에게 가한 보는 폭력을 당연히 비판해야 하며, 사법적 영역에서 필요한 조치를 해야 한다. 그러나 이와 더불어 피해자의 성별에 따라 다르게 나타나는 사회의 반응, 공권력의 매우 다른 움직임도 문제 제기해야 하는 중요한 사안이다.

많은 남성들이 이 사건을 두고 분노했다. 그들의 분노는 피해자의 입장에 공감하거나, '나도 겪을 수 있는' 실질적 공포 때문이 아니다. '감히' 남성을 찍었다는 사실에 분노한다. 나아가 이를 빌미로 여성을 처벌할 수 있는 기회를 얻었다는 점 때문에 이 사건을 오히려 반긴다. '인격살인'이라고 했다. 그뿐 아니라 페미니스트를 향한 역공 때문에 여성들 중에도 워마드와 선을 긋고 워마드는 페미니즘이 아니라는 말을 열심히 하는 경우가 있었다. 이런 방향으로 흘러가면 이 사건은 결국 디지털성폭력이라는 의제가 아니라 페미니스트의 문제로 사안이 변질된다. 역공은 맞서야 하는 문제이지 '역공이 일어나지 않도록 조심'할 사안이 아니다.

이는 일부 누리꾼의 태도가 아니다. 공권력과 언론이 페미니즘이 마치 인권을 유린하는 폭력 행위로 변질되고 있다는 듯 과장된 조명을 비춘다. 이 사건은 남자를 찍은 여자는 어떻게 되는지 보여주겠다는 이 사회의 결연한 의지를 보여줬다. 가해자를 특정하기 쉬운 상황이라 상대적으로 범인은 빨리 잡혔다고 볼 수 있다. 그러나 그를 포토라인에 세워 수많은 언론 카메라에 찍히도록 만든 상황은 전혀 정의롭지 않다. 찍고 보는 여성에 대한 공적 응징이다. 가해 여성을 포토라인에 세워 공적으로 찍음으로써 남자를 찍은 여자에 대한 '공식적 응징'을 가한 것이다.

총과 카메라

11세기 영국의 레이디 고다이바 이야기는 관음증에 관한 가장 유명한 일화일 것이다. 영주의 폭정을 그의 아내가 나체를 드러내는 치욕을 감행하여 교화시켰다는 이야기다.

여성에게는 역시 '몸'의 노출을 요구했다. 고다이바 부인이 나체로 영지를 돌아다닐 때 마을 사람들은 그의 몸을 '보지 않음'으로써 그에 대한 존중을 표한다. 이때 한 사람이 훔쳐 보았고 그는 곧장 눈이 멀었다. 훔쳐보기가 공격이 되는 이유는 한쪽만 몰래 보기 때문이다. 상대는 이 시선과 교류를 할 수 없음은 물론이고 방어도 하지 못한다. 무방비 상태로 보인다. 이때 보는 사람은 그 상황을 지배한다. 그렇기에 이 일화 속에 등장하는 마을 사람들은 고다이바 부인을 보지 않았지만 유일하게 본 인물인 탐은 눈이 멀었다. 이 일화는 훗날 그림을 통해 사람들의 눈앞에 보인다. 그렇게 우리는 고다이바 부인의 몸을 본다.

반려동물이나 유아기의 어린아이 앞에서 흔히 인간은 벗은 몸을 가리려 하지 않는다. 그들의 시선은 신경 쓸 필요가 없기 때문이다. 수치심은 타인의 시선을 나와 동등하게 인식할 때 발생한다. 인간은 동물 앞에서 수치심을 가지지 않고 어른은 아직 말하지 못하는 어린아이 앞에서 수치심을 가지지 않는다. 영화 〈내부자들〉에서 남성들이 모두 벗고 추태를 부릴 수 있는 이유는 곁에 있는 여성들을 '사람'으로 여기지 않기 때문이다. 개돼지이기 때문에 자신들의 추한 행동이 그들 눈에 어떻게 보일지에 대해 염려하지 않아도 된다. 본다는 것. 보는 사람과 보이는 사람이 정해져 있다면 이는 권력관계가 된다.

'몰래카메라'라는 디지털성폭력에 정신이 팔린 현재 한국 남성들은 카메라로 여성들을 찍는다. 대상을 포착하여 총을 쏘거나 카메라로 찍는 행위에는 공통점이 있다. shoot 이라는 단어는 총을 '쏘다'와 사진을 '찍다'라는 뜻을 모두 가진다. 수전 손택Susan Sontag의 지적대로, "카메라와 총, 그러니까 피사체를 '쏘는' 카메라와 인간을 쏘는 총을 동일시할 수밖에 없는 이유가 바로 이 때문이다. 전쟁을 일으키는 행위는 곧 사진을 찍는 행위인 것이다."[14]

총기 소유가 불법이니 한국 남성들은 여성에게 총을 쏘진 않지만 활을 쏘고, 정액을 뿌리고, 잉크를 뿌리며 남성권력을 과시한다. 이때 활, 잉크는 성기가 연장된 도구이다. 나아가 각종 소형 카메라와 드론까지 동원해 확장된 시선으로 폭력을 행사한다. 이 '쏘고 찍는' 행동에는 반드시 대상을 향한 권력이 가득한 응시가 있기 마련이다. 여성은 피사체, 극단적인 관음증의 대상이자 과녁이다. 불법촬영 동영상으로 자살한 많은 여성들. 이들에게 카메라는 정말 총으로 작용했다. 총이 없이도 수많은 남성의 눈 역할을 하는 카메라가 여성들을 죽인다. 여성에게 폭력적인 영상이 '음란물'로 소비되는 구조에서 여성은 '무엇'인가.

교감이 여성 교사를 세워 놓고 활을 쏘는 행위는 권력을 이용해 피해자의 두려움을 즐긴 명백한 폭력이다.[15] 그까짓 잉크 좀 뿌리고, 그까짓 활 좀 쏘고, 그까짓 불법 촬영 좀 한다고 사람 안 죽으니 법은 이 폭력에 느슨하게 대처한다. 이렇게 수없이 일어나는 징후들을 거듭 외면하는 이유가 뭘까. 누군가의 성폭력을 범죄로 만들기에는 그 범죄에 그동안 동조해 왔고 앞으로도 동조할 작정인 인간들이 너무 많기 때문이다. 제도가, 시스템이 이 폭력 사회의 공범이다.

이러한 보는 폭력은 여성뿐 아니라 동물에게도 적용되는 문제다. 러시아 마가단주에서 어미 곰과 새끼 곰 두 마리가 눈으로 덮인 가파른 절벽을 오르는 모습이 2018년 6월 드론으로 촬영되어 공개되었다. 아직 행동이 미숙한 아기 곰은 여러 번 미끄러지며 겨우 정상에 올랐다. 인간의 시각에서 이 동물들의 행동은 '끈기'로 해석되어 감동을 나누었지만 전문가들은 동물의 입장에서는 드론 때문에 공포스러운 상황이었다고 비판했다. 인간은 기술을 통해 꾸준히 눈의 확장을 시도한다. 이를 통해 발전하는 문명도 있지만 취약해지는 이들도 있다. 누군가는 눈을 확장한다면 다른 누군가는 이 확장된 눈에 포섭된다.

카메라의 윤리에 대해 생각하자. 디지털카메라에서 스마트폰으로 넘어오면서 '찍기'는 더욱 쉬워졌다. 우리의 손은 언제나 눈의 연장인 카메라 렌즈와 쉽게 닿을 수 있다. 카메라 이전에는 거울이 그 역할을 했다. 남학생들이 여성 교사의 치마 밑에 거울을 들이대는 폭력적 행동에 '남자애들이 다 그렇지 뭐.'라고 쉽게 '이해'하던 평범한 어른들이 어디 한

둘인가. 아무런 도구가 없다면 그저 여자의 치마를 손으로 들치면 된다. 남자아이들은 어릴 때 이렇게 '놀았다.'

'허리 아래는 묻지 말자'라는 말을 무슨 자유로운 정신 인 양 허세를 부리며 사용하는 사람들도 있다. 마치 사생활 을 대단히 보호하는 듯하지만, 여기서 말하는 '허리 아래'가 누구의 허리 아래인지 굳이 설명할 필요는 없겠다. 여성, 더 정확히는 비남성으로 분류되는 성별의 허리 아래는 온 사 회가 캐묻고, 훔쳐보며 침범한다. 남자는 시각적인 동물이 라며 '보는 권력'을 정당화하고 여자는 듣는 것에 약하다며 '말하는 사람'이 아니라 '듣는 사람'으로 위치시킨다.

사람을 사물로 대하는 폭력성이 무엇인지 단 한 번도 생 각해 보지 못한 그 눈들의 권력이 기형적으로 뻗어나갈 때, '본다는 것'은 어떻게 작동하는가. 폭력적 권력 남용과 추잡 스러움을 향한 질주만 남는다. 간호사들에게 '장기자랑'을 시키고 바라보는 그 수많은 눈들처럼.[16] 낄낄거림이 묻어나 는 그 생명력 없는 눈, 정의로운 촛불로도 태우지 못한 그 관음증의 눈, 총이 되어버린 눈이 증식하고 있다. 피사체들 은 말해야 하고, 과녁들은 움직여야 한다. 이선희 감독의 영 화 〈얼굴, 그 맞은편〉은 포르노의 대상이 되어 영상 속에 갇힌 여성의 얼굴과 목소리를 인격이 있는 사람으로 소생 시킨다. 여성을 찍는 카메라의 폭력에 대항한 저항으로서의 찍기를 실천한 작품이다.

2장

보여지는 인간

기술복제시대의 폭력

2018년 불법동영상 유출로 많은 돈을 번 위디스크 소유주인 양진호가 직원들을 시켜 동물들을 학대하는 영상이 공개되어 사회적 파장이 일었다. 양진호는 닭에게 활을 쏘거나 칼을 휘두르도록 직원들에게 지시했다. 살아있는 생명을 놀이의 대상으로 만들어 폭력적으로 착취했다. 많은 사람들이 양진호의 동물 학대에 분노했다. 여기에 '동물' 대신 '여성'을 넣어도 전혀 이상하지 않다. 그렇다면 '살아있는 생명'인 여성을 유희의 목적으로 도구화한 성착취물에도 분노하는가.

동물 학대와 더불어 언론에 등장하는 양진호의 직원 폭력은 '국민적 공분'의 대상으로 표현되었다. '야동'의 고객님들은 '갑질'에 분노한다. 얼렁뚱땅 '기업갑질문화'를 비판하며 이 기업에서 무슨 일을 해왔는지는 흐릿하게 처리한다.

남성 상사의 남성 직원을 향한 폭행은 갑질이지만 남성 상사의 여성 직원에 대한 성폭력은 불륜인지 의심받는다. 디지털성폭력은 산업의 '콘텐츠'가 되지만 직원 폭력은 갑질이 되어 공분을 낳는다. 100원만 내면 '국산 야동'이라 불리는 이 불법촬영 영상물의 고객이 되어 소비할 수 있다. 때로는 100원조차 필요 없이 공짜로 볼 수 있을 정도로 성착취물 산업은 고객만족서비스를 제공한다. 한국의 불법 촬영 영상은 다운로드 수가 많아 일본 성인물AV보다 수익이 13~15배 높다고 한다.[1]

양진호에게 뺨을 맞는 영상 속의 남성 피해자에게는 인격이 있는 사람으로 쉽게 감정이입되지만, 성착취물 속 여성은 섹스 로봇이나 고깃덩어리처럼 인격 없는 대상으로 바라보기에 제 쾌락의 도구로 삼을 수 있다. 영상 속 여성들이 실제 사람이라는 사실은 그 영상을 소비하는 사람들도 다 안다. '로봇처럼', '고깃덩어리처럼'이지 실제 로봇이나 고기가 아니라는 사실이 성착취물을 '야동'으로서 더 즐길 수 있게 만든다. 살아있는 사람임을 분명히 알지만 그 사실을 무시해도 되는 존재이기에 안전하게 보는 권력을 누릴 수 있다.

인격이 없는 사물은 괴롭힘에 반응하지 않기에 권력을 확인할 수 없다. 로봇이나 인형은 고문의 대상이 되지 못한다. 여성이 고통에 반응하고 최후의 극단적 선택을 하면 하나의 인격적 존재가 마침내 몰락했다는 쾌감이 증폭된다. 여자의 고통은 성애의 대상이 되어 돈벌이가 된다. '유작 마케팅'은 그래서 가능하다. 여성의 죽음은 성착취물의 상품성을 높여 주고 돈으로 가치가 환산된다. 그렇게 시장에서 잘 굴러가는 '유작'에 대해서도 문제 삼지 않던 사회는 극히 일부 여성의 "재기해"[2] 발언에 대해 '남혐'이라는 비난을 일삼았다. '재기해'라는 말을 듣고 실질적으로 죽음의 공포를 느낀 남성이 단 한 명이라도 있던가.

누구의 공포가 정치화되는가. 평범한 폭력에 대한 공포는 정치화되기 어렵다. 그 '평범한 폭력'을 통해 이득을 얻는 집단이 분명히 있기 때문이다. 가해자가 선명하게 보이는 폭력은 공분을 쉽게 이끌어내지만 생활에 젖어들어 있는 폭력은 가해 행위로 인식하기도 쉽지 않다. 성폭력, 가정폭력, 데이트 폭력, 이별 폭력 등으로 불리는 절대다수 남성의 폭력은 여성을 길들이는 과정에서 '우발적으로' 벌어진 일이기에 사회적으로 덜 공분의 대상이 된다.

어린이들이 보는 만화에서 "용기 있는 자가 미인을 얻는다!"라는 힘찬 대사를 듣고 화들짝 놀랐다. 여자는 북어처럼 3일에 한 번씩 패야 하고, 마누라 때린 날 (장모도 아니고) 장인이 온다며 운 없음을 호소하고, 용기 있는 자가 미인을 얻는다며 남성성을 강조하는 사회에서 여성이 겪는 폭력은 사유의 대상이 되지 못한다. 여성이 조심한다면 일어나지 않을 일이라 여긴다. 남성이 순간적으로 벌인 일인데 운이 없어 극단적 상황이 벌어졌다고 생각하는 경향이 짙다. 웹하드 카르텔은 어떻게 지속될 수 있는가. 공급자와 수요자가 촘촘하게 연결되어 있기에 이 평범한 폭력은 돈으로 자라나 그 돈이 다시 폭력을 비호하며 폭력의 두께는 점점 두텁고 견고해진다.

양진호 사건은 고통에 대한 상상력이 왜 사회적 문제인지 알 수 있는 사건이다. '페미니즘은 돈이 된다'고 조롱하던 이들은 정작 이 사회에서 돈이 되는 게 무엇인지 모른 척한다. 양진호는 어떻게 돈을 벌었을까. 성폭력은 성산업과 연결되어 있다. 예를 들어 양예원[3]이 폭로한 스튜디오 사진 촬영의 경우, 모델이 돈을 벌기 위해 노동을 하는 과정에서 성폭력 피해자가 되는 구조다. 강압적으로 여성을 촬영하여 이 사진으로 산업이 굴러간다. 많은 사람들이 양예원을 '꽃뱀'으로 몰거나 왜 '그런 일'을 했냐고 비난했다. 양진호에게서 뺨을 맞는 피해 남성 직원들에게 '그런 회사를 왜 계속 다녔냐', '일할 데가 거기밖에 없냐', '한 대 때릴 때 왜 곧장 자리를 떠나지 않고 계속 있어서 두 대, 세 대 계속 맞냐'라고 하지 않는다. 이들에게는 매우 상식적인 태도를 보인다.

성착취물을 즐겨온 그들은 그 동영상 속의 여성도 모니터 밖에서 걸어 다니는, 피가 있고 살이 있으며 숨 쉬는 인간임을 알지만 부정한다. 그 사실을 부정함으로써 권력을 얻는다. 자신의 시선 권력과 폭력적 쾌감을 추구하기 위해 여성의 삶은 적당히 모른 척한다. 보는 폭력에 참여하는 평범한 이들은 가족이며 친구이고 이웃이다. 2020년 피의자가 구속된 텔레그램 'N번방' 사건은 무려 26만 명이 적게는 20만 원, 많게는 150만 원씩 돈을 내고 참여한 사건이다. 다수의 공범자들은 피해 여성과 얼굴을 직접 대면하지 않고도 사람을 유희의 대상으로 삼을 수 있기에 폭력을 폭력이라 인지하지 않아도 된다. 디지털성폭력은 가해자와 피해자가 물리적으로 가까운 거리에서 대면하지 않는, '비대면 폭력'이라는 점에서 폭력 행위에 대한 죄책감을 덜어준다.

'직원 폭행 동영상'은 폭력을 고발하는 역할을 하지만 성착취물은 여성에 대한 폭력을 고발하지 않는다. 이 두 종류의 영상을 대하는 다른 태도가 바로 이 사회에 감춰진 오래된 폭력이다. '야동'이라는 작명에서 알 수 있듯 이 불법촬영 동영상은 오락물이기에 영상을 소비하는 사람들은 어떤 고발도 전달받지 않는다. 오히려 영상 속의 여성이 울부짖고, 거부하고, 살려 달라고 사정할수록 남성 권력에 도취된다. 그렇기에 '야동'은 그 자체로 폭력의 결과이며 수단이다. 폭력이지만 폭력이 아닌 채 소비되기에 그 폭력적 영상 속 여성들은 침묵에 갇혀 있다. 이들의 고통스러운 목소리는 폭력적 눈에 둘러싸여 언어가 되지 못한다.

기술복제시대의 폭력에 대해 생각한다. 벤야민은 "예술 작품의 기술적 복제가능성은 예술을 대하는 대중의 태도를 변화시켰다."[4]라고 말했다. 이제 우리는 여기에서 '예술 작품'을 '성착취물'로 바꿔보자. 기술복제시대의 성착취물은 어떻게 폭력을 증식시키는가. 물리적 거리를 붕괴시키는 클로즈업, 무한복제가 가능한 유통시스템 등은 피해자에게 끝없는 공포를 준다. 기술복제시대에 '비대면 폭력'은 양적으로 증가하고 대중화된다. '몇 번'이라는 정확한 숫자로 기록되지 않은 폭력 속에서 여성들은 죽어간다. 흔히 육체에 남긴 폭력의 흔적은 제3자의 공감을 이끌어내고 분노를 일으킨다. 그러나 세상에는 몸 밖으로 피가 흐르지 않는 폭력의 흔적도 있다. 무기가 보이지 않는 폭력도 있다. 모니터 안에 가해자와 피해자가 마주한 채 벌어지는 폭력은 뚜렷하게 인지할 수 있다. 그러나 모니터 바깥에서 모니터를 바라보는 시선은 공기 속을 떠돌며 보이지 않는다. 자신의 눈이 폭력을 증식시키는 무기임을 인정하지 않는다면 이 '보는 폭력'의 무기는 계속 드러나지 않을 것이다. 기술복제시대의 비대면 폭력은 사회적으로 중요한 의제가 되어야 한다.

그럼에도 관련법을 둘러싼 방해가 지속된다. 성폭력특별법 14조 3항에는 이미 '영리를 목적으로 그것을 유포한 자는 처벌한다'는 내용이 있다. '영리를 목적으로'라는 조건은 많은 공범자들을 법적으로 구제해 준다. 어떤 목적을 가지고 유포하지 않았다고 판사들은 친절하게 해석해 준다. 법안 관련자들은 얼굴을 합성하여 성착취물을 만들어도 이를 '혼자 즐기려는 목적'이라며 관대하게 이해해 준다. 2020년 3월 국회 법제사법위원회 회의에서는 법을 만드는 '남성'들이 성범죄를 얼마나 안이하게 바라보는지 잘 드러났다. 딥페이크, 얼굴이나 특정 부위를 합성한 편집물 처벌 규정에 대한 회의에서 김인겸 법원 행정처 차장은 "자기는 (딥페이크 영상물을) 예술작품이라고 생각하고 만들 수도 있다"라는 발언을 하며 관련법 신설에 회의적인 입장을 낸다. 송기헌 더불어민주당 의원은 "일기장에 혼자 그림을 그린다고 생각하는 것까지 처벌할 수는 없지 않으냐"라고 하면서 디지털 성착취물을 그림일기처럼 인식한다. 정점식 미래통합당 의원은 "자기만족을 위해 이런 영상을 가지고 나 혼자 즐기는 것까지 갈(처벌할) 것이냐"며 폭력에 의한 피해자 인권은 안중에 없이 남성의 만족에 무게를 둔다. 김오수 법무부 차관은 매우 위험한 발언을 하는데, 그는 "청소년이나 자라나는 사람들은 자기 컴퓨터에서 그런 짓 자주 한다"는 주장까지 한다. 자라나는 남성 청소년들이 디지털 성착취물을 제작, 유통, 소비하는 게 성장 과정에서 보편적으로 일어나는 일이라면, 여성 청소년은 성적으로 착취당하는 게 자연 현상인가. 그의 말대로 남성이 성장과정에서 여성을 성적으로 착취하는 태도가 본래의 자연현상이라면 남성은 여성과 함께 사회 속에서 살아갈 수 없는 동물이다. 고위직 남성들의 이런 발언이야말로 자라나는 청소년들에게 해로운 메시지를 준다.

『우리의 의지에 반하여』에서 수전 브라운밀러는 여성 작가들이 쓴 글에는 아동기의 성 착취에 대한 이야기가 놀랍도록 많다는 점을 언급한다.[5] 우리가 잘 알고 있는 버지니아 울프도 예외가 아니다. 강간을 남성다움으로 옹호하며 '그럴 수 있다'는 무한한 이해 속에서 여성은 피해자로 길러진다.

'동영상' 찾는 행위가 바로 성폭력

1990년대 말에 비디오 유출로 크게 피해를 본 배우는 한동안 방송에 나오지 못했다. 상대 남자는 몇 년 후에 책을 냈다. 지금은 절판된 '성고백 에세이'다. 당시 비디오를 본 많은 남성들은 남자가 '기술이 좋다'며 부러워했다. 시장이 있다고 생각했기에 그의 출판이 가능했을 것이다. 해당 남성인 함성욱은 "성인인터넷 방송 '엔터 채널'의 '원나잇 스탠드'의 인터넷 자키[J]로 본격 활동을 재개하며 '언제까지 숨어 살 수는 없었다. 내 평가는 앞으로의 나를 지켜본 후에 해 달라.'라고 기자회견에서 말했다.[6]

2000년대 초에 또 비디오 유출로 피해를 보고 기자회견으로 국민 앞에 '사과'까지 했던 가수도 한동안 활동을 못했다. 상대 남자가 몇 년 후 여러 언론에서 인터뷰를 하며 자신의 억울함을 풀고 싶다고 했다. 그때 인터뷰 내용 중에 "출판사들에서 출간제의를 많이 받았다."는 말이 있었다. 이 남자는 2008년 미성년자와의 성관계로 미국 LA 경찰에 체포되었다.

대체로 불법 유출 동영상 속의 여성은 사죄를 하거나 공공의 영역에서 순식간에 사라지는 반면, 해당 남성들은 책을 내거나 출판사에서 연락을 받는다는 사실이 무엇을 뜻하는가. (물론 그들은 나름대로 어려움과 억울함을 호소한다.) 여성을 향한 보는 폭력에 모두 동참하고, 남성의 말을 듣고 싶어 한다. 적어도 이제는, 이런 사람들이 출판사에서 출간 제의를 받는 시대는 지났다고 믿고 싶다.

성관계 동영상이 누군가에게 복수를 위한 협박의 도구가 된다면 이 '관계'는 과연 동등한 인격체의 관계라고 할 수 있을까. 동영상 유출로 상대에게 폭력을 행사하는 행위에 '리벤지' 곧 '복수'라는 이름을 붙이면서 마치 동영상 유출자가 피해자인 양 호도한다. 동영상 유출은 마땅한 응징을 위한 행위처럼 보인다. 리벤지 포르노를 나름 한국어로 순화해서 부른다며 보복성 동영상이라고도 한다. 이들에게 피해는 고작 '이별'이거나 이별을 요구받는 상황이다. 이별을 피해로 인식하는 상황도 문제가 있지만, 이러한 '피해'를 디지털성폭력으로 복수하는 이유는 무엇일까.

만약 여성이 복수를 위해 성관계 동영상 유출을 한다면, 상대 남성은 여성만큼 치명적인 피해를 입을까. 이 동영상은 누가 유출하든 동영상 속의 여성이 피해를 입게 되어 있다. 모두들 성행위를 하는 (남성이 아닌) 여성을 지켜보기 때문이다. 2018년 가수 구하라가 동영상으로 협박받을 때, 협박한 사람으로 알려진 최종범과 그의 변호인은 해당 여성이 '촬영에 동의했다'는 말을 언론에 계속 퍼프렸다. 유포에 동의하지 않았음에도 이 '촬영에 동의했다'는 말은 또다시 해당 여성에게 화살을 돌리도록 일조한다.[7] 불법유출동영상 피해 여성들은 대체로 상대 남성보다 유명했다. 이 남성들은 오히려 사건 이후 이름을 알린다. 여성의 경우 유명할수록 '성생활'의 폭로에서 치명적인 피해를 입는다. 유명한 남성 연예인이 성매수나 성폭력을 저질러도 '남자들이 그럴 수 있지' 혹은 '여자가 꽃뱀이 아닌지' 등으로 여론의 변호를 받는 반면, 여성 연예인은 성생활만으로도 '인생 끝나게 해줄게.'라는 협박을 받는다.

동영상의 존재는 폭력의 무한복제를 가능하게 한다. 팝 아티스트 낸시랭이 이혼 과정에서 남편에게 동영상 유출 협박을 받았다. 그는 김현정의 〈뉴스쇼〉에서 떨리는 목소리로 이 사실을 공개했다. 물리적 폭력과 달리 동영상이 왜 여성들을 공포스럽게 만드는지 잘 드러낸다.

> 낸시랭 : 정말 상상할 수도 없었죠. 그리고 그냥 제가 남편한
> 테 당한, 수시간 맞고 폭행당하고 이거랑은 전혀 견줄 수도
> 없는 아주 심각한 문제입니다.
> 김현정 : 차원이 다른. 그러니까 어떻게 보면….
> 낸시랭 : 차원이 다르죠. 왜냐하면 제가 감금, 폭행 심하게
> 당했을 때도, 얼굴이 선풍기같이 붓고 온몸에 멍이 들어도
> 2주 동안 안 나가면 어쨌든 그게 가라앉잖아요. 그런데 이
> 런 리벤지 포르노 공개를 하게 되면 지금 같은 인터넷 시대
> 에, 이런 스마트폰 시대에 이게 유포되게 되면 그냥 한 여성
> 으로서 또 알려진 사람으로서는 모든 게 다 끝나게 되는 거
> 죠. 너무너무 두렵고 무섭고 너무나 또 수치스럽고 그냥 어
> 떻게 말로 형용할 수가 없는 것 같아요.

여성을 성적 대상화하는 문제가 심각한 사회일수록, 성
관계 동영상은 여성의 사회적 체면에 타격을 준다. 한 인간
의 사회적 위치, 인간의 존엄성, 지적 권위 등을 순식간에
집어삼킨다. 오직 말초신경을 자극하는 동물적 몸만 남게
된다. 폭행 사실보다는 폭행 장면이 무한 복제되어 퍼져나
간다는 사실이 끝없는 공포를 만든다. 양진호의 폭력 피해
자에게서도 같은 현상을 발견할 수 있다. 폭행 피해자는 자

신이 맞는 영상이 자기 몰래 찍혔다는 사실에 더 분노했다. 그는 자신이 폭행을 당했다는 사실은 혼자 묻으려고 했으나 동영상이 있다는 사실에 폭로를 결심했다고 한다. 동영상은 피해자에게 수치심을 증폭시킨다. 동영상이라는 시각 매체는 말로 퍼지는 소문보다 더 강력하게 '사실'을 전달하며 치명적인 피해를 입힌다.

범죄로 인식되는 중인 불법동영상 유통이 아니더라도 여성의 벗은 몸은 광고와 영화 등을 통해 꾸준히 대중문화 속에 자리한다. 이러한 문화가 무의식적으로 여성은 체면이 필요 없는 성적 대상으로만 보이도록 만든다. 성관계 동영상의 소비자는 절대다수 남성이다. 이는 성관계를 여성을 지배하는 하나의 방식으로 인식하기 때문이다. 동영상을 보며 '벌거벗은 몸으로 성적으로 남성에게 지배당하는 여성'을 통해 자신의 남성성을 확인하고 성적 지배의 대리만족을 얻는다. 포르노그래피는 여성에게서 체면을 삭제하고 여성을 지배받는 살덩이로 만들어 돈을 버는 산업이고 폭력적 정치 행위다. 그렇기에 불법유출동영상을 찾는 그 행위가 바로 성폭력이다. 영상이 언제 풀리나 기다리는 그 나태하고 비열한 태도가 바로 권력 행위다. '보기만 했는데'라고 억울해하지 마라. '보는 행위'가 디지털성폭력을 구성하는 핵심이다. 성착취물을 보는 사람도 공범으로 만들지 않는다면 유통은 다른 방식으로 진화할 것이다.

내부자들의 시선

영화 〈상류사회〉(2018)는 성관계 동영상으로 협박받는 여성을 다루지만 '협박'에 초점이 있지 않다. 오히려 부적절한 '성관계'를 한 여성의 욕망을 비난한다. 작가 신지호와 수연의 동영상은 우연히 카메라를 끄지 않은 신지호의 실수로 찍혔을까. 이 부분을 영화는 모호하게 처리하여 '찍은 남성'의 죄의식을 덜어준다. 영상이 촬영된 건 실수일지 몰라도 신지호가 그 영상을 인지하고 보관한 건 맞다. 컴퓨터에 잘 보관되어 있었다. 그렇다면 그는 이 사건에서 어느 정도의 책임이 있을까. 영화는 카메라의 주인인 신지호는 전혀 비난하지 않는다. 그는 수연에게 "미안하다"라고 한마디 하는 게 전부다.

이처럼 수연이 동영상 때문에 협박을 받는데, 정작 카메라의 주인은 아무 책임이 없으며 수연은 나중에 이 문제를 '자신의 욕망'이 만든 사건으로 귀결시킨다. 변혁 감독은 이 영화를 통해 '욕망의 노예가 되지 말라'라는 메시지를 주려 했다.[8] 그렇다면 그가 욕망을 이해하는 결이 얼마나 단순한지 알 수 있다. 성관계 동영상이 찍혀서 협박받는 이유는 그저 성공과 사랑에 대한 한 여성의 욕망 탓이 된다. 또한 수연과 태준 부부가 모두 외도를 하는데 영화에서 이 외도가 기록되는 방식은 다르다. 수연의 외도는 동영상으로 기록되어 계속 수연의 발목을 잡는다. 극중 인물들은 수연을 협박하기 위해 그의 동영상을 계속 공유, 복사한다. 영화에서 수연이 이 위기를 넘기는 방식은 성관계 동영상에 대한 감독의 황당한 의식을 드러낸다. 수연이 결국 스스로 동영상을 미술관 관람객 앞에 공개하여 자아비판 함으로써 협박을 무용하게 만든다는 설정이다. 이 성관계 동영상이 미술관 전시 오프닝 행사에서 공개됨으로써 마치 퍼포먼스처럼 보인다. 수연이 겪은 협박이 범죄로 자리하지 못한 채, 이 모든 상황은 그야말로 '예술'이 된다.

반면 태준의 외도는 상대 여성인 그 보좌관의 남자친구가 제 눈으로 정황을 목격할 뿐 동영상과 같은 증거는 없다. 남편의 외도 사실을 전해 들은 수연이 "증거 있냐?"고 되레 그 남성에게 따진다. 태준의 외도는 영화 내적으로는 철저히 사생활로 남고 아내인 수연만 이해하면 되는 문제가 된다. 극중 태준은 자신의 외도를 빌미로 공적으로 위협받는 일을 겪지 않는다. 보좌관의 남자친구, 자신의 아내 외에는 이 문제를 거론하지 않는다. 그의 공적 영역에 미치는 영향력이 전혀 없다. 아내는 '힐러리처럼' 대범하게 넘어간다.

극중에서는 수연의 성관계가 동영상으로 기록되지만 영화 바깥에서 기록된 성관계는 태준과 보좌관인 박은지의 침대 위다. 영화 속 인물들은 태준과 박은지의 성관계를 목격하지 못하지만 영화 바깥의 관객은 이들의 성관계를 목격한다. 관객은 영화 내부에서 아무런 효력도 발휘하지 못하는 위험한 정사를 목격한다. 이를 관객에게 보여주는 목적이 뭘까. 이는 극중 수연과 박은지가 아니라 배우 수애와 김규선을 보여주는 방식의 차이다. 덜 보여줘도 괜찮은 위치에 있는 수애와 신인 배우 김규선이 가진 위치의 차이는 두 배우가 영화 속에서 보여줘야 하는 몸의 위상을 다르게 만들었다. 여기에 일본 AV배우가 등장하는 장면에 이르면 이 영화는 '상류사회' 비판을 빙자한 포르노그래피가 되어 버린다.

게다가 태준과 박은지가 침대에서 나눈 대화는 "국회의원이랑 자봤냐?" "지금 하고 있잖아"이다. 권력 있는 남자의 여성 보좌관은 그 권력 있는 남성과 자고 싶다는 욕망을 품는 사람으로 묘사된다. 이 설정을 보면 안희정 성폭력 사건에 대한 세간의 시각을 참고할 수 있다. 수연과 박은지 모두 성공을 위해 남자를 성적으로 유혹한다. 그러니까 이 영화는 '상류사회'의, 성상납이라고 잘못 불리는 성착취가 아니라 성을 통해 성공의 계단을 오르려는 여성을 비판하는 목적을 드러낸다.

소위 '상류사회'를 비판한다는 작품들은 언뜻 보기에 '상류사회'의 성착취를 비판하는 듯하다. 실은 '비판'이 아니라 오히려 상류사회를 향한 남성적 욕망이 읽힌다. 상류사회에 대한 그들의 상상력이 섹스에 갇혀 있다는 게 무슨 뜻일까. 여성 착취에 대한 남성의 욕망을 상류사회를 비판한다는 명목을 내세워 전시한다. 여성이라는 '공공의 성'이 상류사회에서 사적 소유화되어 분노하는 듯하다.

영화 〈내부자들〉에서도 여성의 성은 하나의 자원으로 존재한다. 이 '내부자들'의 비리를 밝히기 위해 영화 속에는 두 번의 잠입이 있다. 첫 번째 잠입은 내부자들을 접대하는 여성이 맡지만 그의 임무는 실패로 끝난다. 심지어 죽는다. 영화 내부에서 여성의 역할은 실패하지만 실제로 그의 역할은 영화 외부에 있다. 그는 내부자들에게 잠입하기 위해 벗은 몸으로 등장한다. 이는 영화 외부의 '내부자들'을 위한 장면이다. 여성의 잠입이 실패한 후, 영화에서 내부자들의 부정과 비리는 극의 주인공인 남성 우장훈(조승우)의 잠입으로 드러난다.

영화 외부의 '내부자들'을 위해 여성의 몸을 전시하는 행태는 영화 〈아가씨〉에서도 나타난다. 박찬욱의 〈아가씨〉는 세라 워터스의 『핑거스미스』를 원작으로 했다. 기본적인 설정만 빌려 왔을 뿐 박찬욱 감독의 창작이다. 시간과 장소적 배경을 일제 강점기 한국과 일본으로 바꾸고 등장인물도 일본인 아가씨와 조선인 하녀로 설정했다. 영국 빅토리아 시대 레즈비언 서사를 20세기 초 조선과 일본의 여성 서사로 옮겨왔다는 점만으로도 흥미로운 시도였다. 그러나 레즈비언 서사를 다루는 방식에서 이 영화가 원작보다 얼마나 퇴

보했는지 지적하고 싶다.

박찬욱이라는 한국 남성 감독의 손을 거치며 각색되는 과정은 단지 '박찬욱 스타일'이 아니라 '한국 남성'의 스타일로 버무려졌다는 의구심을 지울 수 없다. 3부는 극중 백작(하정우)의 서사로 구성된다. 원작에는 젠틀맨이 화자로 등장하지 않는다. 수와 모드라는 이름의 두 여성의 '나'로 구성되었다. 이는 단지 창의적 각색이 아니라 남성적 '나'의 부재를 견디지 못하는 사회 분위기와 적당히 타협한 결과라는 의구심이 든다. 이러한 '혐의'가 여러 군데에서 발견되기 때문이다. 3부에서 백작과 이모부의 대화는 남성의 입을 통해 히데코(김민희)에 대한 성적 대상화를 극대화하는 장치다. 압권은 마지막 장면이다. 영화의 마지막에서 두 여성은 자신들의 욕망을 쓰기보다 책에서 읽었던 네 개의 구슬을 직접 체험하며 끝난다. 직접 이야기를 만드는 내용이 사라지고 아가씨인 히데코는 자신이 읽던 이야기를 숙희(김태리)와 직접 체험한다. 『핑거스미스』에서 기본적인 구도를 가져온 박찬욱의 영화 〈아가씨〉는 언뜻 여성의 이야기처럼 보이지만 실은 두 여성의 목소리를 탈색시켰다.

『핑거스미스』에서 숙녀인 모드는 삼촌이 떠난 집에 들어가 남성의 욕망이 아니라 제 욕망을 글로 남기고 이를 통해 경제활동을 한다. "내가 널 얼마나 원하는지, 내가 널 얼마나 사랑하는지"를 자신의 언어로 드러내는 『핑거스미스』의 마지막과 달리 〈아가씨〉는 남성의 언어를 두 여성이 벌거벗은 몸으로 재현한다. 스크린 밖의 관객은 두 여성의 몸을 통해 극중에서 아가씨의 낭독으로 전해졌던 여성의 관계를 눈으로 확인한다. 〈아가씨〉의 마지막 장면은 레즈비언 '서사'가 아니라 레즈비언 '포르노'가 되어 버렸다.

얼굴 없는 여자들

여성의 얼굴은 꾸준히 평가받지만 꾸준히 지워진다. 여성의 얼굴이 처한 딜레마는 개인의 정체성이 삭제된 채 물적 아름다움을 요구받기 때문에 발생한다. '성괴'라는 말로 성형하는 여성을 비하하지만 왜 성형을 하는가에 대해 생각해 보면 이는 여성의 서글픈 분투에 해당한다. 여성에게 몸은 가장 영향력 있는 자원이다. 얼굴 예쁜 여자와 몸매 좋은 여자 중에 어느 쪽을 더 선호하느냐는 쓸데없는 선택지를 놓고 농담을 하듯이, 여성은 시각적 아름다움을 제공하는 몸이다.

조선시대 여성들은 귀한 신분일수록 함부로 얼굴을 드러내고 다닐 수 없었다. 신윤복의 〈월하정인〉에 등장하는 여성이 뒤집어쓰고 있는 옷은 조선 중기 이후 양반가 여성들이 사용한 쓰개치마다. 쓰개의 일종인 너울은 왕족이나 상류층 여성들이 외출할 때 얼굴을 가리는 용도로 쓰였다.

보통 양반가의 여성들은 소매가 달린 장옷을, 하층 계급 여성들은 주로 소매가 없는 처네를 썼다.

오늘날에도 사우디아라비아에서는 스타벅스 로고에서 여성의 얼굴을 쓰지 못하게 했다. 일부 무슬림 국가에서 여성들에게 얼굴을 가리는 복장을 권하거나 강요한다. 극단적으로 부르카를 씌울 정도로 여성의 얼굴을 가리도록 강요하는 나라도 있다. 얼굴이란 아무나 가질 수 없는 개인의 정체성이기 때문이다. 노예가, 여성이, 감히 얼굴을 드러내서는 안 되는 법이다. 여성이라는 하나의 집단으로 살아야 할 뿐 개인되기를 통제받는다. 물론 가려진 얼굴 덕분에 오히려 여성들이 자유를 느낀다는 목소리도 있다. 그러나 이 얼굴 가리기가 선택이라기보다 강제된다는 점에서 단지 문화상대주의의 시각으로 보기에는 무리가 있다.

한병철은 얼굴을 타자성의 본질적인 요소라고 한다. "우리는 성적 대상을 부를 수는 있겠지만 그것에게 말을 건넬 수는 없다. 성적 대상에는 '얼굴'도 없다. 얼굴은 타자성, 즉 거리를 요구하는 타자의 다름을 구성하는 본질적인 요소이기 때문이다."[9] 성적 대상에 대한 한병철의 지적은 정확하다. 성적 대상은 부르는 대상이지 말을 건네는 존재가 아니다. 영화 〈색, 계〉에서 이(양조위)와 왕자즈(탕웨이)의 첫 번째 '관계'는 폭력적으로 시작한다. 이는 왕자즈의 머리채를 잡아 벽에 밀어붙이며 옷을 찢고, 자신의 허리띠를 풀어 구타한 후 왕자즈의 손을 묶는다. 성적 취향이라기보다는 왕자즈를 제압하겠다는 태도이다. 이때 왕자즈가 고개를 돌려 이의 얼굴을 똑똑히 보는 장면이 있다. 왕자즈와 눈이 마주치자 짧은 순간 이는 눈빛이 흔들리고 당황한 표정이 순간적으로 스친다. 곧이어 물리적으로 왕자즈의 고개를 돌려놓는다. 처음에 이는 동반자 관계가 아니라 지배를 원했기 때문이다. 이의 얼굴을 똑바로 보는 왕자즈의 눈빛은 이 지배관계를 교란시킨다.

썩 매끄럽지 않은 영화지만 김태우와 김혜수가 출연하는 〈얼굴 없는 미녀〉(2004)는 여자의 일굴(의식)에 대한 화두를 던지긴 한다. 정신과 의사 석원이 환자로 만난 지수와 최면 상태에서 성관계를 갖는다. 지수가 최면 상태임을 생각하면 이는 '성관계'가 아니라 강간이다. 석원은 '의식이 없는 상태'의 여성을 일시적인 성적 대상으로 만들 수는 있지만 지수와 온전한 '관계'를 갖지는 못한다. 여성이 '의식'을 잃을 때, 비로소 '몸'으로만 인간을 대할 수 있는 기회가 온다. 이 '얼굴 없는 미녀'는 "나는 할 말이 많은 여자예요."라고 한다. 그는 실제로 글을 쓰는 여자다. 그는 '내가 누구인지' 스스로 모르는 상태에 있는 경계성 장애 환자다. 제목에 쓰인 '얼굴 없는'이란 자기가 누구인지도 모르는 사람이라는 뜻이다. 석원이 원했던 것은 지수라는 '사람'이 아니라 자기가 누구인지도 모르는 여자의 '몸'이다. 최면에 걸린 지수는 교통사고로 얼굴이 거의 없어진 상태로 석원을 찾아온다. 최면을 통해 일방적으로 여성을 '부르는' 위치에 있던 석원은 얼굴 없는 괴물이 되어 온 지수를 보고 어떤 반응을 보였을까.

원작이라고 할 수 있는 TV 단막극 〈얼굴 없는 미녀〉는 이 호러의 장르적 성격이 훨씬 더 강하다. 1980년, TBC의 텔레비전 시리즈 〈형사〉에서 〈얼굴 없는 미녀〉라는 납량특집으로 방영했다. 죽은 후에 썩어가는 몰골로 최면에 걸린 채 의사를 찾아온다는 내용은 상당히 신선했다. 여성의 의식을 조종해서 몸을 탐닉한 남자에 대한 적절한 응징이었다. 이 얼굴 없는 여자들이 호러 영화에서는 성애의 대상이며 동시에 공포의 대상이다.

'봉씌먹'이라는 말이 있다. 못생긴 여자의 얼굴에 '봉지를 씌워 얼굴을 가리고 먹는다(성폭행한다)'는 뜻이다. 이 충격적인 표현은 2016년 서울대 단톡방에 등장하면서 사회적으로 화제가 되었다. 종을 치듯 여자를 일방적으로 부를 수는 있어도 대화상대로 말을 걸지 못하는 상태에 있는 남성들은 급기야 이런 기상천외한 표현까지 만들었다. 봉지를 쓴 여성이 저벅저벅 걸어와 세상 끝까지 쫓아오는 호러를 경험해 봐야 교훈을 얻을까.

이 '봉씌먹'이 알려져서 마치 요즘 남성들의 의식이 더 문제적인 듯 다루지만 딱히 그렇게 볼 근거는 없다. 박민규의 소설 『죽은 왕녀를 위한 파반느』는 못생긴 여자에 대한 사회의 폭력을 보여준다. 왜 모든 여자 주인공은 예쁜가. 그래서 박민규는 예쁘지 않은 여자 주인공을 창조해 그의 목소리를 전한다. "제가 한국에서 겪은 일들은 매우 야만적인 것이었어요. 야만이죠. 아름답지 않으면 … 화장을 하지 않고선 외출하기 두려운 사회란 건요 … 총기를 소지하지 않으면 집 밖을 나설 수 없는 사회란 거예요. 적어도 여자에겐 그래요. 지극히 야만적인 사회였어요."[10]

박민규가 풀어내는 못생긴 여자에 대한 이야기는 그리 세련되지는 않았다. 뒤이어 예쁜 여자를 등장시켜 그들의 차이를 드러내거나, 기껏해야 못생긴 여자에 대한 연민에서 크게 벗어나지 않는다. 대신 '나는 과연 예쁘지 않은 여자를 사랑할 수 있을까?'에 대한 질문을 '남성' 작가로서 진지하게 해보는 노력의 산물에 속한다. 못생긴 여자에게 사회가 가지는 편견과 정서적 학대, 그들의 입장에서 가지는 상처를 담담히 풀어낸다. 예를 들어 이 소설 속에서 '1985년'이 설명되는 방식은 이러하다. "못생긴 여자를 강간하는 법은? 정답! 신문지로 얼굴을 덮고 … 라는 저질 유머가 역시나 크게 히트하던 해였다."[11] 21세기 남성들은 '봉지를 씌워 먹는다'는 말을 사용한다면, 80년대 남성들은 '신문지로 얼굴 덮고 강간하기'를 유머로 소비했다. 탁현민은 자신의 책에서 (사실이 아닌 허구라고 했지만) 고등학생 시절 여중생과 가진 성관계를 언급하며 "얼굴이 좀 아니어도 신경 안 썼다. 단지 성관계의 대상이니까."라고 했다. 얼굴을 마주하고 서로 말을 주고받는 관계가 아니라 일방적인 '관계'의 대상이기에 얼굴은 중요하지 않다.

철학자 강신주의 『상처받지 않을 권리』에서 흥미로운 구절을 발견했다. "젊은 시절부터 추녀라고 손가락질받은 여성은 외모가 인간에게 별로 중요하지 않다고 생각합니다. 나이가 들어 얼굴이 더 볼품없다고 할지라도, 이런 여성은 우울증에 걸리거나 자살하는 경우가 거의 없습니다."[12] 명백한 오해다. 예쁘지 않은 여성은 외모를 '포기'하고 산다는 편견이 드러난다. 못생긴 사람들은 단지 '얼굴이 무기'라고 자조적인 농담을 할 수는 있어도 외모에 대한 욕망이 없거나 외모 지적질에 상처받지 않는 것은 아니다. 품평의 대상만으로 존재하는 여성의 얼굴은 이처럼 인격이 없는 얼굴로 남는다.

머리가 잘린 채 가슴과 하체가 강조된 여성의 실루엣은 영화 포스터에서 흔히 찾을 수 있다. 영화 포스터는 그야말로 '얼굴 없는 미녀'들의 집합소다. 많은 로맨스 소설의 표지에도 여성은 얼굴이 잘리거나 뒷모습으로 등장한다. 특히 영화 포스터에서 다리만 있는 뒷모습은 거의 대부분 다리를 벌린 채 서 있으며 그 벌어진 다리 사이로 시선이 통과하도록 이끈다. 무심히 지나치던 영화 포스터가 그동안 얼마나 많은 여성의 머리를 잘랐는지 〈헐리우드의 머리 없는 여자〉라는 사이트[13]에서 자세히 확인할 수 있다. '엉만튀', '슴만튀'처럼 여성의 엉덩이를 만지고 튀고, 가슴을 만지고 튀는 성추행은 이처럼 여성의 머리(인격)를 삭제하는 사회에서 하나의 '놀이'다. 마트의 시식 코너에서 하나씩 맛을 보듯, 지나가는 여자의 몸을 한번씩 '건드리는' 놀이일 뿐이다.

모욕과 징벌을 위한 얼굴

온 세계인이 소통의 도구로 사용하고 있는 페이스북의 이름은 여학생들의 얼굴 품평에서 비롯되었다. 마크 주커버그는 학교 전산시스템을 해킹해 여학생들의 사진을 무단으로 가져왔다. 그 사진들을 바탕으로 여학생의 외모를 품평하는 시스템을 만들었다. 그 시스템 이름이 페이스매시Facemash였다. 한국에서 '블루 일베'라고 불릴 정도로 여성혐오적 내용에 '관대한' 페이스북은 탄생부터 여성혐오와 함께했다. 여성의 얼굴은 수시로 지워지지만 평가받거나 모욕을 주는 대상으로는 자주 소환된다.

여성들이 방송이나 SNS를 통해 성폭력 피해를 고발하자 이들의 얼굴을 요구하는 목소리가 있었다. 얼굴을 가리고 실명을 공개하지 않고 성폭력을 고발했을 때에는 '믿을 수 없다'며 당당하다면 얼굴 내놓고 이름 밝히고 말하라 한다. 자신을 보호하기 위해 얼굴을 가리고 시위하는 시민에게 복면을 쓰지 말라고 요구하던 박근혜 정부가 생각났다. "복면 시위는 못 하게 해야 한다."던 박근혜 전 대통령. 2016년 결국 테러방지법이 통과되면서 시민들은 집회에서 얼굴을 가리면 '테러 위험인물'로 단속될 수 있게 되었다. 복면 착용에 이토록 집착하는 이유는 시민 개개인이 자신을 보호할 권리를 조금도 남겨두고 싶지 않아서다. 이화여대 학생들은 2016년 시위를 하는 동안 매체에 얼굴이 알려지자 '얼굴 평가'를 받는 일이 생겼고, 그 후 이들은 철저히 얼굴을 가린 채 시위에 나서야 했다. 성폭력 피해자들도 마찬가지다. 이들이 이름과 얼굴을 공개하면 진정성을 알아준다고? 매우 위험한 태도다. 개인정보를 공개해서 피해자를 더욱 취약하게 만들기 위해서다.

바빌로니아의 함무라비 법전에 따르면 정숙한 여인은 얼굴을 가려야 하지만 성매매 여성에게는 얼굴을 가리는 일이 금지되었으며 이를 어길 시에는 처벌까지 받았다고 한다.[14] 곧, 여성의 얼굴은 권위를 위해 드러낼 수는 없지만 모욕을 받기 위해서는 적극적으로 드러내길 권장 받는다. 얼굴을 가릴수록, 이름을 드러내지 않을수록 정숙한 여성의 반열에 오르지만 개인으로서의 여성은 소멸한다.

앞서 페이스북의 사례에서 보듯이 오늘날도 여성의 얼굴은 '능욕'을 위해서 적극적으로 활용된다. 영화 〈엘르〉는 게임회사의 대표로 성공한 사업가지만 일상적으로 성폭력에 노출되어 있는 미셸(이자벨 위페르)이 이 폭력을 어떻게 해결하는지 보여준다. 그가 겪는 일상의 성폭력 중 하나는 누군가가 강간당하는 게임 캐릭터에 미셸의 얼굴을 합성해서 유포한 사건이다. 한국에서 벌어진 '지인능욕'과 비슷한 방식이다. 미셸은 제도가 그를 보호하지 못한다는 사실을 잘 알기 때문에 개인적으로 처리한다.

사회관계망서비스에는 여성 지인의 얼굴에 음란 사진을 합성해 주는 '지인능욕' 계정이 있었다. 이 '능욕'의 대상이 된 여성들에게는 수많은 음란 메시지가 도착한다. 이는 일개 누리꾼의 장난으로 시작한 일이라고 가볍게 넘길 문제가 아니다. 2011년 배우 문성근과 김여진의 얼굴을 누드 사진과 합성시켜 두 사람이 한 침대에 있는 장면을 연출한 사진이 유포된 적 있다. 두 사람은 모두 민주당 지지자로 유명하다. 이는 일개 개인이 만든 '장난'이 아니라, 무려 국정원의 체계적인 '업무'였다. 누리꾼의 '지인능욕'과 정부기관에서 벌어진 사진 조작 사이에서 어떤 차이를 발견할 수 있을까. 본질적으로 차이가 없다. 이미 국정원의 '댓글공작'을 통해 경험했듯이 정부 기관이 조직적으로 여론 조작에 개입한다. 개인의 일탈로 벌어지는 예외적 상황이 아니라 이 사회가 체계적으로 폭력을 생산하고 유통시키는 '과학적 시스템'이다.

여성이 신변 보호를 위해 익명을 유지하려 할 때는 가면을 벗기려고 하지만, 정작 여성이 이룬 성취에 대해서는 여성을 열심히 지운다. 여성의 얼굴은 주체의 자리가 아니라 평가 대상, 무력한 피해자, 능욕의 대상 등으로 활용된다. 2차 폭력에 취약한 상태가 된다. 이와 같은 상황은 비단 여성만이 아니라 한 사회의 약자들이 공통적으로 처하는 위험이다. 극단적으로 예를 들자면 남한에 온 북한 출신의 사람은 얼굴을 공개했을 때 북한에 있는 가족들이 위험해질 수있다. 북한에서 남한으로 온 화가 선무의 〈자화상〉에는 얼굴이 없다. 얼굴 없는 자화상이다. 그는 북에 있는 가족을 위해 자신의 얼굴을 공개하지 않는다. 그는 포트폴리오에 이렇게 적었다. "나는 나의 얼굴을 공개할 수 없다. 이것이 나이다. 현실이다."

인형 혹은 시체 : '있기'에서 '되기'로

> 조선의 남성들아, 그대들은 인형을 원하는가, 늙지도 않고 화내지도 않고 당신들이 원할 때만 안아주어도 항상 방긋방긋 웃기만 하는 인형 말이오.
> ─ 나혜석, 「이혼고백서」

오비디우스Ovid의 『변신이야기』 중 피그말리온의 일화가 있다. 키프로스의 왕 피그말리온은 현실 속의 여자들과는 관계를 맺지 않고 홀로 산다. 그가 키프로스의 여자들을 멀리했던 이유는 그 여성들이 문란하다고 생각했기 때문이다. 키프로스의 여자들은 아프로디테의 저주로 결혼 전에 항구에서 남자들에게 '몸을 파는' 운명에 처했다. 피그말리온은 저주로 인한 여성들의 운명을 타락으로 여기고 여성을 혐오한다. 그 대신 피그말리온은 상아로 이상적인 아름다움을 갖춘 여성 조각을 만든다. 그는 여성의 몸을 만들었을 뿐 아니라 갈라테이아라는 이름까지 짓는다. 이 조각상의 아름다움에 빠져든 피그말리온은 조각상을 사랑하게 되어 사랑의 신인 아프로디테에게 이 조각상과 같은 여성을 만나게 해 달라고 소원을 빈다. 그의 원대로 결국 갈라테이아는 상아로 빚은 조각상에서 숨을 쉬는 사람으로 변한다.

조각상에 대한 피그말리온의 마음은 투사다. 원하는 대상을 만들어 놓고 그 대상을 사랑하는 태도는 어느 정도 자기애와도 연결된다. 이 신화에서 여성이 처벌받는 방식이 남성의 성적 지배에 놓이는 것이라면, 이상적인 여성은 바로 남성의 창조로 만들어진다. 『창세기』에서 선악과를 따먹었다는 이유로 이브와 아담이 모두 하나님에게 벌을 받지만 묘한 차이가 있다. "너는 남편을 원하고 남편은 너를 다스릴 것이니라 하시고"(『창세기』 3 : 16)라면서 여자는 남편이 다스리도록 벌을 내린다. 여기서 남성은 신의 대리인으로 여성을 처벌할 수 있는 존재가 된다.

자신이 만든 창작물이 사람이 되는 이 설정은 많은 예술 장르에서 여러 형태로 변주된다. 남성 창조주와 여성 피조물의 관계는 기술의 진보에 맞춰 꾸준히 만들어지고 있다. 영화 〈그녀〉(2013)는 이혼 과정 중에 있는 남자 시어도어가 여성의 목소리와 감정을 가진 인공지능 프로그램을 구입하여 그 인공지능을 사랑하게 되는 이야기다. 인공지능인 '그녀' 사만다는 항상 거기에 있다. 시어도어는 이 프로그램을 '구입'했기에 원할 때 언제든지 사만다와 '접속'할 수 있다. 사만다와 이야기가 잘 되는 시어도어는 정작 현실에서 여자들과의 관계가 썩 매끄럽지 못하다. 이 영화는 여성이 비인격적 대상으로 대체되어도 사랑할 수 있는 남성의 감정을 잘 보여준다. 프로그램은 '내가 원할 때 항상 있는 존재'이고 내 기분을 맞춰준다. 나를 중심으로 돌아가는 프로그램에 길들여지다 보니, 눈앞에서 직접 얼굴을 드러내고 목소리를 내며 그림자가 있는 인간으로 돌아다니는 여성과는 어떻게 관계를 맺어야 할지 모르는 상태다.

　　목소리만 들리는 '그녀'와 사랑에 빠진 남자. 오고가는 관계를 하지 못하는 이 남자는 자신이 원하는 대로 감정을 척척 읽어주는 비인격적 대상에게 느끼는 편함을 사랑이라 여긴다. 스칼렛 요한슨이 목소리로 출연한다는 사실은 관객들에게도 '섹시하게' 다가온다. 영화 속의 주인공은 목소리를 통해 요한슨을 상상할 수는 없겠지만 관객은 요한슨을 상상할 수 있다. 이 목소리는 관객을 겨냥한 목소리다.

남성이 여성의 창조주가 되어 원하는 대로 관계를 주도하고, 프로그램으로 여성을 구입하는 이러한 관계는 예술 작품 속에서는 낭만적으로 그려진다. 그러나 이 영화 속의 낭만과 현실의 성매매 사이는 수많은 투명한 끈으로 연결되어 있다. '구입'하는 비인격적 대상은 '나'를 위해 존재하는 대상일 뿐 '누구'라는 인격체는 될 수 없다. 사랑은 서로 타인을 제 안에 받아들여야 하지만 이러한 비인격적 대상과의 관계 맺기는 일방향이다. 실물 크기의 조각상을 사랑하여 진짜 사람이 되길 간절히 바라는 신화 속의 피그말리온과 실물 크기의 여성 인형과 섹스가 가능한 현대 사회 남성 사이에는 생각보다 그리 큰 거리가 없다. 전자가 더 낭만화될 뿐이다.

남성 창조주에게 반기를 들고 저항하는 여성 피조물도 있다. 버나드 쇼George Bernard Shaw의 『피그말리온』(1913)에서 극중 '인형'에 해당하는 일라이자는 자신의 '창조물'인 히긴스의 곁을 떠난다. 집안의 우아한 인형으로 사느니 헨릭 입센Henrik Ibsen의 『인형의 집』(1879)의 노라처럼 집을 나와 스스로 결정하는 인간으로 살려 한다. 피그말리온과 갈라테이아의 관계에서 피그말리온의 감정은 절절히 드러나지만, 과연 갈라테이아도 피그말리온을 사랑했을까. 버나드 쇼의 『피그말리온』은 이에 대한 답변이라고 할 수 있다. 영화 〈엑

스마키나〉(2014)에서 인공지능 로봇인 에이바 ─ 이브와 이름
이 비슷한 ─ 는 아예 자신의 창조주를 죽이고, 자신을 구해
주려는 남자까지 감금한 채 홀로 인간의 모습으로 탈출한
다. 같은 인공지능 로봇이지만 말을 못 하도록 설정된 채 하
녀 역할을 하던 쿄코는 탈출하지 못한다.

　버나드 쇼의 『피그말리온』을 원작으로 만든 영화가 오
드리 헵번 주연으로 유명한 〈마이 페어 레이디〉이다. 인형
을 거부하는 버나드 쇼의 원작과 달리 뮤지컬이나 영화는
창조주와 피조물이 사랑의 결실을 맺는 해피엔딩으로 만들
어졌다. 인어공주의 자아에 대한 고민보다 왕자와의 행복
한 결혼으로 마무리하는 디즈니의 〈인어공주〉와 마찬가지
다. 흔히 대중문화 속에서 추구하는 '해피엔딩'은 사랑이라
는 이름으로 이루어지는 여성의 종속이다. 〈마이 페어 레이
디〉의 구도는 다른 영화 〈귀여운 여인〉에 나오는 성매매 여
성과 호텔 지배인 사이의 관계에서도 나타난다. 호텔 지배인
은 비비안(줄리아 로버츠)의 정숙하지 못한 행동과 옷차림
을 다듬어서 숙녀로 보이게 도와준다. 남성이 '창녀'를 '숙녀'
로 만든다는 설정이 꾸준히 재생되는 이유는 여성이 늘 피
조물의 위치에 있기 때문이다.

　좋은 작품이지만 어딘가 찜찜함을 남긴 〈블레이드 러
너〉(1982)도 이러한 틀에서 자유롭지 않다. 블레이드 러너
의 데커드(해리슨 포드)는 복제 인간 레이첼(숀 영)과 사랑

한다. 정확히 말하면, 데커드가 레이첼에게 흥미를 느끼고 강간에 가까운 성관계를 한다.[15] 복제 인간이나 로봇처럼 '인간을 닮은' 인간의 피조물은 '인간이란 무엇(누구)인가?' 혹은 '나는 누구인가?'라는 질문을 끌어낸다. 여기서 이 질문을 끌어안고 있는 주체가 누구인지 생각해 보자. 갈라테 이아는 자기 자신의 존재에 대한 고민이 있었을까. 레이첼의 감정과 고민을 관객은 알 수 없다. 레이첼은 자신이 복제 인간이라는 사실을 알고 눈물을 흘리지만 그는 존재를 고민 하는 주체는 아니다. 레이첼을 매개로 데커드가 존재에 대해 고민한다.

2017년에 나온 〈블레이드 러너 2049〉에서 '인간보다 더 인간적인' 복제인간 조는 조이와 산다. 조이는 AI이다. 비물 질적인 홀로그래피다. 그러나 두 사람은 '정말' 사랑한다. 여 기서 인간의 의식과 사랑하는 감정은 어떻게 정의될 수 있 을까. 조이는 조와 '진짜' 사랑을 하기 위해 성매매 여성을 불러 그 여성의 몸과 자신을 합치시킨다. 이는 영화 〈그녀〉 에서 했던 방식과 일치한다. 그러나 〈그녀〉에서는 결국 이 관계가 성공적이지 못했다면 조이와 조는 성매매 여성의 몸을 매개로 두 사람이 '진짜' 사랑을 실행한다. 조이는 〈그 녀〉의 사만다보다 진화된 프로그램이다. 여성의 몸은 구입 (성매수)을 통해 가능하고 정신은 프로그램으로 만들어진 다. 홀로그래피로 재현되는 조이는 수시로 옷과 머리가 바꾸며 다양한 모습을 연출한다. 음식을 가져다주는 하녀의 복장에서 섹시한 파티복까지. 한 가지 단점은 집안을 벗어날 수 없다는 점이다. 조는 조이에게 집안을 벗어나 밖으로 나갈 수 있게 해주는 한층 진화된 기술을 선물한다. 스스로 이동할 수 없는 그는 주인이자 애인인 남성의 배려를 통해 바깥세상을 접한다.

이 영화는 복제인간의 여성화를 통한 남성의 존재론적 성찰이다. 여성과 로봇의 결합은 여성을 사물로 인식하는 대표적인 사례다. 꽤 다양한 여성들이 영화 속에서 주요 인물을 연기하지만 결국은 남성의 존재적 고민을 위한 매개물로 동원된다. 〈블레이드 러너 2049〉에서 여성은 번식과 성매매를 위한 도구에서 크게 벗어나지 못한다. 진짜 인간의 기준은 진짜 자궁을 통해 태어난 인간인지 아닌지로 판가름한다. 여성은 그 진짜 자궁을 가졌다는 점에서 존재의 의미를 가진다. 곧 남자 인간은 여성의 몸에서 태어난 인간임을 증명하고 다시 여성의 몸과 사랑을 나누며 인간으로서의 존재를 확인한다.

그 어떤 미래적 상상 속에서도 여성을 상상하는 방식은 한 치도 달라지지 않는다. 감독은 이에 대해 '영화가 현실의 반영'이기에 유토피아가 아니라 사회에서의 실제 여성의 위치를 보여줬다고 했다. 그러나 비판의식 없는 현실의 반영이 어떤 의미가 있을까. 과거-현재-미래 속에서 여성 인물에게는 역사적 시간을 느끼기 어렵다. 뜨거운 피가 흐르는 고 깃덩어리에서 미래의 차가운 로봇으로 진화했을 뿐 여전히 사람이 아님은 마찬가지다. 디스토피아의 세계에서 왜 여성들은 주로 성매매 여성으로 등장할까. 이는 성매매 여성, 곧 '창녀'라 불리는 여성을 타락의 세계로 은유하기 위해서다. 이 '타락한 여성'을 통해 암울한 시대를 보여준다. 곧 '타락의 여성화'다.

조각상과 시체 사이 : 네크로필리아

> 여자가 되기를 좋아하는 남자는 아무도 없다. 그러나 모든
> 남자들은 여자가 있기를 바라고 있다.
> — 시몬느 드 보부아르, 『제2의 성』[16]

현실 속의 여성이 아닌 조각상에 대한 사랑은 『그라디바』*Gradiva*라는 20세기 초의 한 소설에서도 그 원형을 찾을 수 있다. 1903년 빌헬름 옌젠Wilhelm Jensen의 소설 『그라디바』는 프로이드Sigmund Freud가 '망상과 꿈'이라는 주제로 정신분석의 대상으로 삼으면서 널리 알려졌다. 이 그라디바 이야기에 관심을 보인 예술운동이 초현실주의이다. 살바도르 달리는 그라디바의 이미지를 그림으로 남겼고, 앙드레 마송 André Masson 역시 그라디바를 그렸다. 달리는 그의 아내 갈

라를 종종 '그라디바'라고 불렀다. 초현실주의 운동의 지도 자라고 할 수 있는 앙드레 브르통André Breton은 1937년 파리 에 〈그라디바〉라는 이름으로 갤러리를 세우기도 했다. 도대 체 이 그라디바는 누구인가.

소설 『그라디바』에서 주인공인 고고학자 아놀드는 박 물관에서 본 한 조각상에 매료되고 그 조각상에 그라디바 라는 이름을 붙인다. 그라디바는 '걷는 여자'라는 뜻의 고유 명사다. 얇은 치마를 살짝 들고 맨발로 걸어가고 있는 여성 의 모습인데 바로 그 걸음걸이가 소설 속의 고고학자를 사 로잡는다. 그는 이 조각 속의 걷는 여자가 폼페이 여자라고 생각한다. 그는 꿈에서도 이 조각 속의 여자를 만나고, 지나 가는 여자를 보고 그라디바를 닮았다며 쫓아가기도 한다. 그러고는 현실에서 만난 그 여자를 사랑하고 결혼하여 이 탈리아로 여행을 간다. 조각상과 그 조각상에 대한 고고학 자의 연구 내용, 그의 꿈, 실재가 뒤섞인 내용이다.

잠시 걸음걸이에 대해 이야기하자. 그라디바의 '걸음걸 이'처럼 여성의 걸음걸이는 종종 성적 매력으로 연결된다. 이동과 모험의 발걸음이 아니라 관음을 자극하는 볼거리로 서의 걸음걸이다. 한때 영화 〈나이아가라〉에서 선보인 마릴 린 먼로의 '먼로 워크'도 그런 면에서 성적인 매력을 끌었다. 풍만한 엉덩이를 약간씩 흔들며 걷는 먼로의 뒷모습에 남 성들이 열광했다. 여성의 걸음걸이는 순수한 처녀와 '아줌

마'의 경계를 나누기도 한다. 빅토르 위고는 『바다의 노동
자』에서 데뤼셰트의 걸음걸이를 두고 "아직 삶의 무게를 지
니지 않은 그 걸음걸이를 보아서, 처녀임을 알 수" 있다고 표
현한다. 인어공주가 목소리를 내주고 얻은 아름다움도 세
상에서 가장 아름다운 걸음걸이였다. 그 대신 인어공주는
한 발 한 발 내디딜 때마다 고통스럽다. (왕자는 인어공주
의 걸음걸이를 보고 감탄하지만 그렇다고 인어공주를 연인
으로서 사랑하지는 않는다. 이 점이 동화 『인어공주』가 만
들어내는 수많은 '공주' 이야기들과의 차이이다.) 여성의 걸
음걸이를 관음의 대상으로 두는 습관은 심지어 괴상한 '전
설'도 만들어낸다. 여자가 팔자걸음을 걸으면 성관계 경험이
많다고 할 정도다.

　　다시 조각상으로 돌아가자. 프랑수아 트뤼포François Truf-
faut의 영화 〈줄앤짐〉(1962)에서 줄과 짐은 우연히 본 어떤
조각상을 닮은 여자를 찾는다. 곧 그 조각상과 입매무새가
꼭 닮은 여자 카트린느를 만나 세 사람은 서로 뒤얽힌 사랑
을 한다. 그라디바를 비롯하여 카트린느도 역시 '신비한' 여
자다. 신비한 여자에 대한 예찬은 앙드레 브르통의 『나자』
(1928)가 대표적이다. 브르통의 『나자』 자필 원고는 프랑스
의 국보로 등록될 정도로 예술사에서 의미 있는 작품으로
꼽힌다. 우연에 의지한 독특한 글쓰기 방식과 일상을 대하
는 세심한 시선이 있다. 그러나 우연처럼 보이는 시각은 과

연 인간을 지배하는 관념에서 자유로울 수 있을까.

『나자』의 첫 문장은 "'나는 누구인가' 예외적으로 이번에만 격언을 끌어들여 말하자면, 사실상 이런 질문은 모두 '왜 내가 어떤 영혼에 사로잡혀 있는가'를 아는 것으로 귀착되는 문제가 아닐까?"[17]로 시작한다. '나는 누구인가'를 찾아가는 글에서 '나자'라는 신비한 여성은 '나'를 찾아가는 여정의 매개로 등장한다. 나자는 신기루처럼 존재한다. 어느 날 우연히 만났고, 이해할 수 없는 행동을 하고, 어디를 가든 남자들의 시선을 듬뿍 받으며, 기분이 수시로 변하고, 그러다가 정신착란으로 정신병원에 들어갔다는 소식과 함께 브르통의 일상에서 사라진다. 이 작품에서 브르통은 1921년 상연한 〈미친 여자들〉Les Detraquées이라는 연극에서 느낀 "한없는 감탄"을 전하면서 극중 한 인물에 대해 이렇게 말한다. "우리가 아주 좋아하는 약간 '흐트러진' 모습도 보인다."[18] '신비한 여자'는 남성에 의한 여성의 타자화일 뿐이다.

이처럼 불안정하고, 감정적이며, 변덕이 심한 이미지의 여성이 문학이나 영화 속에서 종종 매력적인 인물로 등장한다. 어디까지나 '실체를 알 수 없는 복잡한' 여자라는 이미지 속에서 여자는 해석의 대상으로 남는다. 그 이유는 『나자』의 마지막 문장이 설명해 준다. "아름다움은 발작적인 것이며 그렇지 않으면 아름다움이 아닐 것이다."[19] 이처럼 아름다움은 발작적이기에 남성의 시각에서 '미친 여자'는 '이성적이고 합리적인 남성'을 아름다움의 세계로 인도하는 통로다. 그라디바에서 나자까지, 이 여성들은 남성들을 황홀하게 유혹하는 정체불명의 여성일 뿐 스스로 자신이 누구인지 말하진 않는다. 반드시 남성 작가의 시선에 의해서만 생산되는 여성의 이미지가 아니다. 엘렌 식수Hélène Cixous의 지적대로 많은 여성 작가들도 "여성에 대한 고전적인 표상들 (감수성이 예민하고-직관적이며-몽상적인, 등등)"[20]을 재생산했다.

가만히 있는 조각상에 대한 사랑은 시체 애호와도 비슷하다. 김동인의 「광염소나타」에도 시간屍姦이 등장한다. 『백설공주』의 왕자도 죽은 공주에게 키스하고 시체를 가지고 떠난다. 『잠자는 숲속의 공주』는 기다림을 여성의 미덕으로 상정한다. 바실레 판본 『잠자는 숲속의 공주』에서는 네크로필리아Necrophilia가 노골적이다. 지나가던 왕자는 공주를 강간한다. 신화나 문학 속에서 네크로필리아는 대체로 남성이다. 네크로필리아는 여성의 '있기'에 대한 극단적 애호다. 페드로 알모도바르의 〈그녀에게〉(2002)에서는 식물인간 상태의 여성을 돌보는 남성 간호사가 이 여성 환자를 강간한다. 평소에 짝사랑하던 상대였다. 잠자는 공주에게 키스한 (혹은 강간한) 왕자와 달리 환자를 강간한 남성 간호사는 처벌받는다.

오늘날 영화에서 과하게 전시되는 여자 시체들에 여성

들이 분노하는 데에는 맥락이 있다. 여성의 죽음에 너무 둔해진 사회다. 여자는 잠을 자거나, 죽었거나, 아무튼 누워서 가만히 있는 설정을 지겹도록 보아왔다. 비교적 미적으로 잘 다듬어진 이야기 속에서는 가만히 있는 여성을 향한 성적 집착을 그럴싸하게 포장한다.

생각하고 움직이며 살아있는 여성과 소통할 줄 모르는 사회가 여성들을 가상세계에서 계속 죽이는 가운데, 현실에서 여성의 죽음은 사법적으로 관대하게 이해받는다. 2017년 인권영화제 상영작 중에 〈시체가 된 여자들〉은 여성을 꾸준히 시체로 재현하는 영화를 비판한다. 대체로 시체를 연기하는 배우들은 영화 시나리오 전체를 읽지도 못한 채한 장면의 시체로만 등장한다. 영화 속에서 여성 시체는 벌거벗겨져 있을 때도 많다. 이때 여성의 시체는 죽음을 성찰하는 매개조차 되지 못한다. 스크린 속에서 벌거벗고 죽은 여성의 몸은 관음의 대상이다. 여성에 대한 네크로필리아 사회다.

사회의 약자일수록 죽은 후에 더 사랑받는다. 현실에서의 혐오에 대한 죄책감을 그런 식으로 씻어낸다. 현실 속의 여성들은 언제나 혐오의 대상이며 죽은 여성 또는 조각상처럼 비인격적 대상이거나 프로그램으로 구입하지만, 죽은 여성은 진정한 사랑의 대상으로 추대된다. 여성살해에 대해 가해 남성들은 이런저런 이유를 대지만 모두 자기 뜻대로 여성이 움직이지 않아 죽인다. 인형처럼 말을 듣지 않는 여성은 시체로 만들어버린다. 네크로necro는 '시체'라는 뜻이 있지만 '잊혀진 사람'이라는 뜻도 있다. 필리아philia는 집착을 뜻한다. 네크로필리아는 이미 떠난, 헤어진 것에 대한 집착이다.

〈해부학 비너스〉Anatomical Venus는 시체로서 여성을 대상화한 극단적 사례이다. 18세기 유럽에서 의학이 발달하면서 밀랍으로 만든 해부학 비너스가 다수 제작되었다. 이 중 클레멘트 수시니Clemente Susini의 작품이 가장 널리 알려졌다. 눈을 감고 고개를 젖힌 채 고요히 잠든 여성의 내장이 모두 보이는 해부된 몸은 에로틱한 모습으로 연출되어 마치 살아있는 여성을 해부하는 듯한 착각을 준다. 당시 의대에 여성은 들어갈 수 없었으나 해부학의 대상으로는 여성의 몸을 선택했다. 실제 여성의 몸을 연구하기 위해서가 아니다. 여성의 몸은 해부학의 대상이 될 때조차 강한 성적 대상으로 존재한다.

갈수록 극심해지는 강간 약물을 공유하는 남성들의 악질적인 '문화'는 이처럼 여성의 '인형'화에 대한 집착의 결과다. 그러나 세상은 변한다. 동화 밖의 공주는 왕자의 키스를 기다리지 않는다. 그보다는, 물레를 돌리며 실을 짜는 마녀처럼 제 이야기를 짜기 위해 결연히 일어나 제 갈 길을 갈 것이다.

3장

듣는 인간에서 말하는 인간으로

말을 알아듣는 꽃

그녀는 어쨌는지 몰라도 나는 마음이 한없이 온화해졌다.
특히 '그럼 게임'을 했을 때는 … (중략) … 희재언니가 뭐라
하면 나는 전혀 이의 없이 그럼 … 하면 되었으니까. 마찬가
지로 바꿔서 내가 뭐라 하면 그녀가 … 그럼 … 그럼, 해주면
되었다.[1]

『외딴방』의 주인공 경숙과 희재언니는 '그럼 게임'을 하
며 마음의 평화를 찾는다. 공장에서 일하며 야간에 고등학
교를 다니는 도시 노동계층 여성의 말을 들어주는 사람은
드물다. 공장에서는 이름도 없이 번호로 불리는 이 노동자
의 의견은 아무도 궁금해하지 않는다. 공장노동자에게 회사
가 의견을 물을 때는 그저 '너도 노조에 가입했냐'고 추궁할
때뿐이다. 대신 이들은 말을 잘 들어야 한다. 말을 잘 알아

들어야 한다. '그럼 게임'은 이 도시 노동계층인 여성이 속마음을 뱉어내는 순간이다. 자신이 말을 듣는 순간이 아니라 말을 하는 자리이며 상대방은 자신의 말에 무한한 긍정을 보낸다. 현실에서 생각을 말할 기회가 별로 없는 이들은 게임을 통해 이를 해소한다. 긍정적인 청자에 대한 갈망이다.

모든 동물이 제 목소리를 갖고 있다. 이 목소리로 그들은 감정을 표현하고 서로에게 신호를 보낸다. 인간의 말은 이렇듯 감정을 표현하고 집단 내에서 신호를 보내는 도구일 뿐 아니라 자신의 생각을 표현하는 수단이다. 피지배계층은 자신의 말을 가질 수 없다. 그들은 사람이 아니다. 동물과 사람 사이에 있다. 동물보다 사람의 말을 잘 이해할 수 있으나 자신의 생각을 말해선 안 되는 존재다. 대저택에 하인을 부르는 종이 있듯이, 지배 계층은 '부르고' 피지배 계층은 이 부름에 응답할 수만 있다.

소설 『핑거스미스』의 열쇳말 중 하나는 바로 수전의 '문맹'과 모드의 '낭독'이다. 성질이 사납던 모드는 삼촌에 의해 말의 양을 줄이고 목소리를 낮추며 자라났다. 말이 없는 여자. 삼촌은 모드를 낭독하는 여자로 기르지만 제 생각을 (적어도 삼촌 앞에서는) 말하지 않는 사람으로 만든다. 모드는 삼촌의 비서이자 공식적으로 숙녀가 되려면 당대의 기준에 부합하는 여성으로 자라야 했다.

"울스턴크래프트의 시대에는 어느 정도의 학식은 가정

에서 여인을 입다물게 하는 데 유용한 장식적 교양의 부분으로 여겨질 수는 있었지만 정도를 뛰어넘는 학식은 부자연스러운 것으로 여겨졌다."[2] '정도를 뛰어넘는'의 기준은 누가 정할까. 제 맘에 안 들면? "여자는 일체 순종함으로 조용히 배우라. 여자가 가르치는 것과 남자를 주관하는 것을 허락하지 아니하노니 오직 조용할지니라. 이는 아담이 먼저 지음을 받고 하와가 그 후며"(『디모데전서』 2:11~13) 이는 신의 '말씀'이다. 성경을 기준으로 보자면 최초에 하느님의 말씀이 있었다. 여자는 "오직 조용할지니" 남자를 가르쳐서는 안 된다.

『핑거스미스』에서 모드는 보호받는 신분인 숙녀로서 집에 감금되어 있다면 신분이 낮은 하녀인 수는 글을 몰라 자신을 보호하지 못한다. 수는 결국 젠틀맨의 계획대로 정신병원에 감금된다. 두 여성의 신분은 다르지만 모두 갇혀 있는 사람들이다. 이 작품은 여성의 갇힘, 물리적 감힘과 언어의 갇힘을 다룬다. 이 '갇힘'의 모순은 모드의 복식에서 잘 드러난다. 모드는 장갑을 끼어 손을 가려야 하지만 드레스는 당시 기준으로 보면 정숙하지 못하게 발목을 드러내는 길이로 입어야 한다. 삼촌의 성적 취향에 맞는 옷차림이다.

침묵이 일상인 모드는 신사들이 모이는 낭독회에서 열심히 입을 연다. 모드의 입은 남성의 욕망을 읽어주는 입일 뿐 자신의 생각이나 욕망은 그 입으로 말할 수 없다. 모드는 숙녀의 외관으로 신사들의 성적 취향을 만족시키며 그들의 욕망을 낭독하는 목소리가 되어 준다. 침묵당하는 모드와 글을 읽을 수 없는 '수'. 두 여성은 서로 다른 계층에 살고 있지만 '표현'에 한계가 있다는 공통점이 있다. 모드는 자신을 표현하는 대신 남성들의 욕망을 표현해 주는 대리인으로 성장한다. 삼촌은 침묵을 '기르는' 사람으로 모드에게 외설스러운 소설 낭독을 시킨다. 한편 수는 글을 모르기 때문에 다른 사람이 부여한 남의 이름에 갇혀 있어도 이를 벗어날 길이 없다.

영화 〈미씽: 사라진 여자〉에서 한매(공효진)는 결혼 이주 여성이다. 정확히는 매매 결혼을 했고 한국어를 할 줄 모른다. 그가 사는 동네에 그와 같은 결혼 이주 여성을 위해 한국어를 가르치는 프로그램이 있지만 남편은 그가 말을 배우길 원치 않는다. 말을 할 줄 알면 도망간다며 집 안에 가두고 학대한다. 말을 할 줄 알면 상황 파악이 훨씬 빨라진다. 한매의 남편과 그의 가족들은 노예제 같은 한매의 결혼 생활을 더욱 고립시키기 위해 언어를 배우지 못하게 했다.

이는 결혼 이주 여성을 통해 드러나는 극단적인 상황이지만 같은 모국어를 사용하는 여성도 제 언어를 갖기란 어렵다. 미국의 트럼프 대통령이 2016년 대선 당시 여성을 'beautiful(아름다운)과 silence(침묵)'로 칭송받던 시대로

되돌리려 한다는 비판을 받았었다. 트럼프는 자신이 왜 비난받는지 이해하지 못한다. 그는 여성을 '좋아한다.' 예쁘고 말이 없다면. 아름다움과 침묵은 여성의 가장 기본적인 덕목이다.

기생을 '해어화'解語花, 곧 '말을 알아듣는 꽃'이라 한다. 기생은 지체 높은 남자의 말도 잘 알아들을 정도로 기본 소양을 갖춘 여성이지만 남성의 비위를 건들지 않으며 아름다운 자태까지 겸비한다. 해어화라는 아름다운 호명은 기생을 치켜세우는 듯하지만 그 역시 '말하는' 사람이 아니라 '듣는 꽃'이다. 말이 없는 아름다움. 소리 없는 이미지. 말을 알아듣지만 제 생각은 밝히지 말아야 한다.

목소리는 타인에게 도달한다. 고립되지 않고 타인과 연결될 수 있다. 이 연결을 막기 위해 목소리를 억압한다. "룸살롱 아가씨들은 대화가 가능해야 하기 때문에 너무 멍청해서는 안 된다."[3]라고 탁현민이 자신의 책에서 밝힌 의견은 바로 '말을 알아듣는 꽃'으로 여성을 여기는 유구한 '전통'에서 비롯되었다. 결코 개인의 일탈이나 개인적인 성적 취향으로 표현할 수 없다. 말을 '알아듣는' 역할을 여성의 성역할로 여기는 이 남성들은 지독히도 여성의 말을 알아듣지 않는다. 듣기를 거부한다.

말을 하지 못하는 여성과 남성은 성적 매력이라는 차원에서 전혀 다른 방식으로 재현된다. 계용묵의 『백치 아다다』

에서 말을 못 하는 '백치 아다다'는 단지 말을 못 하는 사람이 아니라 '순수한' 사람으로 묘사된다. 여성의 '백치미'는 순수함이다. 그렇다면 나도향의 「벙어리 삼룡이」에서 삼룡이는 어떻게 묘사되는가. 삼룡이도 '순수'의 상징이지만 말을 못 하는 여성이 가지는 순수함과는 다른 성질이다. 여성의 순수함은 통념적 여성성을 극대화하여 더욱 강한 성적 대상이 된다. 반면 남성의 순수함은 남성성을 얻지 못한 인물이며 권력의 피해자로 그려진다. 「벙어리 삼룡이」에서 삼룡이는 주인인 오생원 아들과의 관계를 통해서 계급적 약자로 분명하게 나타난다.

오생원의 아들은 자신의 열등감을 더욱 부각시키는 품위 있는 아내를 열심히 구박한다. 삼룡이는 개차반인 주인 아들보다 선하지만 '언어'를 가지지 못해 마음을 표현할 수 없으며 오해를 받아 쫓겨난다. 주인아씨와 삼룡이는 모두 망나니 주인에게 차별받는 이들이다. 가부장제 속에서 남편에게 순종하는 아내의 역할을 위해 아씨가 억압받는다면, 삼룡이는 하층 계급 남성이 지배계급에게 구속받는 상황이다. 얼핏 지배의 이 복잡한 얼굴을 다면적으로 보여주는 듯하지만 이 소설에서 아씨의 위치는 애매모호하다. 마지막에 삼룡이는 빠져나올 수 없는 불길 속에서 아씨를 무릎 위에 누이고 행복해한다. 이 소설은 아씨를 품에 안은 삼룡이의 심정에 감정이입한다. 아씨의 감정은 없다. 지배계급인 주인의 폭압과 피지배계급 삼룡이의 순수함이 대비되는 작품이고 아씨는 그들 사이에 있는 말없이 아름다운 여성이다. 주인 아씨를 사이에 둔 힘이 있는 남성과 힘이 없는 남성의 구도다. 아씨는 삼룡이와 주인 간의 계급 갈등의 매개다.

여성을 사이에 둔 남성 간의 계급 갈등은 로맨스의 흔한 축이다. 이 축에서 여성의 의견은 없다.「벙어리 삼룡이」에서 아씨는 '벙어리'가 아니지만 그의 목소리는 별로 없다. 언어가 없는 여성들이 통념적 여성성을 유지하는 데 별문제가 없다면 '벙어리 삼룡이'처럼 말하지 못하는 남성은 모든 면에서 패배자가 된다. 말, 소통할 수 없는 여성은 종종 성적으로 그려지지만 소통할 수 없는 남성은 섹슈얼리티의 대상으로 재현되지 않는다. 남성은 언어의 주인이기 때문이다.

인어공주의 목소리

동화『인어공주』속의 인어는 300년을 살아도 죽으면 바다 위의 물거품이 될 뿐 아무런 흔적을 남기지 않는다. 영혼이 없다. 그러나 인간은 인어보다 짧게 살지만 육신이 죽어도 영혼이 남는다고 할머니는 알려 준다. 인어공주는 영혼 없이 300년을 사느니 짧더라도 영혼, 곧 고유의 정체성을 갈망했다. 인간에 대한 인어공주의 동경은 '영원한 영혼'에 대한 갈망이었다. 이 영원한 영혼을 얻을 수 있는 유일한 방법은 인간의 사랑을 얻는 것뿐이다. "너를 사랑하겠다고 약속하면 그의 영혼이 네 몸속으로 흘러들어 가 인간의 축복과 행복을 함께 누릴 수"4 있게 된다. 그러나 꼬리가 있는 인어는 결코 인간의 사랑을 얻을 수 없다. 여기서 '꼬리'란 여성의 성기가 없다는 상징이기도 하다. 인어가 다리를 얻는다는 것은 여성의 성기까지 얻는다는 의미다. 인어공주는 '남자를 사랑했던' 안데르센 자신이라는 해석도 가능하다. 이성애 사회의 기준으로는 완전한 여성도, 완전한 남성도 아닌 그의 정체성을 사람이며 물고기인 인어공주에 빗대었다.

인어공주는 열다섯 살 생일 때 처음 바다 위로 나간다. 그때 왕자를 보자마자 반한다. 왕자는 평소에 공주가 아끼던 하얀 소년 조각상을 닮았다. 갑자기 풍랑 속에서 배가 난파되어 공주는 온 힘을 다해 왕자를 구한다. 정신을 잃은 왕자의 모습을 황홀하게 바라보며 공주는 왕자에게 키스한다. 그러나 인어의 모습으로 왕자 앞에 나타날 수 없어 공주는 왕자를 구해 육지에 올려놓은 뒤 숨어야 했다. 조각상을 닮은 남자를 보고 반하거나, 의식 없는 상태의 남자에게 키스를 하는 공주의 행동은 신화나 동화 속에서 많이 반복되던 여성과 남성의 관계가 뒤바뀐 모습이다. 그러나 이야기는 전혀 다른 방향으로 흐른다.

이 동화는 왕자라는 '남자'를 사랑한 인어공주인 '여자'

의 욕망을 반영한 여성과 남성의 로맨스가 아니다. 인어공주의 욕망은 바닷속에서 뭍으로 '올라가는', 신분 상승의 욕망이며 영혼을 얻어 영원히 살고 싶은 삶에 대한 갈구다. 인어공주는 온 세상에서 가장 사랑스러운 목소리를 가졌다. 그러나 영혼이 없다는 사실에 슬퍼하며 '영원한 영혼'을 얻기 위해서 모든 것을 걸기로 다짐한다. 인어공주는 마녀와 위험한 거래를 한다. 마녀에게 인간의 다리를 얻는 대신 목소리를 내주었다.

왕자는 인어공주에게 "누구인지, 어디서 왔는지" 묻지만 인어공주는 답을 할 수 없다. 만약 목소리를 잃어버려도 아름다운 외모 때문에 왕자의 사랑을 받았다면 이 동화는 전혀 다른 이야기가 되었을 것이다. 자신을 표현할 수 없다는 사실은 곧 '존재하지 않음'이나 다름없다. 없는 존재. 언어를 잃어버린 채 왕자의 마음을 얻어야 한다는 조건은 애초에 불가능한 거래였다. 표현 수단을 잃었기에 고통도 욕망도 설명할 수 없다. 인어공주는 여성의 생식기를 얻었지만 결국 목소리가 없어 왕자에게 제 생각을 말할 수 없었다. 여기서 인어공주의 '목소리'는 목에서 나오는 소리만이 아니라, 자신을 표현할 수 있는 '언어'의 상징이다. 마녀가 인어공주의 혀를 자르는 순간 인어공주는 단지 음성언어만이 아니라 모든 표현 수단을 잃은 셈이다. 표현 수단이 없는 인어공주는 내가 누구인지조차 말할 수 없다.

왕자의 사랑을 얻지 못한 인어공주가 마녀의 저주에서 풀려나 살 수 있는 방법은 왕자를 죽이는 것이었다. 인어공주는 왕자를 죽이지 않는다. 결국 인어공주가 물거품이 되어 사라지지만 이는 '왕자를 죽일 수 없어서'라기 보다 '영원'을 포기할 수 없어서다. 인어공주의 갈망은 '남자와의 관계'가 아니라 풍성한 자아의 영원성이었다. 인어공주는 왕자를 죽이지 않음으로써 자신의 사랑, 곧 영원을 향한 갈망을 살린다. 인어공주가 '선택한 자살'은 자아존중감이 가득한 태도였다. 자신이 선택한 영원을 향한 길, 그로 인한 모든 고통, 이 모든 것을 인정하고 받아들이는 자세다. 그는 과감히 바다로 몸을 던지고 공기의 정령이 된다. 300년 동안 착한 일을 하면 영원한 영혼을 얻을 수 있다. 인어공주가 왕자를 매개로 인간이 되려 하지 않고 스스로 세상을 구원하는 일에 동참할 때 오히려 영원을 얻는다. 이 이야기는 왕자와의 사랑을 이루지 못한 비극이 아니라, 왕자를 통하지 않고도 자유와 영원을 얻는, 세계 속의 한 단독자로 성장하는 과정을 보여주는 작품이다.

디즈니는 이 원작을 과감히 바꿔서 왕자와 결혼하는 '해피엔딩'을 만든다. 행복한 결말을 고작 왕자와의 결혼으로 만들면서 인어공주의 열망은 단순해졌다. 하나의 고유한 존재로 존중받고 싶은 열망을 '남성을 통해 얻는 사랑'으로 변형시킨다. 여성이 그렇게 사랑이라는 이름으로 남성에게 종속되도록 만든다.

그렇다면 마녀는 인어공주에게 다른 조건이 아니라 왜 하필 목소리를 요구했을까. 사람의 마음을 홀려야 하는 마녀에게는 금은보화보다 인어공주의 목소리처럼 매력적인 소통수단이 더 필요한 자산일 것이다. 게다가 안데르센은 '침묵당하기라는 형벌'의 고통에 대해 잘 알고 있었을지도 모른다. 안데르센의 또 다른 동화 『야생백조』에도 침묵당하는 공주가 등장하기 때문이다. 열한 명의 오빠는 마법에 걸려 백조가 되었다. 마법을 풀려면 엘리자 공주가 말 한마디 하지 않고 가시투성이의 쐐기풀로 열한 벌의 옷을 만들어야 한다. 엘리자는 오빠를 구하기 위해 말을 하지 않고 고통을 참으며 옷을 짓는다. 엘리자가 아무 말도 않고 밤마다 무덤에 가서 쐐기풀을 뜯는 모습을 본 대주교와 왕은 엘리자를 마녀로 믿고 화형에 처하려 한다. 엘리자가 말을 하면 오빠들을 구할 수 없고, 말을 안 하면 마녀가 된다. 엘리자는 화형당하기 직전 옷이 완성되어 오빠들을 구하고 자신도 살아난다. "이제 말할 수 있어요. 난 죄가 없어요!"라고 엘리자는 외친다.

인어공주와 마찬가지로 강요된 침묵 속에서 엘리자는 자신이 누구인지, 왜 말하지 못하는 고통을 견디고 있는지 설명할 수 없다. 직접 설명하지 못하는 고통은 타자화되어 해석당한다. 착한 사람이 될 수도 있지만 마녀로 취급받을 수도 있다. 표현할 수단을 잃어버린 사람은 표현의 자유와도 무관해진다. 이들은 표현 밖의 존재다.

며느리는 '벙어리 3년, 귀머거리 3년, 장님 3년'이어야 한다는 '옛말'을 생각해 보자. 이는 모든 소통을 차단하라는 뜻이다. 소통의 차단은 이야기를 공유할 수 없게 만들며 이야기를 이어가지 못하는 여성들은 매번 새로 이야기를 시작하느라 다음 시대로 목소리를 전하지도 못한다. 여성이 보고 들은 사실은 소멸된다. 여성은 다양한 방식으로 홀로 고립되기를 은근히 강요받으며 산다. 물론 여성의 목소리가 선호되는 자리도 있다. 서비스직의 목소리는 여성으로 설정된다. 나긋나긋한 목소리로 자신을 낮춘 목소리는 여성의 성역할 중 하나다.

암탉이 울면 집안이 망한다고 한다. 암탉이 울어서 망할 집안이면 하루빨리 망해야 한다. 왕자는 필요 없다. (그런데 왕자가 어디 있지?) 더구나 내 목소리를 담보로 왕자를 만날 필요는 없다.

진압당하는 목소리

르네 마그리트의 〈강간〉. 여성의 얼굴에서 눈은 가슴으로, 코는 배꼽, 입은 사타구니로 표현한 이 회화 작품에 마그리트는 '강간'Le Viol이라는 제목을 붙였다. 마그리트는 자신의 시각 예술을 언어화하는 능력이 탁월하다. 제목은 때로 그 자체로 작품이 될 때가 있다. 마그리트는 제목의 예술가나 다름없을 정도로 그의 작품 중에는 탁월한 제목이 많다. 유명한 〈이것은 파이프가 아니다〉가 아마 대표적으로 제목의 힘을 보여준 작품이 아닐까.

강간, 이 제목은 정확하다. 타인의 주체성을 인식할 수 있는 얼굴이 여성에게는 부재하며 성적 대상으로 '토르소'가 된다. 시선과 목소리는 제거되고, 개인의 정체성도 지워진 채 '머리 없는' 성적 대상으로만 취급되는 몸뚱이. 여성의 몸은 처벌받는 몸이며, 남성의 욕망을 받아주거나 소유의 대상으로 나눠 갖는 공공재다.

2016년 5월 강남역 살인 사건이 일어났다. 정확히 말하면 '묻지마' 사건이라 부르던 살인 사건이 일어났고, 여성들은 이를 '여성혐오' 사건으로 호명하면서 가만히 있지 않겠다고 거리로 나갔다. 그렇게 이 사건은 '강남역 살인 사건'이 되었다. 그동안 '~녀'들의 죽음을 수없이 놀려오던 언론은 여성들의 분노가 폭발하자 남자의 기가 죽을까 봐 어쩔 줄 모르고, 듣지 않아도 말할 수 있는 이들은 이 분노를 저지시키려고 애쓰며 할 말을 가르쳐준다. (남성의 여성) 혐오에 혐오로 맞서지 말자고 할 때는 '남성혐오'라는 말을 아주 쉽게 선택하지만, 여성이 살해당한 사건에 있어서는 혐오라는 말을 극도로 자제하고 있다. 그 과정에서 수많은 여성의 목소리를 죽였다. 조심하지 않고 말할 수 있다는 것은 누군가의 목소리를 죽인 결과다. 여성에 대한 무시는 규범으로 정착했으며 여성은 무시당하는 규범에 적응해왔다.

강남역 살인사건에서 내가 읽은 중요한 감정은 '여성혐오 범죄'라는 명명에 대한 남성 사회의 두려움이다. 남성의 행동에 여성이 이름을 붙이는 현상에 남성 권력은 당혹스러워했다. 여성 대상 범죄라는 말에서 그쳤다면 이 가부장제 사회의 반발심은 덜했을 것이다. 그것은 결과만 말하기 때문이다. 그러나 여성 대상 범죄의 밑바닥에는 여성혐오가 깔려 있다고 주장하면 난관에 봉착한다. '여자라서' 죽은 사건이긴 하지만 '여성혐오는 아니어야' 한다는 정답이 있다. 범죄자 개인을 넘어 이 사회의 '문화'를 건드리기 때문이다. 성차별적 의식과 여성혐오는 가부장제 사회를 굴러가게 만드는 중요한 동력이다.

개인의 범죄행위는 여성혐오 때문'만'은 아닐지 몰라도, 그러한 범죄가 구성되는 요건에 여성혐오는 선명하게 자리 잡고 있다. 정신질환과 여성혐오를 분리하려 하지만 가해자가 구축한 언어는 사회와 무관하지 않다. "여자들이 무시해서"라는 말을 강남역 살인 사건의 가해자가 하는 이유는 '남자를 무시한 여성에 대한 처벌'에 사회적으로 관대한 정서가 있기 때문이다. 누가 헨리 8세를 아내 연쇄살인범이라 하겠는가. 그는 왕이며 남성이기에 아내들을 처형할 수 있다. 왕처럼 절대 권력자가 아니어도 이 사회는 남편이나 애인에게 여성을 처벌할 자격을 준다. 한편 남편처럼 가까운 사이가 아니라 낯선 사람에 의해 일어난 범죄는 '묻지마' 살인이라 부르며 '여성살해'가 아닌 척한다. 여성살해femicide라는 개념을 공식적으로 처음 사용한 다이애나 러셀Diana E. H. Russell에 따르면 '낯선 여성혐오자misogynist strangers에 의한 살해'도 여성살해의 종류에 속한다.

저항의 언어는 늘 진압당한다. 분노한 이들의 언어를 정돈시키려고 하는 이들은 누굴까. 사회는 여성 억압을 제도화했으며, 언론은 수도 없이 여성을 조롱했으며, 그렇게 성차별과 여성혐오는 번식했다. 혐오의 정글이 너무 촘촘하여 뿌리를 찾는 길이 험하기만 하다. 이 혐오에 저항하느라 얽히고설킨 여성들을 '똑같은 혐오의 가해자'로 만들어 잘라버리는 '중립적인' 태도는 혐오를 더욱 무성하게 자라도록 돕고 있다.

경험한 자의 목소리를 빼앗아 할 말을 정해 주는 태도는 얼마나 폭력적인가. 경험한 자의 구체적인 언어는 해석하는 자의 언어에 의해 많은 사실들을 탈락당한다. 실질적인 공포와 생생한 감정은 해석하는 자의 불쾌감 앞에서 좌절한다. 서 있는 자리에서 눈을 잠시 돌려보는 일조차 거부하는 태도, 역지사지가 안 되는 '해석자들'이 불쾌감으로 해석을 지배한다. 공포를 공유하지 못하는 사람들끼리 무엇을 할 수 있을까. '나도 당할 수 있어'를 느끼는 사람과 '나까지 나쁜 놈으로 만들지 마'라는 감정을 우선 드러내는 사람 사이에는 건널 수 있는 다리가 없다. '경험한 자'와 '해석하는 자'의 괴리감은 권력 차이에서 발생한다. '너도 당하고 싶어?'라고 으름장을 놓는 사람과 '나도 당할 수 있다'는 공포에 시달리는 사람은 문제를 바라보는 방식이 다르다. '내 문제'가 아니라 '너도 당할 수 있다.'고 '남의 일'로 만드는 사람은 폭력적으로 문제를 해석한다.

게다가 모순되게도, 범죄행위(살인, 치명적인 폭력)로 나타나는 여성혐오에 분노하면서도 놀이로서의 여성혐오에는 관대하다. 일부에서는 범행을 저지른 남성의 경제적 어려움과 불안정한 사회적 위치를 언급하며 살해 동기를 '인간적으로' 이해해 주려는 태도까지 보였다. 이렇듯 젠더 문제를 축소하고 계급 문제를 강조하며 가난한 남성과 여성 일반의 가짜 전선을 만들어낸다.[5]

사람이 죽으면 가장 먼저 사라지는 것이 '목소리'다. 체온은 서서히 식어가고 육신은 더욱 천천히 사라지지만, 목소리는 즉각적으로 사라진다. 억울한 죽음과 함께할 수 있는 최선의 연대는 '아직 살아있는' 이들의 목소리를 멈추지 않는 것이다. 2016년 강남역에 붙은 포스트잇은 말하기의 방식이다.

2016년 3월 5일 당시 내가 거주하던 미국 미니애폴리스에서 여성 예술가들이 모여 〈위키피디아〉 편집에 참여한 적 있다. 정보 생산은 결코 중립적이지 않다. 편향된 정보 속에서 관념이 쌓여 관념이 사실이 되고, 이 잘못된 사실을 대중문화가 재현하면서 왜곡된 관념은 확대 재생산된다. 지속적으로 말을 쌓아가지 않으면 '우리'의 현재는 미래의 편파적인 목소리에 의해 왜곡된 채 남을 것이며 매번 처음부터 다시 시작해야 한다. 르네상스, 문예부흥기는 여성에게는 '부흥기'가 아니다. 여성은 마녀사냥당하고 가정에 박혀 있어야 했다. 남성들의 창조와 학문이 부흥하던 시기를 인류의 문예부흥기로 인식하고 있다.

여성은 머리 없는 인간, 곧 이성이 없는 인간으로 취급받았다. 여성은 최초의 식민지였으며 최후의 식민지로 남아 있다. 여기서 '식민지'는 여성의 몸에 대한 은유라기보다 매우 구체적이고 직접적인 장소이다.

소문과 폭로

이청준의 소설 『소문의 벽』은 통념의 폭력을 고발한다. 소문이 두려워 출간을 망설이는 용기 없는 편집자와 미쳐가는 작가가 등장한다. 남성 지식인이 처한 상황을 통해 지배적인 이데올로기의 폭력성을 보여주는 작품이다. 그렇다면, 여성의 '성'과 관련된 소문이 여성을 어떻게 지배하는지도 생각해볼 수 있다.

2017년을 마치며 『타임』지 '올해의 사람들'로 선정된 얼굴은 '침묵을 깨는 사람들'The silence breakers이었다. 성폭력 폭로 운동에 참여한 사람들이 '올해의 사람들'이었다. '미투'me too는 인터넷에서 '나도 성폭행을 겪었다. 나도 말한다.'는 의미로 해시태그를 달아 유명 남성의 성폭력을 폭로한 이들과 연대하는 운동이었다. 2016년 한국에서도 트위터를 통해 '○○ 내 성폭력'이라는 해시태그를 달고 특정인의 성폭력에 대해 폭로하는 활동이 있었다. 일상적인 성폭력은 '별일 아니'지만 이 일상이 폭로되었을 때는 치명적인 별일이 된다. 이 별일 아닌 일을 폭로하기 위해서는 상당한 용기가 필요하다. 성폭력 폭로는 남성의 사생활에 갇힌 여성 개개인이 고립된 기억을 공론장에 꺼내어 정치화하는 운동이다.

실명 폭로가 다수 이어지면서 폭로라는 형식의 절차적 정당성에 문제를 제기하는 목소리도 있다. 한 사람을 마녀사냥할 위험이 있으며 제도에 기초한 공정한 절차를 통하지 않고 여론 재판에 의지하는 태도는 옳지 못하다고 한다. 맞는 말처럼 보이지만 쉽게 단정 짓기 어렵다. 왜 제도적 절차보다 여론 재판을 선택하게 되었을까. 제도적 절차가 과연 더 안전한가.

'제도를 통해 시비를 가리지 않고 여론 재판에 떠넘기는 형식은 나쁘다.'라는 주장은 당위다. 이 주장은 사람들을 속이기 쉽다. 기술적으로 맞는 말이기 때문이다. 그러나 이 당위는 현상을 무시한다. 현상을 의도적으로 보지 않은 채 공허한 맞는 말만 한다. 여론 재판은 피곤하고 또한 위험하다. 그렇기에 말하는 사람들 입을 막아야 할까. 아니다. 도대체 왜 이런 현상이 벌어지는지를 보지 않은 채 '원칙적으로 맞는 말'만 하는 것은 기존의 문화화된 폭력이 지속되도록 만든다.

어떤 사건이 자신 앞에 던져졌을 때 어디에 서서 어떻게 바라보는가에 따라 사건의 모습은 달라진다. 폭로하는 사람이 입을 열 때까지 얼마나 많은 과정을 거쳤을지 생각할 필요가 있다. 폭로는 위험하다, 이 문제는 중요한 고민이지만 고민이 여기게 갇히면 무엇을 폭로하는지는 흐지부지 사라진다. 폭로에 엄격한 잣대를 들이대고 '옳지 않다' 단죄하기만을 반복하기보다 왜 폭로하는지에 대해 생각해 보자. 여성들은 왜 제도를 불신하고 소셜미디어나 인터넷 커뮤니티를 통해 자신의 피해 사실을 폭로할까. 트위터는 왜 폭로의 장이 되었을까.

여성의 폭로 이전에, 여성에 관한 소문을 생각할 필요가 있다. 2011년 한 아나운서가 야구선수와의 '열애설'을 감당하지 못하고 결국 자살한 사건이 있었다. 두 사람의 관계, 정확히는 성관계에 대해서 말과 말이 퍼져나갔다. '관계'라고 하지만 이 관계에서 치명적으로 타격을 입는 사람은 남성인 야구선수가 아니라 여성인 아나운서였다. 여성은 소문에 취약하다. 이야기의 소재가 되지만 이야기의 주체가 되지 못한다. 이처럼 열애 혹은 관계조차 다른 사람에게 알려지면 여성이 훨씬 불안정한 상황에 몰린다. 성폭력 피해자가 되었을 때는 더욱 취약해진다.

소문에 대한 여성의 일상적 피로에는 동서고금이 따로 없다. 20세기 초 일본 제국주의 치하에서 아나키스트로 활동했던 가네코 후미코의 수기에는 소문 때문에 가족에게 행동의 제약을 받는 상황이 그려져 있다.

남자가 여자에게 길을 물어봐도 세상 사람들은 바로 색안경을 쓰고 보지. 여자가 한번 소문이 나 봐. 그걸로 끝이야. 흠 있는 여자가 되고 말지.[6]

비슷한 시기 미국에서 여성 이민자들에 대해 다룬 윌라 캐더Willa Cather의 소설에도 조금 되바라진 여성이 작은 도시에서 소문 때문에 겪는 고충이 언급된다.

링컨 시는 레나에게 절대 맞지 않아요. 그런 크기의 소도시에서 레나는 항상 남들의 가십 대상이나 돼요. 샌프란시스코가 레나한테 어울리는 곳이에요.[7]

소문이 가장 늦게 도착하는 사람은 자신이 공동체에서 소외당한다고 생각한다. 왜 나만 몰랐지? 소문은 이처럼 사람과 연결되고 소외되지 않으려는 마음에서 특정 인물을 철저히 대상화한다. 아는 사람들의 말이 가깝게 연결된 작은 도시에서 여성은 이야기의 소재가 되기 훨씬 쉽다. 익명을 지킬 수 있는 도시가 때로 여성에게 더 안전하다.

〈올드 보이〉(2003)의 수아는 소문 때문에 자살한다. 남동생 우진과의 관계가 오대수에 의해 알려지자 그는 견딜 수 없었다. 두 사람의 관계지만 남동생이 아니라 누나인 수아가 자살을 택하는 이유는 여성이 소문에 훨씬 취약하기 때문이다. 최초의 향가인 〈서동요〉는 일종의 소문이다. 훗날 백제 무왕이 되는 서동은 신라의 선화 공주가 아름답다는 말에 선화 공주와 자신의 연애를 연상케 하는 노래를 지어 아이들에게 부르게 했다. 낭만적으로 보이는 면도 있지만 한 여성을 소문 속에 가두는 매우 폭력적인 행동이다. 여성은 소문에 의해 점령당하는 일이 많다. 여자들은 소문 속에서 흐릿하게 존재한다. 소문이 나고, 구설에 오르고, 남의 입에 오르내리는 사람이 되면 사회적인 명예는 쉽게 실추된다. 실체를 마주하지 않은 타인들 사이에서 이미 규정된 존재다. 흔히 여자는 잘 모르겠다, 어렵다, 복잡하다고 하지만 그 여자의 말을 들어보려고 하진 않는다. 공정하게 발화할 수 있는 장이 부족하며 여성의 말은 공정하게 들리지도 않는다.

또한 여성 간에 주고받는 정보는 쉽게 소문으로 평가한다. 예를 들어 맘카페에서 여성들이 다루는 정보는 엄마들의 유별난 극성스러움으로 취급받는다. 남성 간에 오가는 말이 정보라면 여성 간에 오가는 말은 수다로 여겨지면서 가십이나 소문으로 평가절하된다. 여성의 이야기는 신뢰받지 못하는 정보다. 소문에 대해 연구한 마츠다 미사는 여성이 소문을 더 좋아한다는 사회의 관념에 의문을 제기한다.

소문이 초래하는 연결성에 주목한 건 내가 '엄마'라는 사회적 역할을 갖게 되었다는 개인적인 사정과도 연관되어 있다. 소문에 관한 각종 문헌에서는 '여성과 소문'을 별도 챕터로 마련한 경우가 적지 않다. 이들은 '남성보다 여성이 소문을 훨씬 더 좋아한다'는 기존 인식을 반복하며 그 이유를 고찰한다. 하지만 여성은 '원래부터, 정말로' 남성보다 소문을 더 좋아할까. 그 경우 '소문'이란 사람에 관한 가십을 가리키는 경우가 많겠지만, 굳이 전형적인 이야기를 하자면 남성 샐러리맨들의 시답잖은 대화도 소문 범주에 들어갈 것이다. 그렇다면 여성만 유독 소문을 좋아한다는 오해를 사고, 게다가 비난까지 받아야 하는지 의문스럽다.[8]

발 없는 말이 천 리 간다. 소문은 하나의 미디어다. 소문을 빨리 만드는 힘이 여론을 만든다. 소문과 정보의 구별이 쉽지 않다. 미디어는 때로 편파적인 소문을 양산한다. 틀린 뉴스는 단지 틀린 정보를 수정한다고 문제가 해결되지 않는다. 지속적으로 잘못된 정보를 접하면서 잘못된 기억이 만들어진다. 소문은 인간 자체가 이미 미디어임을 알려 준다. 아무런 기술 매체 없이 단지 인간의 말에 의해 정보가 생산되고 유통된다. 재벌가와의 소문에 시달리던 한 여자 배우는 시간이 한참 흐른 뒤 방송에 나와 "여자 배우로서 생명이 끝났다 생각"했다며 눈물을 흘렸다. 예전에는 남자와 연애한다는 소문만 나도 결혼해야 하는 시절이 있었다. 성폭행 피해자가 가해자와 결혼하는 선택을 하는 이유는 '이미 소문난 여자'에게 또 다른 미래가 없다고 생각했기 때문이다.

세상의 많은 싸움은 이야기 싸움이라고 해도 과언이 아니다. 어떻게 이야기를 구성하는가. 누가 먼저 이야기를 만드는가. 이야기를 선점한 측이 사실을 구성할 권력을 가진다. 서로가 '진짜' 이야기를 위해 싸운다. 미디어 환경이 변하면서 여성들은 '소문'에 대항하기 위해 '폭로'를 선택했다. 상대적으로 안전한 인터넷 환경에서 말할 수 있게 되었다. 소문은 보통 발생지를 정확히 찾기 어렵기 때문에 이 '발 없는 말'에 아무도 책임지지 않는다. 폭로는 이보다 훨씬 위험하다. 폭로의 경우에는 익명을 유지하기 위해 애쓰지 않으면 쉽게 폭로자가 공개될 위험이 있다. 그럼에도 왜 여성들이 폭로 행렬에 나설까. 2018년 1월 서지현 검사가 JTBC 뉴스에 등장해서 직접 말한 이후 방송이나 개인 소셜미디어에서 자신의 얼굴과 이름을 드러내고 말하는 여성들이 늘어났다. 수치심이 피해자에게 전가되던 '문화'에 균열이 생겼다. 소문의 희생자였고 여전히 소문으로 피해를 입는 여성들이 고발의 주체가 되었다. 소문은 아는 사람들 사이에서 말이 옮겨진다면 폭로는 모르는 사람들에게 돌발적으로 말을 던져 사실관계에 개입한다.

집단 폭로는 그동안 감추어진 여성들의 이야기를 만들어낸다. 혼자가 아니기에 말할 수 있는 용기를 준다. 고립되었던 '나의 이야기'가 실은 '우리의 이야기'임을 확인하면서 여성들은 서서히 말할 수 있는 용기를 얻을 수 있다. '나만 그런가요?'에서 '나만이 아니었다.'를 확인하는 과정이다. 미투, 나도 그렇다, 내가 곧 너다. 이 한마디로 고통스러운 경험의 연대는 힘을 발휘하며 사회에서 드러나지 않았던 새로운 역사를 '남기는' 역할을 한다. 제도적으로, 문화적으로 서사를 지을 기회를 쉽게 박탈당하는 이들은 돌발적인 상황을 만드는 폭로라는 형식을 취해야 겨우 이야기를 던질 수 있다. 이때 누군가가 던진 이야기를 받아 또 다른 누군가가 이야기를 이어간다면 이 이야기는 점점 힘을 얻게 된다. 이야기의 이어달리기를 통해 서사는 휘발되지 않고 남는다. 폭로라는 돌발적 개입을 통해 진실을 재구성한다.

'소문난 여자'는 사회적으로 매장되기 쉽지만, 남성은 성 폭력이 소문나도 사람들이 그 소문을 믿지 않거나 설사 알 고 있더라도 소문을 수습해 주려 한다. 소문의 대상은 여성 일 때 사회적 오락이 된다. 소문으로 여성을 진압하라. 소문 은 가짜뉴스라는 형식으로 새로운 매체에 침투한다. 법을 넘어, 남성의 스피커 노릇을 하는 언론과 '우리' 내면의 목소 리들은 이러한 소문에 반응한다. 배우 조덕제는 조직적으 로 가짜뉴스를 만들어 피해자를 매도하는 여론을 형성했 다.[9] 대법원에서 유죄 확정 판결을 받아도 남성연대의 입이 끈질기게 피해자를 '협박녀', '갈취녀' 등으로 부른다.

2016년 9월 21일 서울 종로구 청계광장에서 '2016 길거 리 괴롭힘·성폭력·성희롱 말하기 대회'가 열렸다. 이러한 말 하기 대회가 처음은 아니다. '그녀들의 목소리 세상을 울리 다'라는 주제로 2003년에도 한국성폭력상담소에서 주최한 성폭력 생존자 말하기 대회가 있었다. 여성이 겪는 문제가 정치화되지 못하기에 여성이 거리에서 말할 수밖에 없다. 처 형당할 자격이 있다면 말할 자격도 있어야 한다. 올랭프 드 구주가 200년도 전에 말했듯이.

성폭력 폭로가 다양한 분야에서 쏟아져 나오자 2018 년 3월 서동진은 페이스북에 자신의 생각을 올렸다. 이 글 은 "걸핏하면 주변에서 미투 운동에 대한 소회를 묻는다." 는 문장으로 시작한다. 그다음 자신에게 이런 질문을 하는 이유는 아마도 "참고할 만한 생각을 듣고 싶을 수도 있었을 것"이라 하며, 자신은 딱히 적극적 지지 발언을 하지 않았다는 말로 첫 문단이 이루어진다. 기시감이 들었다. "내 주변의 진보주의자 남성들은 하나같이 주류 페미니즘(정확하게, 90년대 이후 한국의 주류 페미니즘)을 마땅치 않아 한다."라는 말로 시작하는 2002년 김규항의 「그 페미니즘」의 서두와 공통점이 있다.[10] 자신의 의견을 남들이 궁금해할 것이란 전제가 깔려 있다. 곧 스스로의 발화권력을 은근히 내세운다. 듣는 사람이 아니라 말하는 사람이다. 권위 있는 해석자이며 평가의 주체다.

해석하는 자의 오만한 권위로 가득한 서동진의 글은 경험한 자들의 입을 조롱한다. 그의 결론은 "미투운동은 견제되어야 한다."이다. 이러한 방식의 반격이야말로 견제되어야 한다. 문제를 흐릿하게 만드는 이러한 분탕질이 철학의 언어를 빌어 그럴듯하게 포장되어 나온다. 알기 전에, 느끼기 전에, 우선 판단하려고 한다. 서동진은 문제의 글을 지우고 이에 대한 해명의 글을 다시 올렸다. 서동진은 미투 운동이 성적 지배의 문제를 오히려 축소한다고 '걱정'한다. 미투 운동이 성적 지배의 문제를 축소하는 게 아니다. 이 운동을 축소시켜 전달하려는 성적 지배 구조가 문제다. 여성들이 말의 연대를 끊지 않으려 노력하는 이유는 바로 이렇게 축소시키려는 움직임에 저항하기 위해서다.

4장

너는 누구냐

피해자의 관등성명

인터넷으로 보면 성폭력을 폭로하는 여성들이 많아 보이지만, 실제로는 여전히 제 얼굴을 드러내고 자신의 피해 경험을 말하는 사람은 드물다. 성폭력이 아니라 성폭력을 폭로하는 여성들을 경멸하는 감정 앞에서 많은 성폭력 피해자들은 제 경험을 말하길 주저한다.

2019년 조재범 쇼트트랙 코치의 성폭력이 알려진 후 '체육계 성폭력'이라는 이름으로 이에 대한 비판이 일어났다. '무슨계 성폭력'이라 이름 붙이기가 조심스럽다. 성폭력뿐 아니라 어떤 문제가 생기면 그 계통에 있는 사람들이 이렇게 말한다. '이 바닥이 워낙 좁아서'. 생각해 보면 한국에서 좁지 않은 바닥은 별로 없다. 비단 '체육계'만이 아니라 각각의 '바닥'들이 다 좁고 나름의 폐쇄성을 유지한다. 물론 각각의 '바닥'마다 특수성이 분명히 있기에 그에 따른 폭력의 성격을 분석하고 대책을 마련해야 하는 건 맞다. 하지만 그 각각의 세계가 매우 흡사하게 폭력을 반복 재생한다는 점이 중요하다.

연이어 나온 체육계 성폭력을 폭로한 두 사람의 위치는 폭력의 한 단면을 보여준다. 한 사람은 세계 최정상으로 인정받은 '금메달리스트'이며, 다른 한 사람은 한때 유망주였다가 '그 바닥을 떠난' 사람이다. 곧, 최고가 되어 권위를 가지고 말할 수 있을 때 성폭력을 폭로하거나, 더 이상 그 세계에 머물지 않아 잃을 경력이 없을 때 폭로했다. 여전히 '그 바닥'에서 살아남아야 하는 이들은 입을 열 수 없다. 그렇게 폭력은 은폐된다. 이런 상황에서 성폭력 피해자의 얼굴과 이름을 보호하지 못하는 사회는 매우 위험해 보인다.

흔히 방송에서는 얼굴을 모자이크 처리하고 음성 변조와 가명을 사용하여 제보자의 신원을 보호해 준다. 얼굴과 목소리, 이름을 숨기면 정체를 알 수 없다. 배우 조덕제의 성추행 사건에서 '여배우 A씨'로 호명되던 피해자는 40개월의 법적 싸움을 끝내며 그의 얼굴과 이름을 공개했다. 자신의 잘못이 아니라는 법적 판결을 받은 후에야 온전히 이름과 얼굴을 공개할 수 있었다.

"이름과 얼굴을 공개해야 사람들의 신뢰를 얻을 수 있을 것 같아" 실명으로 폭로한 해당 유도 선수는 방송에도 직접 등장해 자신의 얼굴을 모두 보이며 말했다. 자신의 이름으로 사건이 기억되기를 바란다고까지 하는 목소리에서

'얼마나 절박하면'이라는 마음이 읽혔다. 이미 2018년부터 〈JTBC 뉴스룸〉을 통해 여러 사람들이 얼굴을 드러내며 성폭력을 고발했다. 이렇게까지 해야만 겨우 문제를 제기할 수 있다.

성폭력 피해자에게 관등성명을 요구하는 사회야말로 폭력적이다. 역사에서 쉽게 이름이 지워지는 여성들은 성폭력 사건에서는 피해자로서 그 이름이 적극적으로 불렸다. 가해 남성을 보호하고 피해 여성에게 수치심을 주기 위한 호명이다. 여성이 가해자일 때도, 피해자일 때도 모두 여성의 이름으로 사건이 명명된다. 그렇게 가해 남성의 이름은 지워지고 가해 여성의 이름은 선명하게 남는다. 사회의 소수자들을 평소에는 장애인, 여자, 흑인 등으로 부르다가 낙인을 위해서는 개인의 이름을 부른다.

이 사회가 기억해야 할 이름은 피해자 개개인의 이름이 아니다. 폭력에 올바른 이름을 붙이는 것이다. "호명을 일종의 진단"으로 여기는 리베카 솔닛의 생각에 동의한다.[1] 여성 대상 폭력에는 본래의 행위를 가리거나 희석시키는 이름이 계속 붙는다. 골뱅이, 발바리, 몹쓸 짓, 원조교제 등. 이 사회가 성폭력을 진단하는 방식이다. 마찬가지로 성폭력을 폭로한 사람의 이름은 다른 방식으로 기억되어야 한다. '피해자'만이 아니라 용기 있는 공익제보자로 명명해야 한다. 텔레그램 N번방 사건처럼 플랫폼 기반으로 벌어지는 조직적인 성범죄부터 안희정 성폭력 사건처럼 위력에 의한 직장 내 성폭력까지, 모두 피해자들이 용기 내어 목소리 내었다는 점을 기억해야 한다.

얼굴을 보여라

수년 전 한 공용화장실에 들어가 문을 닫으면서 놀란 적 있다. 문 안쪽에 청소노동자의 이름이 얼굴 사진과 함께 공개되어 있었다. 얼굴과 이름을 걸고 화장실 청소 상태를 책임진다는 뜻이겠지만 매우 불편했다. 불필요한 신상 정보를 공개해서 한 개인에게 과도한 책임의 무게를 전가하기 때문이다. 이에 대해 문제를 지적하는 목소리가 많았는지 몇 년 사이 이 불필요한 사진과 이름 공개는 사라졌다.

어떤 얼굴은 인권을 존중하기 위해서가 아니라, 인권을 파괴하기 위해 노출을 강요당한다. 미술사에서 여성 자화상이 하나의 장르가 되는 이유는 역설적으로 여성의 얼굴이 공적 영역에 긍정적으로 드러나기 그만큼 힘들었던 역사적 맥락에서 비롯한다. 2017년 출간된 비정규직 노동자의 얼굴과 이야기를 담은 사진집 『얼굴들 ─ 당신이 지금 스쳐 지나간』[2]도 소수자의 서사를 복원하는 역할을 한다.

이처럼 얼굴 드러내기는 그 얼굴의 주체가 사회에서 어떤 위치냐에 따라 다른 맥락을 가진다. 권력을 드러내는 얼굴이 있다면 투쟁을 위해 알리는 얼굴이 있고, 한편 응징의 대상으로 불려 나오는 얼굴이 있다. 범죄자라면 어떨까. 범죄자는 죗값을 치르기 위해 얼굴이 공개되어도 될까.

갈수록 잔혹한 범죄 피의자의 얼굴이 공개되는 일이 잦아진다. 신상공개의 목적은 범죄 예방이라 한다. 만약 흉악범이 형을 마치고 사회로 돌아오는 시기라면 '범죄 예방'이라는 명목을 이해할 수 있다. 그러나 구속된 피의자는 어차피 사람들이 일상에서 만날 수 없기에 그의 얼굴은 범죄 예방에 아무 영향도 끼치지 않는다. 얼굴 공개의 또 다른 이유는 범죄에 대한 경각심 고취라 한다. 이 또한 의구심이 생긴다.

특히 제주도 펜션에서 전 남편을 살해한 피의자의 얼굴이 공개되는 과정은 꽤 자극적이었다. 일부 언론은 "이르면 오늘 오후 얼굴이 공개될 것으로 보인다."며 흥미진진한 일처럼 얼굴 공개에 대한 관심을 부추겼다. 피의자가 긴 머리를 앞으로 내리고 고개를 숙여 얼굴을 가리자 "얼굴 공개 불발"이라고 쓴다. 끝내 포기하지 않고 "유치장서 조사실 이동 중 포착, 검은색 긴소매 상의에 체육복 차림"이라고 시시콜콜 알리며 공개된 얼굴은 사방에 뿌려졌다. 관련 사건을 전하는 티브이 뉴스마다 우리는 피의자의 얼굴을 볼 수 있다.

얼굴 공개로 우리가 얻을 수 있는 경각심은 뭘까. 게다가 응징의 대상이 실제로 공정하지 않다. 피해자가 남성일 때 피의자의 잔혹함이 더욱 부각된다. 시신 훼손 때문이라면

이 역시 많은 남성들이 여성 피해자에게 저질러온 행위다. 굳이 특정 사건을 언급할 필요가 없을 정도로 간단한 검색을 통해서 찾을 수 있다. 다시 말해, 여성 피해자-남성 가해자의 구도에서는 범죄의 잔인함을 상대적으로 덜 느낀다.

서스펜스의 거장이라 불리는 히치콕 영화에는 다양한 유형의 살인이 등장한다. 그중 다수가 여성살해이며 그 살인사건 중에는 아내 살해가 큰 비중을 차지한다. 〈레베카〉, 〈이창〉, 〈현기증〉, 〈다이얼 M을 돌려라〉, 〈나는 고백한다〉 등 많은 영화들이 아내를 살해하거나 살해하려는 남성을 다룬다. 혹은 〈열차 위의 낯선 자들〉처럼 간접적으로 아내 살해의 주제를 전하는 작품도 있다. 이처럼 아내 살해는 살인에서 별도의 범주를 형성할 정도로 자주 발생하는 하나의 '문화'이다.

한국에서 살인사건의 20%가 남편의 아내 살해다. 이들의 신상을 공개한다면 너무 많아서 사회가 대혼란에 빠질 것이다. 아내 살해는 살해 동기를 가해자 입장에서 성실하게 밝혀 여성들에게 메시지를 준다. 상추를 통째 밥상에 올리면 죽을 수 있다, 이혼을 요구하면 죽을 수 있다, 늦게 들어오면 죽을 수 있다…. 여성은 살인 사건의 피의자가 될 때나 피해자가 될 때나 이 사회에서 메시지를 받는다.

잔혹한 범죄 행위에 대한 처벌은 분명히 필요하다. 그러나 얼굴 공개는 그 실효성도 검증되지 않았거니와 공개의 기준이 공정하지도 않다는 점에서 문제적이다. 더구나 피의자의 가족들에게 미치는 영향을 생각하면 건강한 경각심은 더욱 찾기 어렵다. 제주도 펜션 살인사건의 경우 단지 여성에 대한 공식적 망신 주기에 불과하다. 그것이 정의라면 우리는 얼굴이 공개되어야 할 수많은 남성 살인범의 목록을 매우 길게 작성할 수 있다.

피의자 얼굴 공개에 관한 법이 2010년부터 시행되었으니 그 이전의 피의자들을 공개하지 않은 건 '이해'하자. 그렇다 하더라도 2010년 이후에도 아내를 죽이거나 수많은 여성들을 연쇄 강간하고 살해한 남성의 얼굴은 쉽게 공개하지 않았다. (공개하자는 뜻이 아니다.) 드물게 얼굴이 공개된 남성 피의자들은 대체로 '남자를' 살해했거나 '남자도' 살해한 이들이다. 물론 여성을 살해한 이들 중에 신원이 공개된 이들이 있다. 2012년 오원춘의 경우는 잔혹하게 여성을 살해하였고 중국 출신이다. 김길태는 여자 중학생을 납치 살해했다. 다시 말해 아내를 죽인 한국 남자의 죗값은 상대적으로 가볍다.

왜 '예외적인' 신상공개인가

일명 '박사'라 불리는 N번방 사건의 주요 피의자가 2020년 3월 구속되자마자 그에 대한 신상공개와 그를 포토라인에 세울 것을 요청하는 목소리가 빗발쳤다. 청와대 국민청원은 빠른 시간 안에 역대 최다 동의를 얻었다. 며칠 사이에 2백만, 4백만 명을 넘기며 피의자 신상공개를 촉구했다. 그 정도로 예외적인 공분이 일었다는 뜻이다.

앞서 밝혔듯이 나는 범죄자의 신상공개와 얼굴 공개에 늘 동의하지 않았다. 옳지 않음은 물론이고 실효성에 의구심이 있다. N번방 사건의 피의자들을 신상공개하라는 목소리에도 거리를 두고 생각했다. 물론 나의 감정은 '싹 다 공개해라'라고 외치지만 과연 옳은 일일까 계속 질문이 생겼다. 이것이 옳은 일인지 내 자신을 설득할 수 없다면 다른 사람도 설득할 수 없다.

그즈음 『한겨레신문』에서 연이어 나온 두 칼럼을 읽었다. 다산인권센터 박진 활동가는 자신도 원칙적으로 "신상공개와 얼굴공개 방식에 대해 동의하지도 않는다"라고 하면서도 이번에 청와대 청원에 동의했음을 밝힌다. 그에 따르면 신상 정보 공개를 요구한 청원에는 이런 말이 있다. "저는 알아야겠습니다. 나라가 아이들을 아동 성범죄자들로부터 지켜주지 않을 거라면, 알아서 피할 수라도 있게."[3] 많은 사람들이 이 청원에 격렬하게 동의하는 이유는 단지 응징 때문이 아님을 알 수 있다. 그동안 성폭력이 제대로 처벌받지 않았다는 사실 때문에 사법적 불신이 쌓였고, 그로 인해 일상에서 많은 성범죄자들이 활보하지만 우리는 그들이 누구인지 모른다는 공포심 때문이다. 나는 공감한다.

이어서 여성주의 활동가 권김현영의 칼럼[4]은 더욱 설득력이 있었다. 그도 역시 "나는 평소 신상공개 제도의 실효성에 의문을 가지고 있었지만 이 사건의 경우는 공개되어야 한다고 생각했다."고 밝힌다. 나처럼 원칙적으로 신상공개를 반대해온 이들이 왜 이번에는 예외적인 태도를 보일까.

가해자는 피해자의 개인 신상 정보를 손에 넣고 협박을 일삼았다. 그와 공범자들이 텔레그램에서 범행을 일으킨 이유는 다른 곳에 비해 보안이 철저하고 삭제와 수정, 유포가 매우 용이한 곳이었기 때문이다. 피해자를 유인해 원하는 정보를 손에 넣기만 하면 피해자를 조종하는 것이 가능했고 자신은 안전하다고 믿었다. 타인의 신상을 공개한 이는 신상 정보가 현대 사회에서 어떤 의미인지 가장 정확하게 알 것이므로 신상공개는 다른 어떤 경우보다도 효과적일 것이다. 신상 정보를 처분할 권력이 자신에게 있다는 가해자들의 잘못된 믿음을 반드시 공권력의 이름으로 깨주어야 할 필요가 있다.

디지털성폭력 가해자들은 피해자들의 신원을 알고 있다. 성폭력 가담자들은 피해자들을 '노예'로 지칭했다. 소라넷, 웹하드, 텔레그램 등 다른 플랫폼에서 유사한 범죄가 이어졌고 누군가는 큰돈을 벌었다. 그렇다면 현재 진행 중인 범죄 앞에서 '신상공개에 동의하지 않는다'는 원칙을 유지하는 게 옳은 일일까. 신상공개에 반대하는 이들의 목소리도 들어봤다. 그들은 바로 가해자 인권과 실효성을 이유로 신상공개에 회의적이었다. 아이러니하게도 나는 '실효성'을 이유로 신상공개에 반대하는 이들의 주장을 들으면서 오히려 신상공개의 실효성에 동의하는 방향으로 기울었다. 그들이 중요한 사실을 누락했기 때문이다.

지금까지 신상이 공개된 흉악범들은 모두 그에 해당하는 양형이 내려졌다. 적어도 그 기간 동안 가해자가 구속되어 있다는 사실을 모두 확인할 수 있다. 강서구 피시방 살인사건의 피의자는 1심에서 징역 30년을 선고받았다. 진주 방화 살인사건의 피의자에게는 1심에서 사형이 선고되었다. 만약 성범죄 피의자가 지금까지 잘 잡히고, 제대로 형벌을 받고, 남성 일반이 이를 범죄로 확실히 인식한다면, 우리는 사법적 결과를 믿고 기다리면 된다. 그러나 지금까지 우리가 목격한 역사는 결코 그렇지 않았다. 김학의의 성착취는 무혐의가 되고, 버닝썬 사건도 흐지부지되고, 일일이 열거하기도 힘들 정도로 수많은 불법촬영 가해자들이 기소조차 되지 않거나 집행유예를 받았다. 웹하드 카르텔의 중심에 있는 양진호에 대해 사법부는 재판이 진행된 지 1년이 넘도록 그의 혐의 관련해서 아무런 결론도 내지 못했다.『조선일보』방사장 사건에 대해 사법적으로 처벌받은 사람은 한 명도 없다. 그사이에 수많은 피해 여성들이 죽었다.

더구나 디지털성폭력의 경우 낮은 형량 때문에 가해자들은 '잡혀도 5년'이라며 낄낄거린다. 그것이 현실이며 사실이다. 불법촬영 정도는 잡히지 않으며, 잡혀도 별거 아니라는 인식을 심어준 허술한 사법체계를 바꾸려면 무엇을 해야 할까. 이 허술한 법을 믿고 신상공개 하지 않는 '원칙'을 유지하면 할수록 가해자들은 웃고 피해자들은 죽어간다. 이것이 정의일까. 남성의 성착취가 법적으로, 문화적으로 보호받는다는 믿음을 부수지 않고는 바꿀 수 없다고 생각한다. 이 사건의 흐름을 보면서 나는 '예외적인 신상공개'의 필요성을 다음과 같이 정리했다.

첫째, 가해자들이 자신의 정체를 숨긴 채로 다른 사람의 신상 정보를 손에 쥐고 착취를 일삼았다는 점. 둘째, 성착취물 피의자들 중에서 실제로 잡힌 사람은 극소수에 불과하며, 다수의 가해자들이 여전히 우리 일상에서 법망을 피해 존재한다는 점. 셋째, 실제로는 경찰에 잡힌 극소수조차 매우 경미한 처벌을 받으며 다른 누구보다 가해자 자신들이 이 사실을 잘 안다는 점. 이 점을 이용해 성착취물이 반복적으로 만들어진다. 이 믿음을 깨야 한다. 마지막으로, 사법적으로 성폭력을 처벌하지 않는다면 문화적으로 최선의 조치를 마련해야 한다. 신상공개는 단지 응징이나 망신

주기를 위해서가 아니다. '처벌받지 않는' 일상의 범죄자들을 알아내어 예방의 효과를 줄 수 있다. 린치가 아니다. 성폭력으로 여성을 지배하는 남성연대의 '원칙'을 부수는 공개수배 방식이다. 성폭력범을 예외적인 악마로 만들지 않으려면 오히려 그들의 평범함을 드러내는 게 낫다.

초등학생에게 소주 두 잔을 마시게 한 뒤 손을 묶어 성폭행한 보습학원 원장 30대 남성은 고작 징역 3년을 받았다. 이 사건은 2018년 1심에서는 폭행과 협박이 인정되어 그나마 8년을 선고받았으나 2심에서는 폭행과 협박을 인정하지 않았다. 결국 미성년자의제강간죄만 인정해 징역 3년으로 감형되었다. 한국은 미성년자의제강간죄 기준도 연령이 매우 낮아서 13세 이하에만 적용된다. 프랑스가 15세, 영국과 호주가 16세, 미국은 주에 따라 17~18세이다. 이 숫자를 잘 들여다보자. 의제강간 연령은 낮고 성범죄의 형량은 터무니없이 낮은 사회에서 성범죄자들은 꾸준히 법망을 피해 일상을 살아간다. 문화적으로 요동치지 않으면 법을 바꿀 수 없다.

다만 포토라인에 대해서는 여전히 그 실효성에 의구심이 있다. 신상공개는 보이지 않는 성범죄자들을 보이게 하는 효과가 있다면, 이미 구속된 한 개인을 포토라인에 세워서 얻을 건 별로 없다. 실제로 얼굴이 공개되는 순간에도 조주빈의 행동은 예사롭지 않았다. 조주빈은 포토라인에서 "멈출 수 없었던 악마의 삶을 멈춰줘서 감사하다."고 말한다. 그가 이 자리에서 언급한 이름들도 의미심장하다. 그는 세 명의 남성, "손석희 사장님, 윤장현 시장님, 김웅 기자"에게 사과했다. 그 후 이어지는 기자들의 모든 질문에 그는 답하지 않았다. "음란물 유포 혐의 인정하십니까?", "미성년자 피해자들 많은데 죄책감 안 느끼나요?" 등의 질문이 쏟아졌지만 그는 굳게 입을 다물었다. 공교롭게도 이때 질문하는 위치에 있었던 기자들이 모두 여성이었다. 일 분 정도 되는 짧은 시간 동안 그가 보여준 태도는 성폭력 관련 질문에 대한 철저한 묵살이었다. 그 자체가 너무 폭력적이라 보기 괴로운 장면이다. 그는 그 순간 권력 행위를 했다. 또한 불리한 증언이 될 법한 답변은 절대 하지 않으면서 남성들의 이름을 불러내는 가해자의 행동에서 수치스러워하는 모습은 찾기 어렵다. 조주빈은 자신을 안티히어로라 착각하는 게 아닐까. 그는 아무리 공분이 일어도 지금까지 재판 사례를 통해 자신이 '고작 몇 년'만 교도소에 있으면 된다고 믿었을 것이다. 게다가 유명한 남성의 이름을 호명함으로써 오히려 자신의 영향력을 과시했다. 그에게 포토라인은 바로 영향력 과시의 장이며 제 앞으로 몰려든 마이크를 통해 목소리 낼 수 있는 기회의 장이다. 나는 15년 전의 기억으로 소환되었다. 내 앞에서 남자 성기를 그리던 중학교 2학년 남학생을 내가 칠판 앞으로 불러내었을 때 그가 보인 행동이 기억났다. 그는 수치스러워하지 않았다.

나도 말할 수 있다

한국 역사에서 '위안부' 피해 사실은 오랜 세월 침묵할 것을 강요받았다. 우리 정부에게 '위안부'라는 사안이 과연 '해결'하고 싶은 과제였을까. 해결하고 싶은 의지는 분명해 보이는데 그들의 해결은 위안부 피해자들이 생각하는 해결과 같은 의미를 품고 있지 않다. 특히 보수 정치인들에게 '위안부 문제'란 한일관계에 걸림돌이기에 그들은 이 걸림돌을 치워서 없애버리는 것이 해결이라고 여기는 것이 아닐까 싶다.

무지개 깃발이 곳곳에 펄럭이는 샌프란시스코에서 유명한 벽화 중 하나는 '위민스 빌딩'The Women's Building을 덮고 있는 그림이다. 여성들을 위한 안전한 장소이자 여성운동을 하는 조직인 위민스 빌딩의 벽화 제목은 '평화의 선생님'이라는 뜻의 '마에스트라피스'maestrapeace다. 건물을 따라 돌면서 그림 속 여성들의 모습을 하나하나 살펴보는데 한 인물이 들고 있는 팻말 속에 스페인어로 쓰인 문구가 보인다. "침묵silencio = 죽음meurte". 그러니 말하도록 내버려 두기, 그 시끄러운 투쟁이 평화다.

침묵은 주체가 누구냐에 따라 그 영향력이 전혀 다르다. 예를 들어 박근혜 전 대통령은 세월호 사건의 유족들이 요청한 면담을 거절했으며, 공권력의 폭력에 쓰러진 농민 백남기에 대해 일언반구도 하지 않았고, 위안부 피해자들에 대해 언제나 침묵했다. 권력의 침묵에는 힘이 있다. 말을 하지 않음으로써 자신이 얻고 싶은 목적을 달성하고 듣고 싶지 않은 목소리를 무시할 수 있다. 권력자의 침묵은 그의 말을 기다리는 사람들에게 고통을 주고, 때로는 공포를 유발한다. 반면 피해자나 약자의 침묵은 당사자를 제외한 주변을 평화롭게 만든다. 오직 그 침묵 속에서 피해자만 서서히 질식하면 주변은 아무 문제가 없다. 이는 지배체제를 유지하는 데 필수적이다.

모든 전쟁에는 강간이 반드시 동원된다. 보스니아 내전 당시 세르비아군은 2만여 명의 무슬림 여성을 집단 성폭행하고 강제 임신을 주도했으며 낙태도 할 수 없게 만들었다. 적국 남성의 재산(여성) 파손이며 무슬림 말살을 위한 '인종 청소'였다. 이 역사를 바탕으로 만들어진 연극 〈전쟁터로서의 여성〉La femme comme de champ de bataille 포스터에는 여성의 토르소가 있다. 전쟁에서 여성의 몸은 침범의 장소이며 남성의 몸은 무기다. 이때 매우 효율적인 공격이 가능해진다. 몸으로 몸을 공격하여 침범하고 정복하며 상대의 패배를 끌어내는 행위다. 전쟁 중 강간은 저비용 고효율의 폭력 행위다. 이 강간은 여성의 몸에 적국 남성의 정자를 남겨 새로운 생명이 태어나게 만든다. 여성에게 폭력의 후유증은 복합적인 얼굴로 지속된다. 그러나 전쟁 중 강간 피해자는 '전쟁 피해자'가 되지 못하고 여성 개개인이 오롯이 피해를 감당한다. 영화 〈그르바비차〉(2006)는 보스니아 내전의 조직적 성폭력 피해자인 에스마와 집단 강간으로 태어난 그의 딸 사라의 이야기를 다룬 작품이다. 이 영화는 보스니아에서 오랫동안 말해지지 않은 문제를 공개적으로 꺼내는 역할을 했다.

거대한 박정희 동상이 말해 주듯이, 박근혜 개인의 가문의 영광을 위한 사적 기억을 역사화하려는 집단이 있다. 반면 반드시 기억하고 싸워야 할 집단의 역사는 소멸시키려 애쓴다. 평화의 소녀상은 위안부 피해자들에 대한 이미지를 '소녀'에 국한시키는 한계가 있다. 삶의 때가 묻지 않은 순수한 소녀가 '더렵혀졌다'는 '국민정서'를 자극하기에 좋다. 그런 점에서 '소녀상'에 비판적이다. 그러나 소녀상은 '소녀'상이라기보다 소녀에서 할머니가 되는 '세월'을 담은 상이다. 소녀상 뒤에는 할머니의 모습으로 그림자 형상이 있다. 그 긴 세월 동안 그들은 말하지 못한 채 고통을 몸에 새겨 왔다. 목소리가 필요한 이들은 언제나 침묵을 강요받으며 고통을 사회화시키지 못하고 소멸해 버린다. 그렇기에 '침묵은 죽음'이다.

일본과의 '위안부' 문제 합의에 대해 2015년 12월 28일 박근혜 정부가 말한 "최종적이고 불가역적", 이는 앞으로 '완벽한 침묵'을 요구한다는 뜻으로 나는 이해했다. 강요된 침묵에 맞서는 방법, 그것은 이 강요를 '무시'하는 것이다. 위안부 문제는 다음 세대, 또 그다음 세대에게도 물려주며 계속 기억해야 하고 말해야 할 사안이지 '화해'라는 이름으로 처리할 문제는 아니다. 당시 '위안부' 피해자가 외교 차관에 게 "당신, 어느 나라 사람이냐?"라고 했다. 조국은 국민을 선택한다. 조국이 있는 이들은 누구인가. 아니, '국가'에는 누가 '사람으로' 살고 있을까. 바로 하고 싶은 말만 해도 되는 자들이다. 이후 문재인 정부가 일본 정부에 사과를 요구하긴 했으나 사실상 달라진 게 없다. 일본의 사과는 여전히 없고 생존자는 점점 줄어들고 있다.

영화 〈아이 캔 스피크〉(2017)는 '위안부' 문제를 다루는 방식에서 피해자의 고통을 무례하게 전시하지 않고 피해자를 발화하는 주체로 설정했다는 점에서 반가운 작품이다. 1991년 드라마 〈여명의 눈동자〉 이후 드라마와 영화 속에서 일제 강점기 '위안부' 동원은 가끔 소재로 활용되었다. 〈귀향〉은 본격적으로 '위안부' 문제를 전면에 내세웠고, 〈군함도〉에서도 배우 이정현이 '위안부' 피해 여성을 연기한다. 그러나 대부분 피해자에 머물거나 고통스러운 장면을 관객에게 보여준다. 관객은 과거의 고통을 지켜보는 자리에 불려나가긴 하지만 그 고통받는 사람들의 직접적인 목소리는 잘 접하지 못한다.

〈아이 캔 스피크〉는 영화의 전반부와 후반부가 다소 분리되는 면이 있다. 때로는 주책이다 싶을 정도로 온 동네일에 참견하는 오지랖 대왕이던 옥분(나문희)의 행동에 깔깔

거리고 웃다가 옥분의 과거가 드러나면서 심각해진다. 그 때문에 극중 갈등이 분산되는 단점이 있으나, 바로 피해 당사자의 목소리를 영화의 주제로 삼았다는 점이 주목할 만하다. 아이 캔 스피크, 곧 나는 말할 수 있다. 영화는 주인공 옥분이 침묵을 깨고 말하기의 과정으로 이행하는 모습을 담았다. 평생 침묵 속에 자신의 '과거'를 가뒀던 옥분이 '말하기'를 결심한다.

옥분은 시장에서 수선집을 하며 혼자 산다. 가끔 만나는 친구 정심이 있고, 정심은 옥분에게 미국에 가자고 권하지만 옥분은 내켜 하지 않는다. 정심을 만날 때를 제외하고 옥분은 시종일관 씩씩하다 못해 피곤할 정도로 주변의 삶에 관여하며 적극적으로 살아간다. 그가 구청에 8천 건에 달하는 민원을 접수하는 행위는 마치 마음속 깊이 간직한 진짜 하고 싶은 말을 대신 풀어내는 행위처럼 보인다. 내 말을 들어주기를 바라는 간절함이 어마어마한 민원 신청으로 나타난다. 옥분의 수많은 민원 중에는 그가 속한 상가 건물의 철거에 관한 내용도 있다. 구청은 건물주의 재개발에 힘을 실어주기 위해 이 민원을 무시했다. 힘 있는 자의 이익에 봉사하기 위해 수많은 작은 목소리를 무시하는 한 단면을 보여준다.

영화 속에서 옥분은 두 종류의 말하기를 실행한다. 고통받았던 자신의 과거를 말함으로써 피해 사실을 개인의 과거에 가두지 않고 정치화한다. 나아가 영어라는 외국어를 배워 한국 바깥으로 '위안부' 문제를 확산시킨다. 영화 속의 청문회에 참여한 일본 측은 옥분이 가짜라고 한다. 옥분은 흉터로 가득한 배를 보여주며 바로 자기 자신이 학대의 증거라고 맞선다. 여기서 옥분이 자신의 몸을 보여주는 장면은 중요하다. 가해자의 말의 힘 앞에서 피해자의 몸의 기억은 종종 외면당하고 무시당한다. 대부분 남성의 말-기억-의식의 권위는 여성의 물질적인 몸보다 진실에 가깝게 취급받는다. 옥분의 행동은 몸의 기억을 권력의 언어에 맞서 정치화하는 순간이다. 자신의 몸이 겪은 폭력을 몸을 통해 증명하며, 나아가 자신의 말도 몸 밖으로 내보낸다. "증언하시겠습니까?" 미국 의회 청문회장에서 옥분에게 묻는 이 질문이 울려 퍼진다. 옥분은 떨리는 목소리로 "아이 캔 스피크." 라고 답한다.

영화 속 옥분의 실제 모델은 이용수 씨다. 이용수 씨가 증언하기 전에 한국에서 최초로 증언한 사람은 김학순 씨다. "나는 일본군 '위안부' 피해자입니다." 이 한마디는 역사를 바꾼다. 1991년 8월 14일, 김학순 씨의 이 한마디는 세상을 흔들었다. 그는 왜 증언하기로 결심했을까. 1990년 6월 일본이 '위안부'에 일본군은 직접적으로 관여하지 않았다고 공식 발표했다. 일본이 사과는커녕 과거를 인정하지 않았기에 '살아있는' 피해자는 이를 말하기로 결심한다. 김학순은 그다음 해 기자회견을 통해 자신이 바로 일본군에 의한 피해자임을 직접 증언한다. 그는 자신의 얼굴과 이름을 모두 공개하고 피해 생존자임을 알렸다. 기록되지 않은 역사, 말해지지 않은 역사는 역사가 되지 못한다. 피해자들은 침묵을 강요받으며 역사 속에서 존재를 지워 왔다.

이처럼 의미 있는 영화지만 이 영화에서 두 가지 문제를 비판하고 싶다. 옥분은 영어를 배우지 않으면 자신의 고통과 경험을 전달할 수 없는가. 한국 여성의 고통은 한국어로 해결할 수 없는 문제인가. 둘째, 옥분의 말은 결국 몸의 흔적을 통해서 듣게 만들었다. 만약 몸에 흔적이 없었다면? 옥분의 말하기는 어떻게 되었을까. 영어로 말하기는 또 다른 제국주의이며 몸의 흔적을 보여주는 방식은 여성의 증언이 독립적인 권위를 갖는 데 한계를 만든다.

일본 정부의 공식적이고 직접적인 사과는 끝내 없었다. 사과는 자신의 행동을 인정한다는 뜻이다. 대신 일본 정부는 10억 엔이라는 돈으로 해결하려고 했다. 또한 아베 총리는 소녀상 철거를 요구했다. 기억을 없애기 위해서다. 모든 과정이 피해자 입장을 전혀 반영하지 않았다. 피해 생존자는 점점 줄어들고 소녀상만 늘어난다. 옥분의 말대로, "I am sorry, 그 한마디가 그렇게 어렵습니까?"

나는 몰랐다

많은 여성들이 일상에서 성폭력의 '징후'들에 둘러싸여 있다. 그러나 나는 알아챈 징후를 누군가는 '몰랐다'고 할 것이다. 평소에 여성이 겪는 일에 귀 틀어막고 눈 가린 채 안 듣고 안 보다가 사건이 터지면 예상대로 '나는 몰랐다'라고 합창을 한다. 기억하는 입장은 대체로 말을 소화시키지 못한 사람이다. 말이 몸에 남아있는 사람들. 문단 내 성폭력 사건이나 영화, 미술 등 문화계 성폭력에 대해 여성들이 폭로할 때 입이라도 맞춘 듯 가해지목자의 지인들은 '나는 몰랐다'고 했다.

주변에서 성범죄를 비롯하여 성차별적 사건이 벌어졌을 때 '나는 몰랐다'는 말, 어느 정도 진실이다. 가능하다고 생각한다. 아무리 가까운 사이라고 해도, 설사 가족이라도 모든 문제를 다 알 수는 없다. 그러나 바로 그 '모름'에 대해 생각해야 한다. 왜 모르는가, 왜 몰라도 되었는가, 왜 듣지 못했는가, 왜 보지 못했는가, 생각해야 한다. 평소에 여성 앞에서 온갖 아는 척을 하지만 정작 여성이 일상적으로 입는 피해에 대해서는 너무도 깔끔하게 '모른다.' 그렇게 모르고도 그토록 많은 말을 하며 살 수 있는 위치에 있음이 바로 권력이다. 어떤 종류의 모름은 눈으로 보고도 인식이 없기 때문에 발생한다. 여러 사람 앞에서 성추행이 일어나도 주변인들은 몰랐다고 한다. 가해자의 손이 어디에 있는지 보았어도 이에 대해 문제의식이 없으면 모르는 일이 된다.

수많은 그들이 모르는 동안 내가 알아온 세계에 대해 생각했다. 비열한 폭력이 순수한 '사내의 욕정'으로 둔갑하여 여자의 인권보다 더 관대한 대접을 받고 있는 사회에 대해. 타인에 대한 몰이해와 존중하지 않음을 '이성적인 남성'의 태도로 포장하는 그 대단한 착각에 대해. '객관적'이라는 착각에 빠져서 정작 자신의 꼴을 볼 줄 모르고 언제나 판관의 자리로 기어올라 가는 그 고질적 태도에 대해.

'모름'은 크게 두 가지 형태로 나뉜다. 단지 지식이 없는 상태와 적극적으로 알기를 거부하는 상태. '알기를 거부하는 상태'에서는 물론 정보도 받아들이지 않는다. 나아가 누군가의 앎을 '묵살'한다. 오늘의 '모름'은 수많은 어제의 '묵살'을 딛고 만들어진 결과다. 일상의 성범죄부터 정치권의 수많은 문제에 이르기까지, 각계각층에는 '나는 몰랐다'는 사람들이 수두룩하다. 몰랐던 당신은 그동안 어떤 말을 해왔는가. 몰랐던 당신은 그동안 얼마나 많은 말들을 묵살했던가.

기억은 조작된다. 여성에 대한 폭력의 기억은 사회가 집단적으로 망각한다. 반면 여성은 과하게 자책한다. 이효리, 문소리 등이 출연하는 SBS의 〈매직아이〉에서 '데이트 폭력'을 주제로 다뤘을 때다. 이효리는 자신은 가해자의 경험과 피해자의 경험을 모두 했다고 말했다. "핸드폰을 던지는 일은 기본"이었다며 자신의 가해 행위를 고백했다. 한 남성 출연자는 자신이 겪은 피해 경험을 말했다. 여자 친구가 약속

시간에 늦은 자신의 얼굴을 지갑으로 쳤다고 한다. 문소리는 "우리가 주의해야 할 게 있어요."라고 하더니 "가해자는 남성, 피해자는 여성, 이런 구도로 가면 안 돼요."라고 말했다. 대체로 그러한 '중립적인' 태도에 수긍하는 분위기였다.

여성 출연자가 자신의 가해 경험을 말하며 반성하고, 남성 출연자는 자신의 피해 경험을 말하며 억울해하고, 가해와 피해를 성별로 가르지 말자고 또 다른 여성은 말했다. 그 자리에서 아무도 남성의 가해에 대해 말하지 않았다. 물론 그들이 가해 경험이 없기 때문일 수도 있다. 입 아프게 반복하자면 당연히 '모~~~든' 남성이 폭력적이지는 않으니까. 그러나 방송에서 그들이 나누는 데이트 폭력에 대한 대화 내용을 보면서도 '조심하는' 입장이 여성임을 알 수 있었다. '남성을 가해자로 만드는 여성'이 되지 않으려는 마음이 여성들 마음 깊은 곳에 도사리고 있다. 남성의 화를 돋게 하지 않도록 은연중에 조심하는 습관이 배어 있는 탓에 여성들은 필요 이상 자책하고, 남성들은 심하게 둔하며 뻔뻔하다. "모든 남자가 다 그렇지는 않다."라는 말은 "나는 그런 남자가 아니라서 듣기에 기분이 나쁘니까 감히 나에게 그런 소리 하지 마라."라는 뜻이다. 아무도 안 죽인 여성이 '재기해'라고만 해도 '남성혐오자'로 불릴 정도로 남성혐오의 기준은 낮지만, 아무 여자나 죽인 남성이 '여성혐오자'가 되는 기준은 신중하게 정해지는 법이다.

남성은 자신의 주관을 객관으로 만들 수 있는 힘이 있지만 여성은 자신의 주관을 검열한다. 이는 약자들에게 공통적으로 나타나는 습관이다. 백인 사회에서 흑인은 자신의 주관적인 태도를 가질 수 없었다.

내가 그동안 많은 것들에 대해 주관적인 태도를 취해 본 적이 없는 것만으로도 꽤 많은 문제를 초래할 수도 있는 노릇이었다. 나는 일반적으로 수용되는 태도만을 수용해 왔으며 그 때문에 내 인생은 단순한 것처럼 보였는데…5

『보이지 않는 인간』의 주인공 '나'는 자신이 언제나 '일반적으로 수용되는 태도만을 수용'해왔다는 사실을 뒤늦게 깨닫는다. 자신의 주관은 소거된 채 그는 제 생각과 감정을 표현할 수 없었다. 그것이 보편이며 중립, 객관으로 정의되는 사회다.

이처럼 제 주관을 검열한 '중립적인' 태도가 현실을 어떻게 왜곡하는가. 데이트 폭력 피해자의 90% 이상이 여성임에도 서로 조심하자는 태도는 중립도 정확성도 아니다. 그저 '더 힘센' 자들의 감정을 건드리지 않으려는 몸에 밴 조심성이고, 약자일수록 이러한 조심성을 강요받는다. 이렇게 권력은 약자의 두려움을 이용해 지배한다. 이성애자를 기분 나쁘게 하지 않는 성소수자 운동, 비장애인의 이동을 방해하지 않는 장애인의 이동권 투쟁, 남성의 기득권을 침범하지 않는 여성운동이 사회가 정해준 '정답'이다. 저항해라. 단, 나를 기분 나쁘게 하지 말라. 그렇게 계속 모르려고 한다.

모든 문제에 아는 척하지만 많은 남성들이 가사노동, 육아, 성폭력 등에 대해서는 늘 '모른다.' 인간관계의 미묘한 감정 교류에 대해서도 남성들은 수시로 '모른다'고 한다. 타인의 감정을 살피고 전체적인 분위기에 자신을 맞추도록 길러지는 여성들은 문제의 징후들을 빨리 알아차린다. 이런 현상을 '여자의 직감'으로 표현한다. 여성들의 눈치는 생물학적으로 형성되었다기보다 여성을 억압하는 사회에서 학습된 결과다. 한편 어릴 때부터 폭력친화적으로 길러지는 남성들은 권력을 쟁취하는 '능력'을 가진 사람이 되길 권장받는다. 이 능력 있는 자들이 N번방 성착취 사건에 대한 질문을 받았을 때도 '그건 잘 모르고'라는 답은 빠지지 않았다.

에로스의 불가능성

중소도시의 번화가 한편에서 '고정 아가씨 항시 대기', '대형 룸 완비'라고 쓰인 유흥업소들을 보았다. 야릇한 그림과 함께 업소의 이름들도 흥미롭다. 예를 들면 '큐비즘'. 버닝썬처럼 호텔에 자리한 대형 클럽에 비하면 '소박하고 서민적인' 유흥의 장소다. 이러한 '문화'는 에로티시즘과 무관하다. 건

강한 긴장감이 감도는 성적인 마주침은 사라지고 성적인 지배로 가득하다.

2017년 개봉했던 영화 〈범죄도시〉에서 불편했던 점은 크게 두 가지였다. 하나는 한국 국적의 남성과 재중 동포(혹은 재한 중국인) 남성 간의 대결구도다. 전자는 어느 정도 억울하게 그려진다면, 후자는 악질적인 존재다. 영화에서 황 사장 일당보다 장첸 일당이 훨씬 죄질이 좋지 않은 악역을 담당한다.

황 사장은 전라도 사투리를 쓴다. 전라도 사투리 구사자는 대중문화 속에서 주로 폭력적으로 그려졌다. 소위 조폭으로 재현되는 인물들이 호남 사투리를 사용함으로써 지역에 대한 편견을 조장했다. 김대중의 대통령 당선 이후 이러한 재현 방식은 차츰 줄어들었다. 오늘날은 그 자리를 재중 동포 남성에게 맡긴다. 끝없이 폭력을 타자화한다.

지난 영화를 끄집어내는 이유는 바로 이 영화의 두 번째 문제점인 유흥업소와 경찰의 유착관계 때문이다. 〈범죄도시〉에서 전라도 사투리를 사용하는 황 사장과 하얼빈의 장첸이 대립할 때 황 사장은 경찰의 보호를 받는다. 형사는 그에게 방검복까지 준다. 남한 사회의 외부자를 상징하는 전라도 사투리는 '조선족 말투' 앞에서만 내부자의 언어가 된다.

'진지충'의 입장에서 보자면, 흥행에 성공한 이 재미있는 영화 속에 웃을 수 없는 웃음 코드가 곳곳에 있다. 황 사장은 업소에 새로 온 여성들을 형사에게 인사시킨다. 이 장면은 마동석 특유의 쑥스러움이 묻어나는 재치 있는 연기를 통해 웃음을 유발한다. '룸살롱 아가씨'에게 존댓말을 쓰면서 고개 숙여 인사하는 모습이 웃음을 만든다는 점은 무엇을 의미하는가. 룸살롱이라는 장소는 남성의 성적 지배가 극단적인 곳이며 '아가씨'는 존대받지 못하는 위치에 있기 때문이다. 이 틀에서 벗어난 형사의 공손한 행동은 유머가 된다. 룸살롱에서 대낮에 '아가씨'들에게 둘러싸여 술접대를 받는 장면도 역시 발랄하게 지나간다.

'접대'하는 여성들 중에는 백인 여성도 있다. 이 여성이 한국에 들어와 유흥업소에서 일하게 되는 경위를 아름답게 상상하긴 힘들다. 국경을 넘나들며 여성의 몸이 대상화되고 매매되는 많은 문제들은 그저 한국어로 욕을 찰지게 하는 장면을 통해 웃음으로 희석될 뿐이다. 이 영화는 적당히 선을 지키기 때문에 한국 남성들이 여성들을 함부로 대하는 모습은 직접적으로 보여주지 않는다. 그 모든 폭력은 장첸 일당이 담당한다.

영화의 마지막, 장첸 일당이 사라진 가리봉은 마치 평화를 되찾은 듯 보인다. 룸살롱과 경찰의 유착관계는 그야말로 훈훈하게 그려질 뿐이다. 이들의 유착은 다른 계층 남성 간에 형성된 인간적인 형제애의 모습으로 보인다. 양아치든, 깡패든, 뭐라 부르든 폭력을 생산하는 주체와 이 폭력을 제압하는 정의의 주체인 경찰이 보여주는 남성연대는 한국 영화에서 오래된 소재다. 실은 다들 암암리에 알고 있던 사실. 범죄 영화에서 흔히 등장하는 유흥업소와 경찰 간의 그 유착관계가 현실 속에서도 속속 밝혀지고 있다. '버닝썬'에만 머무르는 문제가 아니다.

사건을 마무리한 형사들은 마지막 장면에 밥 먹으러 가면서 '룸'이 아니어서 아쉬워한다. 마치 성과급을 받듯이 큰 사건을 해결한 형사들은 '룸'을 기대한다. 실제로 매우 평범한 남성들이 성매수 '문화'에 참여하고 있음은 분명한 사실이다. 양진호나 일부 연예인, 김학의나 『조선일보』 방 사장 등에게만 해당되는 이야기가 아니다. 무슬림 난민과 성폭력을 연결하기 위해 몸부림을 치지만 실은 권력과 은밀하게 결탁한 폭력이 우리 내부에 뿌리 깊게 자리하고 있다.

페미니즘이 성적 긴장감을 소거하는 사회로 이끌까 봐 걱정하는 사람들도 많다. 성적 긴장감을 위협하는 건 페미니즘이 아니다. '지배하는 성'이 되지 않으면 놀지도 못하는 권력 중독이 문제다. 룸살롱 공화국에서 에로스는 기대하기 힘들다.

성구매의 일상화

서지현 검사를 통해 검찰 내 성폭력이 알려지기 얼마 전인 2018년 1월 말, 종로 여관 방화사건이 있었다. 성매매 여성을 불러주지 않는다고 여관 주인과 언쟁을 벌이다 화가 나서 불을 지른 남성 때문에 6명이나 사망한 사건이다. 이 사건에서 내 눈에 들어온 숫자가 있었다. 일부 희생자들의 나이였다. 34세 여성과 그의 10대 두 딸.

전혀 모르는 사람의 삶을 함부로 넘겨짚을 수는 없지만, 34세 여성이 14세와 11세 딸이 있다는 건 20대를 오롯이 임신, 출산, 육아로 보냈을 가능성을 시사한다. 아이가 어릴 때 주 양육자는 멀리 여행하기가 어렵다. 여행은커녕 외식도 전투적으로 한다. 13세 딸이 있는 친구의 말이 떠올랐다. 애가 이 정도 되니까 이제는 같이 다니는 게 오히려 편하고 재밌다고. 지방에서 서울에 왔다가 하루 숙박비가 만 5천 원인 저렴한 숙박업소에서 딸들과 함께 몸을 누인 그도 그랬을지 모른다. 이제 어느 정도 제 앞가림을 하는 10대의 두 아이와 함께 모처럼 설레며 떠난 여행길. 이들은 전국 여행 중이었다고 했다. 누가, 무엇이 이들을 다시 집으로 돌아가지 못하게 만들었을까. 여관에 불을 지른 그 남성은 왜 방화를 저지를 정도로 분노했는가.

'잔다'라는 동사는 수면을 의미하면서 한편으로는 성관계를 뜻한다. 숙박업소는 이 두 가지 의미의 '잔다'를 실행하는 장소이다. 러브호텔은 '러브'가 있든 없든 '자는' 사람들의 정거장이다. 혼자 숙박하는 남성은 '위안'해 줄 여자를 찾을 수도 있는 장소다. 숙박의 개념이 젠더에 따라 다르다. 여성은 혼자 낯선 장소에서 숙박할 때 기본적인 수면도 종종 위협받는다. 제주도 게스트 하우스에서 일어난 살인사건을 떠올려 보자.[6] 20대에 나도 홀로 전국여행을 해본 적 있다. 그때 나는 혼자 여관에서 자는 게 두려워 당시 막 붐이 일던 찜질방에서 잤다. 여러 사람이 함께 있으면 안전하리라 생각했지만 이 생각도 몇 년 후 깨졌다. 사람이 그렇게 많은 찜질방에서도 성추행 피해를 호소하는 여성들이 그렇게 많을 줄이야. 안전한 곳은 없다.

성매수 문화는 여성을 교환하는 성차별의 상징이다. 성매매 특별법이 시행될 때 이 법이 가난한 남성을 억압한다는 주장이 심심치 않게 나왔다. 부유한 남성과 가난한 남성 간의 성적 분배가 불공평하기에 성매수를 통해 성적으로 소외된 남성의 성생활을 보조할 수 있다고 주장한다. 욕망이라는 관점으로 접근한 뒤, 남성 간의 계급 갈등을 여성을 통해 덮으려 한다. 여기서 여성의 인격은 고려 대상이 아니다. 그저 배고파서 짜장면 시켜 먹고 피자 시켜 먹듯이 음식 배달하는 일 정도로 생각할 것이다. 계층적으로 소외된 남성이라도 성매수를 통해 권력을 행사할 수 있고 그렇게 위로받는다. 그렇기에 이 요청이 거절당했을 때 분개한다.

종로 여관 방화 사건은 돈으로 여성의 몸을 매수하여 권력놀이를 하지 못해 분한 남성이 1만 5천 원짜리 방에서 잠을 자던 저소득층 사람들의 삶을 앗아간 참극이다. 해외에 나와 성매수를 하거나 자식을 만들고도 무사히 돌아가 일상을 살아가는 남성들이 떠오른다. 반면 재생산 노동으로 가정에서 젊은 날을 보냈을 여성은 딸들과 함께 잠시 그 노동의 현장을 벗어나 여행길에 올랐지만 돌아가지 못했다. 여성을 구매하는 행위에 죄의식이 없는 사람으로 인해 오랜만에 길 떠났던 모녀가 타지에서 허망하게 죽었다.

고위층의 성접대 강요로 자살한 배우 '장자연 사건'부터 성매수를 하지 못해 저소득층 투숙객을 죽게 만든 여관 방화 사건까지, 모두 연결된 문제다. 남성의 돈과 여성의 몸의 교환을 정당하게 만드는 사회가 일으킨 비극이다. 여성을 성적 거래의 대상으로 삼는 이 '문화' 속에서 여성에게 가하는 폭력에 상대적으로 죄의식이 없다. 왜냐면 모두 그 가해자의 마음에 이입해서 가해 행위를 '이해'하려고 애쓰기 때문이다. 자신이 직접 폭력을 저지르지 않았다고 해서 죄가 없는 것은 아니다. 묵살로 쌓은 언덕 위에 앉아 내려다보며 평가하는 행위. 그것이 바로 죄에 동참하는 행위이다.

성매수는 돈을 뿌리고 지배자가 될 수 있는 기회이다. 가난한 남성도 권력을 뿜어낼 수 있는 하나의 창구다. 우월한 지위를 확보하기 위해 성구매를 하거나, 적어도 이를 모방함으로써 남성 권력을 확인한다. 성매매를 합법화하면 성폭력이 줄어든다고 생각하는 사람들이 있다. 실제와 별개로 이런 생각이 시사하는 바가 있다. 성매수를 '합법적 성폭력'으로 여긴다는 사실을 자백하는 꼴이다. 성매매를 마치 남성을 위한 '성 복지'처럼 생각한다. 여기서 여성의 몸은 분배되는 복지 수당이다. 성매매 여성보다는 포주가 돈을 벌듯이, 성산업은 여성이 돈을 번다기보다 여성을 매개로 남성 권력이 돈을 버는 구조다. 여성의 몸을 자원으로 삼아 남성권력을 공고히 만드는 구조다. 김기덕의 영화 〈나쁜 남자〉에서 남성이 대학생 여성을 길에서 강제로 추행한 뒤 그 여성을 '창녀'로 만든다. 자신이 독점적으로 소유할 수 없는 여성은 '창녀'가 되게 하여 멸시받도록 만든다. 이는 곧 여성이라는 하나의 인격체를 이 세계에서 삭제하여 남성의 권력을 확인하는 행위다.

흔히 성매매 여성을 비난할 때 '쉽게 돈을 번다'라고 한다. '몸'만 있으면 여자는 누구든 할 수 있다고 생각하기 때문이다. 여자는 누구든 할 수 있다는 생각은 곧 그만큼 성매수자의 수요가 끝도 없다는 뜻이다. 여성들이 일상다반사로 겪는 성폭력을 남성들은 상상하기 어렵고, 여성들이 아는 남성들의 일상적 성구매는 빙산의 일각이다. 성매매를 분석한 『은밀한 호황』에 따르면 한국의 성 산업의 규모는 한 해에 6조 6,258억 원이라고 한다.[7]

성 산업은 성을 매개로 남성의 권력 행사를 여성이 순순히 받아들이는 구조로 이뤄져 있다. 성 산업에 종사하는 여성들에게 벌어지는 성폭력이 성폭력으로 인정받지 못하고 오히려 그 여성들이 수모를 겪는 이유다. 돈을 지불했다는 이유로 그 순간 그 여성의 몸은 제 것이라고 여긴다. 이처럼 돈만 내면 마음대로 상대를 대할 수 있는 일방적 관계에 익숙해지면 감정 노동이 필요한 연애는 오히려 '투자'한 만큼 뽑지 못한다는 생각을 갖게 된다. 한마디로 가성비가 떨어진다. 같은 돈을 룸살롱이나 성매수에 쓴다면 마음대로 여성을 대할 수 있는데 연애 관계에서는 그럴 수 없다는 점에서 자신이 돈만 빼앗긴다는 감정을 느낀다. '리얼돌' 수입 허용은 남성의 행복추구권이 여성의 인격적 존엄성보다 더 중요하게 다뤄진다는 점을 시사한다. 실제에 가까운 '리얼' 인형을 통해 여성의 몸을 그저 '그릇'으로 사용하는 쾌감을 느낀다. 더구나 성소외자를 내세워 여성에 대한 성적 지배를 합리화한다.

필리핀 현지에서 필리핀 여성과 한국 남성 사이에 태어난 '코피노'가 3만 명으로 알려졌다. 베트남 전쟁 당시 한국 남성과 베트남 여성 사이에서 태어난 라이따이한도 5천 명에서 많게는 3만 명으로 추정한다. 남성들은 평화 시에는 성매수로, 전쟁 중에는 성폭력으로 더 빈곤한 나라의 여성을 지배한다. 이로 인해 세상과 만난 아이들에 대해서는 그 어떤 책임도 지지 않는다. 포르노로 연애를 배우고 성구매를 하며 남성연대와 권력을 확인하며 성장하는 남성들이 여성과 인격적인 관계를 가지지 못하는 건 자명한 이치다.

'리얼' 여성

공개적으로 힘든 일을 겪으면서도 정작 당사자는 내색을 하지 않거나 꾸준히 제 일상을 살아갈 때가 있다. 다른 사람들은 그가 '잘 견디는 줄' 착각한다. 밝아서 괜찮은 줄 알았다, 그럴 사람처럼 보이지 않았다…. 오히려 이러한 생각은 '피해자다움'에 대한 편견과 맞닿아 있다. 힘든 일을 겪는 사람은 이러이러한 태도를 보일 거야, 라는 공식에서 여전히 자유롭지 못하다. 부당한 일을 겪는 사람을 대할 때, 그의 반응을 보지 말고 그 부당한 행위 자체로 시선을 돌렸으면 좋겠다. 설사 잘 견딘다 해도 그의 견딤이 부당한 행위를 합리화시키진 못한다.

흔히 밝은 사람들은 그 밝음을 위해 내면에서 사용하는 에너지가 있다. 제 자신은 물론이고 주변을 환하게 비추기 위해서는 당연히 에너지가 필요하다. 그렇기에 그 누구도 '밝아서 괜찮은' 사람은 없다고 생각한다. 그저 그의 '밝음'을 통해 다른 사람이 위로받고 싶을 뿐이다.

2009년 10월 최진실이 세상을 떠났다. 10월은 최진실이 떠난 달이었는데 이제 설리(최진리)도 떠난 달이다. 설리에 대해 우리는 모르는 것과 아는 것이 있다. 우리가 모르는 다른 맥락이 있겠지만, 적어도 그의 짧은 삶에 많은 사회적 폭력이 있었음을 모른 척할 수 없다. 그 폭력을 죽음과 온전히 떼어놓긴 어렵다.

2007년 온갖 악플에 시달리다 신곡 발표를 앞두고 세상을 떠난 가수 유니는 26세였다. 같은 해 배우 정다빈도 역시 극단적 선택을 했다. 그의 나이 27세였으며 드라마 〈옥탑방 고양이〉의 흥행 성공으로 배우로서 큰 인기를 얻었음에도 세상을 떠났다. 이보다 앞서 영화배우 이은주는 당시 25세였던 2005년 급작스럽게 떠나면서 많은 사람들이 놀라워했다. 이은주는 젊은 나이에 이미 여러 작품을 남겼고 앞으로가 더 기대되던 배우였다. 이들의 극단적 선택의 배경에는 물론 여러 가지 개인사가 뒤섞여 있을 것이다. 그러나 이토록 젊은 여성들의 이른 죽음을 모두 개인적인 문제로 여긴다면 그야말로 무책임한 사회다. 실제로 한국의 여성 자살률은 세계에서 상위권을 차지한다.

남성 연예인은 각종 차별 발언과 역겨운 혐오발언을 쏟아내고도 남성연대의 보호를 받으며 대체로 무탈하다. 그러나 휘핑크림을 입안에 뿌리는 영상을 찍은 여성은 광기 어린 공격에 시달리고, 브래지어를 하지 않으면 문화적으로 재판대에 오른다. 심지어 페미니즘 책을 읽었다고, 다른 여성을 지지한다고 욕을 먹는다. 이 사회에서 여자를 욕하는 건 꽤 안전한 일상의 오락이다.

미온적으로나마 설리를 지지하던 사람들은 더 적극적으로 지지하지 못해 죄책감을 가진다면, 그를 놀리던 사람들은 최선을 다해 죽음마저 놀린다. 사망보고서가 유출되고 일부 언론의 선정적인 속보가 있었다. 죽음을 대하는 끝없는 무례가 이어진다. 애도의 사회화는 최소한의 운동이며 최선의 윤리일 것이다.

혼란스러운 감정 속에서 적어도 두 가지는 실행해야겠다는 생각이 들었다. 첫째는 여성의 죽음이 가십화되는 현상에 맞서야 한다. 이 사건에서도 예외 없이 부고 소식을 가십처럼 쓴 언론이 있었다. 설리의 가슴을 강조한 사진을 사용하여 많은 비판을 받은 후 관련 사진을 삭제했다. 둘째는 수치를 모르는 이들에게 어떻게 수치를 알려줄지에 대한 고민이다. 지금 부끄러워해야 할 사람들은 정작 어떤 생각을 할까. 그동안 언론이 어떻게 폭력에 참여했는지 망각해 주지 않을 것이다.

괴롭힘을 오락으로 여기며 여성을 '사람 아닌 것'으로 몰고 가면서 한쪽에서는 사람 아닌 것을 두고 '리얼돌'이라는 이상한 이름으로 부른다. 이 사회는 지금 너무 망가졌다. 소비재이자 공공재로 여성을 관음하며 자신의 살아있음을 위로하는 폭력 사회이다. 끔찍한 여성혐오 사회일수록 여성은 죽음으로써 가장 환대받는다. 생전에 그토록 악플 재생산을 유도하던 언론이 설리의 사망 후 열심히 그를 칭송한다.

살아있는 여성은 인형이 되길 원하고 인형은 '리얼'의 반열에 들어온다. 여성은 '내가 사람이다'를 말하기 위해 싸워야 하는 지경에 이르렀다.

여성의 인격을 침해하는 섹스 인형을 산업으로 부추기는 국회의원을 보니 이 사회가 여성을 '무엇'으로 생각하는지 적나라하게 드러난다. 과거에 외화벌이를 목적으로 미군을 위한 성매매를 장려하더니 이제는 시대에 발맞추어 섹스 인형으로 돈 벌 궁리를 한다. 여성은 그저 돈벌이의 자원이다.

'리얼' 여성을 혐오하면서 '리얼' 인형을 끌어 붙들고 폭력적 욕정을 쏟아내는 행태를 적극 장려하는 이 사회에서 악플 방지법은 기만이다. 전혀 효과가 없다고 생각하진 않지만 차별을 조장하면서 악플을 방지하겠다는 건 어불성설이다. 산업적 측면에서 섹스 인형을 키우자고 하는 한편 그 산업 현장에서 '리얼' 인간인 여성은 노동자로서 배제된다. 지금 한국 남성들은, 아니 그 어떤 사람이든 '리얼' 여성의 삶을 아는가. '리얼' 여성과 제대로 대화할 수 있는 상태인가. 여성의 삶을 조롱하고 여성의 죽음은 가십화하는 나라에서 여성들은 정말 하루하루 서서히 죽어간다.

노벨상과 공범들

연령에 비하여 말하면 어디로 보든지 17, 8 내지 20 전후의

여자가 아니라 30 내외의 중년의 여자라 하는 것이 가™하
고 피부에 비하여 말하면 남자를 그다지 많이 알지 못하는
기름기 있고 윤택하고 보드랍고 푹신푹신한 피부라고 하느
니보다도 오히려 육욕에 겉으론 윤택하지 못한, 지방질은
거의 다 말라 없어진 피폐하고 황량한 피부가 겨우 화장분
의 마술에 가리워서 나머지 생명을 북돋워가는 그러한 피
부라고 말하는 것이 적당할 듯하다. 거친 피부를 가리어주
고 있는 한 겹의 얇은 분을 벗겨버리면 그 아래에는 주름
살 진 열™ 없는 살가죽이 드러난다. 그와 마찬가지로 그의
시™도 한 겹의 가냘픈 화장이 있다.

김기진이 1924년 「김명순 씨에 대한 공개장」이라는 제목
으로 『신여성』을 통해 김명순의 시를 비판한 글이다. 김명
순의 시를 화장한 늙은 여자에 비유한 이 글은 늙은 여자,
그래 봐야 30세 내외의 여자에 대한 비하와 경멸의 시선으
로 가득하다. 여성의 젊음과 늙음을 순수와 추함으로 빗대
는 문학인의 버르장머리는 스스로 반성할 줄 모른다. 더불
어 여자에게 "남자를 많이 알지 못하는" 상태는 순수의 세
계다. 남성 예술가가 여성에게 지분거리는 추태와 폭력은 예
술가의 기행이 되지만, '남자를 아는' 여성의 '육욕'은 추하다.
그렇기에 연애하는 여성이 성폭력 범죄자보다 더 '더러운' 평
판을 받아왔다. 세월이 흘러 문정희는 김명순을 위한 진혼

가를 짓는다.

근대 식민지 문단의 남류男流들은 죄의식 없이
한 여성을 능멸하고 따돌렸다.
창조, 개벽, 매일신보, 문장, 별건곤, 삼천리, 신여성,
신태양, 폐허, 조광의 필진으로
잔인한 펜을 휘둘러 지면을 채웠다.
염상섭도, 나카니시 이노스케라는 일본 작가도 합세했다.
그리고 해방이 되자 그들은 책마다 교과서마다
선구와 개척의 자리를 선점했다.
인간의 시선은커녕 편협의 눈 하나 교정하지 못한 채
평론가 팔봉 김기진이 되었고
교과서 편수관, 목사 소설가 늘봄 전영택이 되었고
어린이 인권을 앞세운 색동회의 소파 방정환이 되었다.
김동인은 가장 큰 활자로 문학사 한가운데 앉았다.[8]

어디 김명순뿐일까. 사회의 각계각층에서 성범죄 피해를 겪은 이들의 목소리가 꾸준히 쏟아지고 있다. 시인 고은의 성추행을 비판하는 목소리를 두고 한쪽에서는 "정치적, 도덕적인 올바름이 지배하는 멸균 공간"을 낳을까 봐 우려한다.[9] 아마 성추행을 건강한 창작을 위한 유산균 정도로 생각하나 보다. 몸에 필요한 균처럼 술과 여자를 남성의 창작

에 필요한 유산균으로 여기는 경향이 있다. 개인의 폭로를 통해서 겨우 목소리를 전달할 수 있는 사회라면 그만큼 제도가 엉망으로 돌아간다는 뜻이다. 이미 사회의 몸체가 감염으로 썩어가는 줄도 모르고 '멸균'을 걱정한다.

그 사람이 무엇을 걱정하는지를 보면, 그가 누구고, 어디를 보고 있으며, 누구에게 감정이입하는지 알 수 있다. 강건너 혁명은 지지해도 바로 내 옆에서 내 집안에서 일어나는 혁명은 진압하고 싶은 그 '감정'. 이 감정을 보통 걱정으로 포장해서 이론화해서 내놓는다. 권력이 있는 사람은 자신의 걱정을 정치화한다. 신중해야 한다고 약자들의 서사를 은근하게 억압하며 결국은 그들을 발화 이전과 아무것도 달라지지 않은 현실 속에 처넣으려는 시도다. 담론을 생산하는 위치에 있는 사람들은 분노하는 사람의 태도를 지적하려 하지 말고, 분노의 맥락을 보려 애써야 한다. 타인의 고통에 대해 능동적으로 생각하기를 거부한 채 사회가 '진보'한다면 그 진보는 결국 고통을 소외시킬 뿐이다.

성폭력 폭로에 대해 "공작"[10]을 우려하거나, 그럴싸한 말로 '미투의 참뜻'을 독려하거나, 단지 폭로를 넘어 체제를 흔들어야 한다고 충고하거나, 조금씩 다른 색깔로 보이지만 통하는 구석이 있다. 폭로의 무게를 가볍게 처리하고(단지 폭로), 말이 터져 나오는 사람들을 주춤하게 만들고(진정한 '미투'), 스스로 검열하게 만든다. 걱정한다는 명목으로 가해자를 옹호하고 피해자를 검증하는 그 행동이 바로 작용을 방해하여 부작용을 일으킨다.

'한국 문학의 상징'을 걱정하며 마치 맡겨둔 노벨상을 돌려받지 못하기라도 할 것처럼 두려워하는 목소리는 역설적으로 이 사회에 성범죄가 어떻게 안전하게 뿌리 내리고 있는지 잘 보여준다. 우상을 지키느라 사회의 통증을 외면하는 문학의 언어야말로 이 사회를 병들게 한다. 성적 착취를 예술이라는 방어막 안에서 쌓아온 이 폐단의 악취를 맡지 못한다면 이미 함께 썩었다는 뜻이다. 성범죄를 격려하고 가해자를 위로하는 사람들, 바로 그들이 착취의 구조를 세우고 있는 기둥이다.

2018년 노벨문학상은 결국 '미투' 때문에 취소되었다. 스웨덴 한림원이 후원하는 사진작가 장 클로드 아르노의 무수한 성추행이 폭로되었으나 한림원에서 이 문제를 소극적으로 대처했다는 비판을 받자 종신 위원들이 사퇴했기 때문이다. 문화 권력이 점차 성폭력 문제를 인식하고 적어도 눈치는 본다는 뜻이다.

영화 〈연애담〉으로 호평받았던 이현주 감독은 성폭력 유죄 판결로 수상 취소와 함께 한국영화감독조합에서 제명되었다. 이것이 옳은지에 대해서는 다른 의견이 있을 수 있지만, 이현주 감독과 동일한 처벌을 남성 창작자가 받지 않았다는 사실은 분명하다. 여성의 경우 창작자의 윤리와 작품의 성취가 분리되지 않는다. 반면 갖은 추태에도 '그래도 능력은 있다'라며 악착같이 살아남는 행운은 오직 남성에게만 주어진다. 이렇게 다르게 적용되는 정의의 실체에 대해서는 분명히 생각해야 한다.

민주화 투쟁을 다룬 영화 〈1987〉의 영어 제목은 'When the day comes'다. 그날이 오면. 심훈의 시에서 비롯된 이 '그날이 오면'은 꾸준히 역사적 진보에 대한 염원을 담은 표현으로 활용되고 있다. 오랫동안 쌓이면서 단단하게 굳어진 폐단을 그날이 와도 치우려 하지 않는다면 그날은 과연 누구의, 누구에 의한, 누구를 위한 '그날'일까. 정치적 민주화 이후에도 여성들에게 '그날'은 아직 멀기만 하다.

시인 고은의 성추행이 폭로되자 여러 후배 문인들은 고은을 두둔하느라 당사자보다 더 열성적이었다. 탈세를 했다거나, 누군가의 임금을 체불했다거나, 거대한 사기극을 벌였다면 상대적으로 예술적 성취에 대한 잡음은 덜 나온다. 이런 문제는 충분히 '공분'을 사기 때문이다. 범죄나 폭력이라고 인식한다. 그러나 성폭력이 되면 상황이 달라진다. 정확히 말하면 여성을 향한 남성의 성폭력에 더욱 관대하다. '성'에 집착하면서 '폭력'이라는 개념은 날려 버리고, 욕망이니 자유니 관행이니 하면서 예술가들은 원래 그 정도의 '기행'은 있다고 주장한다. 술과 성폭력을 마치 예술가라면 자연스레 가까이 해야 하는 문제로 착각하도록 만든다. 이는 여성을 창작의 주체가 되지 못하도록 배제하는 남성 중심의 '문화' 속에서 형성된 폐습이며 폭력이지 예술의 필요조건이 아니다.

'자유로운 영혼'들이 여성에게 벌이는 착취는 '성실하고 전통적인' 남성들을 능가하는 경우가 많다. 이 자유로운 영혼들은 관계에 대한 무책임과 불성실함을 '자유'로 포장하는 데 선수들이다. 여성의 지성을 '칭찬'할 줄도 알며 교양 있게 예술을 즐기고 정치적으로 약간의 진보적 위치를 가지면서 정치와 문화에서 꽤 트인 사람 노릇을 한다. '너무' 자유로워서 여성의 계급 투쟁에는 관심 없지만 '성해방'에 깊은 관심을 보이는데 이들의 성해방의 개념은 '나와 자유롭게 섹스하기'에서 머물곤 한다. 성매매와 성관계도 구별하지 '않고', 여성의 성적 대상화를 '자유롭게' 하려 하며, 성적 대상화를 종종 '여성의 성해방'으로 둔갑시킨다. 스스로 페미니스트라고 하지는 않지만 페미니스트라는 여성과 연애 한 번 해보고 싶어 한다. 대외적으로는 자신의 진보적 의식을 과시하기에 좋고 자기 내부에서는 페미니스트를 휘어잡았다는 정복감을 위해서다.

예술가를 둘러싼 문제가 생길 때마다 능력과 인격이 분리되느냐 아니냐를 두고 논쟁한다. 이 논쟁은 한계를 가질 수밖에 없다. 우리는 동시대 사람에 대한 감정과 다른 시대 다른 나라 사람에 대한 태도가 다르기 때문이다. 또한 반복적으로 나타나는 남성 창작자의 성폭력 사건에서 우리가 논의해야 할 문제가 과연 예술가의 능력과 인격을 분리하느냐 마느냐의 문제일까. 피카소^{Pablo Picasso}는 첫 번째 부인인 올가 코클로바에게 재산을 나눠 주기 싫어 이혼을 거부한 채 바람피우며 살았다. 그는 젊은 여성들을 창작의 재료로 착취했고, 이 여성들은 정신병원에 입원하거나 자살했다. 훗날 이들의 관계는 낭만화되고 미화되었다. 열정적이고 자유로운 창작 정신처럼 여겨진다. 관계에 대한 무책임과 이기적인 태도가 자유롭고 낭만적인 사랑으로 다듬어졌다. 이런 사례는 끝도 없다. 이들의 작품을 대할 때마다 창작자의 윤리를 떠올리는 사람들은 드물다. 남성들의 윤리는 시간이 갈수록 잊히고 그들의 성취만 또렷이 남는다.

창작은 자유롭게, 창작자는 한 사람의 시민으로 자신의 행동에 책임을 지면 된다. 능력과 인격이 분리되느냐 아니냐보다, 능력의 남성화, 도덕의 여성화가 문제다. 실제로 능력이 있는지와 별개로 남성이 도덕이나 법적 문제로 능력의 영역에서 타격을 받지 않도록 사회가 보호한다. 그래서 제 딸을 강간해도 '가정 경제를 책임진다'라는 명목으로 법이 가해자를 보호한다. 도덕의 기준이 남성에게 더 낮게 적용되기에 이들은 자신의 행동을 욕망의 탓으로 변호한다. 정의구현사제단 사제 한만삼은 성폭력 전에 피해자에게 "내가 내 몸을 어떻게 할 수가 없다. 그러니까 네가 좀 이해를 해달라."라고 말했다. 인간문화재 하용부는 폭력에 가담한 사실이 알려지자 "인간적인 욕망에서 빚어진 일로 공인으로서 못 할 일이 벌어졌으며 법적인 처벌도 받겠다."고 했다. 성폭력 가해자들 중에서 그나마 자신의 행동을 인정하는 이들은 자신의 폭력 행위를 '인간의 어쩔 수 없는 욕망' 때문에 벌어지는 일이며, 그 욕망은 마치 불가항력적인 듯 호도한다. 그래서 최소한 도덕의 문제일 수는 있지만 법적으로 처벌받기에는 안쓰러운 '욕망의 피해자' 노릇을 한다. 내 안의 악마가 저지른 일이라서 나도 어쩔 수 없었다는 징징거림을 단호히 묵살해야 한다.

반면, 여성의 문란함 ─ 사실관계와는 별도로 ─ 은 결코 능력의 변호를 받지 못한다. 여성의 꽃뱀화 전략이 그래서 잘 사라지지 않는다. 남성에게는 미래라는 시간으로 과거와 현재를 보호하려 든다면, 여성에게는 과거를 캐물어서 미래를 없애 버린다. 여성에게는 매우 쉬운 단죄를 내리고 남성에게는 너무 과한 이해를 시도한다.

타오르는 여성의 초상

소녀는 혼자서 가만히 바다 쪽을 내다보고 있었다. 그러다가 그가 서 있는 것을 알고 우러러보는 그의 눈동자를 느끼자, 그에게 시선을 돌리고 조용히 그의 응시에 몸을 내맡겼다.[11]

성직자가 되려 했으나 예술가로 성장하는 젊은 남성 예술가를 다룬 제임스 조이스James Joyce의 자전적 소설 『젊은 예술가의 초상』 4장 후반부다. 소녀는 주인공 스티븐에게 "속세의 청춘과 미의 천사"이다.

영화 〈타오르는 여인의 초상〉(2019)의 초반부에 바로 조이스의 소설을 연상시키는 장면이 있다. 파도 소리를 들으며 바다를 바라보는 엘로이즈와 그를 슬쩍 바라보는 마리안느. 『젊은 예술가의 초상』에서 스티븐의 시선을 느끼고 조용히 그의 응시에 몸을 내맡긴 소녀와 달리 엘로이즈는 고개를 돌려 자신을 바라보는 마리안느를 똑바로 쳐다본다. 이 영화가 응시의 권력에 대해 말하고 있음을 압축적으로 보여주는 장면이다.

엘로이즈를 연기한 배우 아델 에넬은 2020년 프랑스 영화제인 세자르 시장식장에서 자리를 박차고 나갔다. 로만 폴란스키의 감독상 수상에 항의하기 위해서다. 18세기 여성 창작자의 위치를 잘 보여준 〈타오르는 여인의 초상〉에 출연한 배우가 21세기 현실에서도 남성의 권력에 맞서는 인상적인 모습이었다. 로만 폴란스키는 1977년 미국에서 13세 여성을 성폭행한 혐의로 수십 년간 해외 도피 중이다. 폴란스키의 영화를 나도 많이 보았다. 그에게 창작을 금지할 수는 없고, 보고 싶은 사람은 볼 수 있다. 폴란스키의 영화에 좋은 평가를 줄 수도 있다. 그러나 성범죄자로 도피 중인 사람에게 꾸준히 권위 있는 상까지 줄 필요가 있을까. 이건 다른 문제다. 제도적으로 그의 권위를 인정하면 인정할수록 그의 성범죄는 흐릿해진다. 아동 성범죄자 남성의 '예술혼'에 왜 이토록 관대할까.

화가와 모델의 관계는 주로 '남성' 화가와 '여성' 모델의 관계로 인식되어왔다. 이때 여성 모델은 이 남성 화가의 성적인 대상과 동일시된다. 영화 〈타오르는 여인의 초상〉에서도 언급되지만 실제로 당시 여성들은 누드, 그중에서도 남성 누드를 그릴 수 없었다. 창작 능력은 곧 성적 능력이기에 남성 화가의 붓으로 그려진 수많은 여성 누드에 찬사를 보내면서도 그 반대는 용납되지 않았다. 이는 미술사에서만이 아니다. 남성 창작자들의 붓이, 그들의 펜이, 그들의 카메라가 창작을 빌미로 수없이 자행한 폭력의 역사가 있다.

익숙한 남성의 응시를 걷어내면 수많은 사람들의 시선이 교차한다. 〈타오르는 여인의 초상〉에는 식탁에 앉아 꽃을 보며 자수를 놓는 하녀 소피와 초상화가 마리안느, 이 화가의 모델인 엘로이즈의 눈빛까지 여성의 응시로 가득하다. 시간이 흐를수록 세 여성의 위치는 흐릿해진다. 하녀가 자수를 놓는 동안 두 여성이 식사 준비를 하거나, 화가가 모델의 위치에 서고 모델이 화가와 함께 초상화 앞에서 '동등하게' 바라본다. 소피가 임신을 했지만 어떤 남자와 관계가 있는지 밝히지도 않으며 그건 영화에서 중요하게 다루지 않는다. 소피가 아이를 원하지 않는다는 점이 중요하고 엘로이즈와 마리안느는 소피의 낙태를 돕는다.

특히 이 영화에서 하녀 소피가 자수를 놓는 장면을 두 번이나 가까이에서 보여주는 감독 셀린 시아마의 세심함이 무척 마음에 들었다. 순수미술과 공예의 위계 설정으로 자수 혹은 바느질은 '여자들의 허드렛일'처럼 취급받았다. 영화는 이 자수 놓는 장면을 꽤 공들여 보여줌으로써 공예의 미술사적 위치를 무심히 넘기지 않는다. 코로나19로 마스크 수급이 부족해지자 알록달록 다채로운 색과 무늬의 천으로 손바느질을 하거나 재봉틀 앞에 앉아 나와 타인을 위한 마스크를 만드는 이들도 대체로 여성이다. 타인의 몸과 열정을 착취하는 창작이 아니라 돌보고 연결되는 활동으로 만들어내는 창작이 우리에게는 더 절실하다.

〈타오르는 여인의 초상〉은 처음부터 끝까지 여성의 시선과 창작자로서 위치에 대해 풍성하게 화두를 던진다. 마지막에 마리안느는 살롱 전시에서 아버지의 이름으로 작품을 출품했다. 여성의 이름으로는 많은 한계가 있었던 시대다.

다시 조이스의 『젊은 예술가의 초상』으로 돌아간다. 이 아름다운 소설에는 "이 세상에 나와 살고 실수하고 타락하고 승리하고, 삶에서 다시금 삶을 창조한다."는 사실을 인식하고 예술가로 나아가는 스티븐의 벅찬 성장이 담겼다. 문제는 '실수와 타락'의 무게는 성별에 따라 다른 저울로 측정

되어왔다는 점이다. 많은 여성 창작자들은 '실수와 타락'에서 훨씬 더 치명타를 입었다. 성범죄자 남성은 실수와 타락을 용서받으며 거장이 될 수 있지만, 거장이 될 수도 있었던 여성들은 수없이 기회를 잃어왔다. 다시 말하면 실수하고 타락할 기회마저 상실하곤 했다. 여성들은 더 많이 실수하고 타락을 두려워하지 말아야 한다. 이를 통해 다시금 삶을 창조할 권리가 있다.

히치콕의 영화를 상당히 좋아하지만 그가 〈새〉와 〈마니〉에 출연한 배우 티피 헤드렌Tippi Hedren에게 가했던 행동들은 명백히 폭력이다. 티피 헤드렌은 2016년 자서전을 통해 당시 그가 겪은 성추행을 자세히 폭로했다.[12] 무려 50년도 더 지났지만 그는 잊지 않았다. 프랑수아 트뤼포François Truffaut 는『히치콕과의 인터뷰』에서 두 사람 사이의 문제를 언급하지만 정확히 밝히진 않는다. 그 문제를 "참담한 불화 관계"로 표현하며 거장의 이면을 너무 들추고 싶어 하지 않는다. 인간적인 예의 정도로 여기는 듯하다. 대신 다른 사람들이 쓴 글을 참고하라며 간접적인 정보를 줄 뿐이다.[13] 히치콕과 트뤼포의 대화를 통해 히치콕 영화를 꼼꼼히 분석하는 이 인터뷰가 아주 의미 있지만, 일반적으로 말하는 영화사적 의미 외에 나는 트뤼포의 태도에서 또 다른 '의미'를 찾는다. 바로 남성들이 이렇게 서로 잘못을 덮어주며 역사적 인물로 만들어 온 하나의 예를 잘 보여준다.

5장

싸우는 인간으로

'나도 당했다'

"우리가 돕겠습니다."

"절대 침묵하지 않겠습니다."

2017년 12월 TV 탐사 보도 프로그램 〈그것이 알고 싶다〉에서 배우, 국회의원, 가수, 영화감독 등 유명한 남성들이 이렇게 선언했다. 안타깝지만, 그들의 선언이 반갑기는커녕 마음속에서 싸늘한 바람을 일으켰다. 이미 공분이 일어난 후에 취하는 안전한 분노를 보며 고마워해야 하나. 일단 '돕겠다'는 말부터 거슬렸다. '도와주는 나'를 과시하는 사람 치고 그 도움 받는 대상을 존중하는 경우는 없다. 게다가 여성은 남성의 도움이 필요한 게 아니다. 인격적 관계는 편파적인 도움으로 구성되지 않는다. 수많은 성폭력 피해자들(절대다수의 여자들)을 침묵시켜 놓고 모두 남성으로 구성된 얼굴과 목소리로 '침묵하지 않겠다'고 한다. (실제로는 이

방송 이후에 꾸준히 침묵했다.) 흔히 같은 말을 해도 남성이 성차별을 지적하는 발언을 하면 더 안전하다. '돕는다'는 말은 성폭력에 가담하는 사람과 자신을 분리하는 태도다. 성폭력 앞에서 남성의 얼굴과 남성의 목소리로 '도와주겠다'고 말함으로써 성폭력 피해를 더욱 '여성화'하고 남성은 도와주는 남성과 '개새끼'로 나뉜다.

일부 언론에서는 me too를 '나도 당했다'로 번역했다. 성범죄 피해를 표현할 때 이 '당했다'는 말은 무척 거슬린다. 전혀 틀린 말은 아니지만 이 표현은 묘하게 피해자를 '당한 사람'으로 가두고 무력한 이미지로 전시한다. 폭력에 대한 관음의 시선이 읽힌다. '미투'에는 나도 겪었다, 나도 다르지 않다, 나도 말한다, 나도 연대한다, 나도 가만히 있지 않겠다, 당신은 혼자가 아니다 등 폭로를 넘어 연대의 의지가 담겨 있다. 그러나 단순하게 '나도 당했다'라는 말로 옮겨질 때 발언을 한 사람은 '당한 사람'으로만 보인다. 이재정 의원이 '미투'에 동참했을 때 받은 질문 중 아주 불편했던 점이 있다고 했다. 그에게 많은 사람들이 "어떻게 당했냐", "의원님도 당했느냐"라고 물었기 때문이다. 얄팍한 호기심에 기반한 질문이다. '당했다'와 함께 짝패를 이루는 말이 '건드리다'이다. 가해자 입장에서 형성되는 표현이다. 폭력이 그저 '건드리는' 일일 뿐. 이 '건드리다'라는 표현은 여성의 몸을 철저히 대상화한다. 여성의 몸은 하나의 물체가 된다.

이처럼, (여성이) 당했다, (남성이) 돕겠다 등으로 구성된 목소리는 여성을 너무도 수동적인 상태로 그린다. 피해자, 혹은 경우에 따라 피해 생존자에 대한 호기심으로 사건을 바라보기 때문에 늘 사건의 명칭을 피해자의 이름으로 명명하며 피해자만 기억한다. 성범죄 관련 기사에 첨부되는 이미지가 주로 웅크린 채 '당하는' 여성의 모습을 보여주듯이, 폭력이라는 사건을 고찰하는 것이 아니라 폭력을 '당한' 사람을 구경거리 삼는다. 바로 이런 태도가 피해 경험을 더욱 말하기 어렵게 만든다.

여기에 더해 'me first'를 제안한 현직 판사는 '피해자 서사만으로는 부족하다'는 취지의 발언을 했다. 연대와 고발의 목소리를 '피해자 서사'에 가두는 수많은 사회의 시선을 지적하기는커녕 아예 '피해자 서사'로 규정지었다. 입을 여는 많은 여성들은 서사를 직조하는 중이다. 또 표창원 당시 국회의원은 피해자 편에 서면 평생 뿌듯하다고 한다. 뿌듯하기 위해 피해자 편에 서는 것이 아니다. 그러한 시혜의식은 바로 "우리가 돕겠습니다"와 맞닿아 있다. '당했다'는 표현부터 '돕는 대상'으로 여기는 그 시선들은 모두 일맥상통한다. 가해자를 바라보지 않는다. 그렇게 가해자의 가해 행위가 형성되는 이 사회의 복잡한 얼굴은 증발한 채 '당한 여자'의 얼굴만 덩그러니 남아 구경거리가 된다. 나아가 여성은 '당한' 여자와 '아직 당하지' 않은 여성으로 나뉘며, 성폭력의 개념은 '부녀자를 건드리는 행위'라는 젠더 이분법을 더욱 견고하게 만든다. 미투 운동을 처음 만든 타라나 버크^Tarana Burke는 이 운동의 중요성을 두 가지로 요약했다. 일단은 생존자를 기준으로 해결책을 고민할 수 있고, 다른 한 가지는 자신의 이야기를 바깥으로 내보내면서 트라우마를 치료할 수 있다는 점이다. 이 언어는 고발하는 사람들에게 용기를 주는 긍정적 효과가 있다.

그런데 한편으로는, 한국에서는 '미투'라는 외국어를 통해 성폭력의 '폭력성'을 다소 희석시킨다는 의구심이 든다. 여성들의 폭로를 그간 외면하다가 미국에서 시작된 '미투' 이후 한국 여성들의 목소리를 '한국판 미투'라고 부른다. 직접적인 '성폭력'이라는 단어가 들어가지는 않은 '미투'라는 추상적인 구호가 입에 올리기 더 편해서일까. '미투'라는 언어가 널리 퍼지면서 많은 언론들이 제목에서 성폭력 가해자를 지칭할 때 '미투 가해자'라는 표현을 사용하기도 했다. 미투 가해자, 미투 교수, 미투 사건 등. 왜 성폭력 가해자 혹은 가해 지목인이 아니라 '미투 가해자'라고 할까. 이런 모호한 표현은 오히려 '미투'의 개념을 점점 혼란스럽게 만든다. 이 외에도 미투 논란, 미투 운동 단체, 미투하다, 미투 열풍, 미투 정국, 미투 교수 사망, 미투당했다, 미투 의혹이라는 표현까지 있다. '미투 의혹'은 성폭행 고발인가 아니면 그 무섭다는 '무고'에 대한 의혹인가. 이처럼 언어의 본래 뜻을 교란시켜 언어를 정복하기. 권력은 지속적으로 약자의 언어를 갉아먹으며 권력을 부풀린다. 남성들은 이 '미투'라는 언어로 장난을 친다. 나도 미투할까? 너도 미투? 심지어 2018년 하반기 '빗투'¹라는 언어까지 등장했다.

'미투'me too라는 언어에 대해 내가 가진 문제의식은 두 가지다. 우선은 어떻게 번역하는가. '당했다'부터 '고발한다'까지 다양하다. 두 번째는 '미투'의 사용 방식이다. '미투 의혹'이라는 제목을 보면 '미투'라는 언어를 활용하는 방식은 점점 더 불투명해지고 있음을 알 수 있다. 성폭력이라는 개념을 전달하기 위해서가 아니라 가리기 위한 용도로까지 퍼지고 있다. '미투'는 성폭력이라는 내용을 순화시켜 전달한다. 미투, 위드 유, 미 퍼스트 등 언어의 향연이 펼쳐졌다. '여혐'이라는 축약어는 마치 여성혐오의 긴 역사와 맥락마저 축약하는 듯 가볍게 유통되고 있다. '갑질'이라는 말로 권력의 복잡한 얼굴이 단순화되듯이 '미투'는 성폭력의 폭력성을 매끈하게 정리해 준다.

선택하고 결정하기

규중의 아가씨는 수줍음이 많아 마음속의 이야기를 잘하지 않는 법. 어머니나 자매가 무언가를 물어도 고개만 끄덕이거나 가로저어서 대답하곤 했다. 번거롭고 시원스럽지 못한 면이 있지만, 결국에는 마음을 털어놓게 되는 방법이었다. 예를 들면, 이런 상황이 벌어질 수 있는 것이다.

"얘야, 네가 마음에 두고 있는 사람이 장씨 댁 셋째 아들이냐?"

딸은 고개를 젓는다.

"그럼 이씨 댁 넷째냐?"

딸은 역시 고개를 젓는다.

"그렇다면 왕씨 댁 아들인 게로구나?"

딸이 고개를 수그린 채 대답이 없다면, 바로 맞힌 것이다.[2]

무협지의 대가인 김용의 『사조영웅전』에는 대화의 방식에 대한 탁월한 묘사 장면이 꽤 있다. '남아일언중천금'이 수도 없이 언급되는 무협지지만 자신의 마음을 표현하기 어려운 정숙한 여자의 표현방식도 잘 포착한다. 에둘러 말하여 원하는 것을 얻어내는 여성의 말하기 방식은 스스로 선택과 결정을 하지 못하는 차별적 문화의 결과다.

픽업 아티스트라는 직업(?)이 있다. 여자를 고르고 선택한다. 여성'을' 제 취향의 대상으로 여겨 취향 따라 골라 '먹는' 먹이로 생각한다. 여성이 안전하지 않은 이유다. 여성을 노동자로 보지 않는 이유다. 내 취향의 '대상'인 그들도 노동을 해서 돈을 벌어야 먹고 살 수 있으며, 대부분 자식을 길러야 하며, 부모도 봉양하며, 믿고 싶지 않겠지만 자아 성취

라는 것도 하고 싶고, 상당한 승부욕과 야망이 있으며, 그
와중에도 아주 개인적인 취미를 가지고 정서를 살찌우고 싶
은 욕망이 있다는 사실을 인정하지 않는다. 왜냐면 이 사실
을 인정하기 시작하면 현재 당연하게 여기는 많은 관념과
문화들이 전복된다. 여성이 선택하고 결정하는 존재임을 인
정하지 않기 위해 이별을 요구하는 여성에게 복수를 하려
든다.

많은 남성들이 고위 공무원의 '성의식'(나는 이 표현이
정확하다고 생각하지 않는다)을 두고 '성적 취향'이라고 자
꾸 우긴다. 위장전입은 도덕성 문제인데, 여성을 사물로 대
하는 의식은 도덕성과 무관한 취향으로 둔갑한다. 동료에
게 모멸적 발언을 했을 때 이를 취향이라고 말하는 사람은
없다. 부동산 투기도 집에 대한 취향이라고 하면 어떨까. 여
성비하 발언은 '자유로운' 음담패설이고, 성적 착취는 취향
이라고 착각한다. 여성을 향한 성적 대상화는 취향의 범주
에 들어갈 수 없다.

폭력을 폭력으로 인식하는 게 오히려 고통스럽기 때문
에 폭력을 사랑으로 받아들이는 여성들이 많다. 구속을 관
심이라고 생각하며 착취당함을 사랑의 실천이라 여긴다. '내
가 잘하면' 남자가 문제를 일으키지 않는다고 생각한다. 남
성연대 사회에서 여성이 남성과의 연결을 통해 '사랑받을 가
치가 있는 여자'임을 입증해야만 삶의 의미를 갖도록 만든

다. 여성은 사랑의 주체가 아니기에 '선택권'이 없다. 사랑받기 위해 노력해야 한다. 여성들을 옥죄는 이데올로기가 바로 '내가 잘하면'이다. 내가 잘하면 그가 폭력을 멈추겠지, 내가 잘하면 그가 돌아오겠지, 내가 잘하면 그가 달라지겠지…. 그렇게 인생을 보낸다.

"여성은 강간 피해자가 되도록 훈련받는다." 강간문화를 분석한 수전 브라운 밀러의 『우리의 의지에 반하여』 10장을 여는 문장이다.[3] 이 한 문장에 인류의 비대칭적 역사가 담겨 있다. 과거형이 아니라 현재형인 문장. 바로 지금 여기에서 목격하는 현실이다. 남성의 여성에 대한 성착취를 이해하는 모든 사람들이 강간문화의 공범이며, 여성들은 강간 피해자가 되는 줄도 모른 채 강간 피해자가 되어 있다. 강간을 이해하지 못한 채 젠더 권력을 이해할 수 없다.

"여자는 무엇이든 할 수 있다"Girls can do anything는 구호가 여성들에게 호소력을 가지는 이유는 바로 '선택의 권리'를 여성들이 그동안 박탈당했기 때문이다. 여성과 대면하지 않는 '관계'에 익숙해진 남성들은 자신이 선택하고 결정하고 거부하는 주체이지 여성과 조심스럽게 호흡하고 말을 섞는 관계에는 적응을 못 한다. 정물화의 대상처럼 여자는 의지가 없어야 한다. 그래서 거절을 받아들이지 못하는 남성과 거절을 못 하는 여성으로 길러진다. 이 태도가 극단적으로 가면 바로 이별을 요구하는 여자, 사귀자는 청을 거절하는 여자를 죽이는 일이 벌어진다.

'안 돼요, 돼요 돼요 돼요 … .' 따위의 농담이 유통되는 사회에서 여성의 거부는 온전히 거부로 읽히지 않는다. 남성 연대는 여성의 거부를 묵살한다. 거부하면 죽인다. '거절당 함'이 남성성에 거대한 상처를 남긴다고 생각한다.

폭로된 내용에 따르면 고은 시인은 여자들을 '보지야'라 불렀다. 여성의 정체성을 오직 생식기로만 존재하는 살덩이 로 만들기 위해서다. 자신의 정체성을 '보지'와의 차별성에 두었기에 자신의 성기를 내세워 다른 몸을 가진 사람들을 조롱한다.

보지가 있는 사람들은, 이런 말 사용하는 것을 이해해 주세 요. 어쨌든 그것을 갖고 태어난 사람들에게는 아담의 이브 에게 내려진 저주가 내려진 것 같아요. 여하튼, 이 구멍을 갖 고 태어나면, 그것이 자부심의 원천이 아니라 누군가와 결 혼하거나 창녀가 되어야 하는 운명을 타고난 거예요.[4]

응구기 와 시옹오Ngũgĩ wa Thiong'o의 『피의 꽃잎들』은 여 성 인물 완자를 통해 '보지'가 있는 사람에게 일어나는 현실 을 잘 압축한다. 인생에서 다른 선택권이 차단당한다. 교육 부가 2015년 교사용으로 제작한 성교육 자료는 남성의 돈 과 여성의 몸이 교환되어야 한다는 공식을 오히려 정당화한다. "남성은 돈, 여성은 몸이라는 공식이 통용되는 사회에서는 데이트 비용을 많이 사용하게 되는 남성의 입장에서는 여성에게 그에 상응하는 보답을 원하게 마련이다. 이 과정에서 원치 않는 데이트 성폭력이 발생할 수도 있다."라고 했다. 문제의 핵심을 빗나갔다. 성차별주의자들이 원하는 것은 반드시 공평한 데이트 비용 분배가 아니다. 돈을 지불한 자가 권력을 행사하고 싶은 것이다. 여성의 삶을 제한한 뒤 경제권을 독점하고 이에 대한 대우를 받고 싶어 한다.

여성의 서사에 집중한 작품들에서 일터에서의 성폭력은 쉽게 찾을 수 있다. 1934년 작품인 강경애의 『인간문제』에서 도시로 상경한 공장 노동자 여성이 겪는 성폭력은 1995년 신경숙의 『외딴방』에서도 반복된다. 생산과장은 노조에 가입한 여성에게 탈퇴를 권했지만 이 여성이 뜻대로 움직이지 않자 강간한다. 여성은 노조에 이를 알렸고 생산과장은 오히려 여성 노동자를 명예훼손으로 고발한다. 이에 노조 간부들이 옷을 벗고 옥상으로 올라가 시위했다. 매우 익숙한 흐름이다. 노동문학이 아니어도 2017년 출간된 송아람의 만화 『두 여자 이야기』에서 우리는 또 일터에서 성희롱에 시달리는 여성의 목소리를 듣는다. 대구에 사는 공주는 도넛 가게, 카페 등에서 아르바이트를 하며 생계를 이어간다. 그러던 중 도넛 가게에서 수시로 성희롱을 겪고 그는 두 달 만에 일을 그만둔다.

이처럼 성희롱으로 직장을 그만둘 때 이는 개인의 선택이 아니라 노동현장에서 벌어진 폭력의 결과다. 여성에게 선택권을 제한하지만 성폭력 앞에서는 여성의 선택을 강조한다. 만약 그만두지 않고 계속 일한다면 성희롱에 동의한 셈이고 '피해자의 자격'을 상실한다. 결국 성폭력에 '동의'하여 경제활동을 이어가거나 노동현장을 이탈하여 고립된 피해자가 되거나, 여성에게 강요된 선택지는 이처럼 불공정하다. 여성은 돈을 벌기 위해 항상 성을 교환의 도구로 쓰도록 은근히 강요받는다. 임금노동을 하기 위해 집 밖으로 나온 여성이라면 그 정도는 각오해야 한다고 여긴다. 노래방에서 탬버린 흔들며 분위기 맞추려는 여성 검사에게 "네 덕분에 도우미 비용 아꼈다."라고 말하는 부장 검사의 행태를 보자.[5] 그 여성이 무슨 일을 하든 궁극에는 '성노동'으로 전환시켜 젠더 권력을 행사하고자 한다. 이때 '성노동'은 '성역할 노동'까지 포함한다. 애교, 회식 자리에서 냅킨을 깔고 수저를 착착 놓기, 반찬 채우기, 술 따르기, 고기 잘 뒤집기 등을 특히 여성들에게 요구하는 이유도 이러한 젠더 권력을 확인하기 위해서다.

이름 없는 여자들

노예는 처음에는 이름을 잃고 다음에는 언어를 잃는다.
— 응구기 와 시옹오

대부분 자신의 이름은 스스로 짓지 않고 부모나 다른 양육자에 의해 지어진다. 이름에는 짓는 사람의 소망이 담긴다. 여성의 이름에는 주로 어떤 메시지가 담겼을까.

할머니들의 이름을 보자. 2012년 리금홍의 〈규방가사-각명기〉는 노인정에 있는 할머니들에게 작가가 직접 찾아가 각자의 이름에 대한 이야기를 들으며 낙관을 새긴 작업이다. 작가 리금홍의 이름도 본인이 지은 이름이다. 계약서에 자신의 이름이 들어가거나 인감도장을 찍는 일이 동시대 할아버지들에 비하면 극히 드물었을 할머니들. 작가는 창동 스튜디오에 있는 동안 창동 지역 할머니들을 만나 이야기를 듣는다. 그리고 이들의 이름 하나하나를 새기는 작업은 개인의 이야기를 살리는 일이었다. 작가가 만난 할머니들 중에는 제 이름을 쓸 줄 모르는 경우도 있었다. 쓸 줄 모르는 사람, 곧 제 생각을 말할 수 없는 사람으로 길러진 할머니들이지만 그들에게 이야기가 없지는 않다.

리금홍 작가는 한국 사회에서 상대적으로 목소리가 없는 사람의 이름을 새기는 작업을 이어가면서 할머니뿐 아니라 이주 여성의 이름으로까지 범위를 넓혔다. 결혼이주여성은 자국의 문자를 알더라도 한국에서는 글을 모르는 사람이 된다. 한국에서 살아가면서 자신의 정체성을 한국 사람으로 담기 위해 한국 이름을 새로 만드는 경우도 있다. '필리핀 여자', '베트남 여자' 혹은 '동남아 여자'가 아니라 그들도 각자 이름을 가진 단독자다.

조선시대 여자 이름은 많은 경우 성씨로만 남아 있다. 오늘날도 가정에서 아들은 집안의 돌림자를 쓰지만 여자는 이 돌림자에서 열외시키는 경우가 많다. 여성에게 소속감을 뺏는다. 정식 이름 외에 아명과 자, 호 등 남성의 이름은 넘친다. 여성은 이름은 없지만 장소와 동일시되는 경우가 많다. 지체 높은 가문이라면 이름이 있더라도 사임당 신 씨나 혜경궁 홍 씨처럼 거주하는 장소의 이름으로 불린다. 평범한 여성들은 결혼 전 살던 지역의 이름을 빌려 '무슨 댁'으로 불렸다.

여성의 이름에는 아들에 대한 소망도 담겨 있다. 고등학교 때 같은 반 친구가 이름을 개명한 적이 있었다. 출석부 이름과 우리가 알고 있는 이름이 달라 의아했는데 학교 입학 후 이름을 바꿨다고 했다. 출석부에 있던 그의 이름은 남자 동생이 태어나기를 바라는 뜻에서 그의 부모가 지었던 이름이다. 사정을 모르면 그저 '남자 같은 이름' 정도로만 생각할 뿐이지만 그는 그 이름이 싫어서 결국 개명했다. 세대를 거슬러 올라가면 더 심한 이름도 있다. 딸이 많은 경우 이제 딸은 끝나야 한다며 '막'이나 '말'이 들어가는 이름을 지었다. 오래전 드라마 〈아들과 딸〉에서 극심히 차별받는 막내딸의 이름은 심지어 '종말'이었다.

서구에서 여성은 결혼 후 자신이 태어난 원가족에서 벗

어나 남편의 성을 따른다. 한국에서 여성은 결혼 후에도 남편의 성을 따르진 않는다. 여성의 성을 존중해서가 아니라 오히려 여성을 배제하기 때문이다. 결혼한 여성은 그렇게 자신의 원가족에게는 '출가외인'이 되고 결혼 후 만든 가족관계에서도 배제되는 위치에 있다. 중국의 공자 가문에서는 무려 2500년간 여성의 이름을 족보에 올리지 않다가 2006년이 되어서야 여성의 이름을 기입하기 시작했다. 이름 없는 존재인 여성들은 재생산의 도구로만 취급받았다는 뜻이다. 사람은 죽어서 이름을 남긴다고 하지만 그 이름은 어디까지나 남성의 이름이다. 여성들은 이름을 남기려는 남성의 욕망 사이에 끼어서 이름 없이 사라져갔다. 영화 속에서 이름을 가진 여성이 등장하는 비중을 따지는 이유는 여성이 인격이 있는 하나의 개인으로 존재하는지 여부를 알 수 있는 가장 기본적인 잣대이기 때문이다. 여성 인물은 상대적으로 이름이 없다. 여성은 개별적 사람이 아니라 여성이라는 일반명사로 존재한다.

프랑스에서는 크리스틴 드 피잔Christine de Pisan이 최초의 여성 전업작가로 알려졌다. 그는 14~15세기 인물이지만 여성 작가들이 많아지기까지는 19세기까지 기다려야 했다. 19세기에 여성 작가들이 본격적으로 늘어나긴 했지만 여성의 이름으로 출판하기는 어려웠다. 19세기 프랑스 여성 작가들 중에서 세귀르 백작 부인la Comtesse de Ségur, 다쉬 백작부인la

Comtesse Dash처럼 여성 이름을 드러낸 작가도 있으나, 많은 여성들이 문단에서 자신의 성별을 숨기기 위해 남성 필명을 사용했다. 조르주 상드George Sand(오로르 뒤팽Aurore Dupin), 라울 드 나베리Raoul de Navery(외제니-카롤린느 사프래Eugénie-Caroline Saffray), 다니엘 르쇠에Daniel Lesueur(잔느 루아조Jeanne Loiseau), 잔 베르테로이Jean Bertheroy(베르트-코린느 르 바릴리에Berthe-Corinne Le Barillier), 조르주 말다그Georges Maldague(조세핀 말다그Joséphine Maldague), 앙드레 코르티스André Corthis(앙드레 막들렌 위송Andrée Magdeleine Husson) 그리고 제라르 두빌Gérard d'Houville(마리 드 레니에Marie de Régnier)처럼, 남성 이름으로 활동했다.

영국에서도 샬럿 브론테Charlotte Brontë의 『제인 에어』는 1847년 커러 벨Currer Bell이라는 남자 이름으로 세상에 나왔다. 동생인 에밀리 브론테Emily Brontë의 필명은 엘리스 벨Ellis Bell이었다. 샬럿, 에밀리, 앤 브론테Anne Brontë자매는 1846년 함께 시집을 출간할 때 여성에 대한 편견에서 벗어나기 위해 『커러, 엘리스, 엑턴 벨의 시』*Poems by Currer, Ellis, and Acton Bell*라는 제목으로 출간했다. 역시 19세기 영국 작가 매리 앤 에반스Mary Ann Evans는 조지 엘리엇George Eliot이라는 남성의 필명으로 글을 썼다. 여성의 정체성이 드러나는 이름은 평가에 불이익을 주기 때문이다.

『보이지 않는 인간』의 '나'는 자신이 백인의 인형으로 끌려다니며 운동의 도구였다는 사실을 깨달았을 때 자신의 이름에도 관심을 갖는다. "나의 문제는, 항상 내가 아닌 다른 사람들의 방식을 따르고자 했다는 점이다. 그리고 사람들은 나를 언제나 이런저런 이름으로 불렀지만 정작 내가 나 자신을 부르는 이름에는 관심이 없었다."[6] 관등성명을 위한 이름이 아니라, 선명한 개인이 되기 위해 짓는 이름이 필요하다. 타자를 어떻게 부를 것인가, 이와 더불어 나를 어떻게 호명되게 만들 것인가는 하나의 정치활동이다.

호명의 정치

흑인 여성을 위한 미용 사업으로 20세기 초에 미국에서 자수성가한 마담 C.J. 워커Madam C. J. Walker라는 사업가가 있다. 그는 스스로를 '마담'으로 칭했다. 흑인 여성에게 '마담'이라는 호칭은 사용하지 않던 시절이다. 영화 〈히든 피겨스〉(2016)에서 백인 관리자는 도로시(옥타비아 스펜서)에게 평소에 '도로시'라는 이름으로 부르다가 도로시가 매니저로 승진하자 '마담 본'이라 부른다. 물론 매니저가 된 흑인 여성에게 백인 여성이 '마담'이라 부른다고 모든 흑인 여성에 대한 인권 의식이 생겼다고 볼 수는 없다. 다만 성별이나 인종에 따라 구획이 나뉘던 호칭에 균열이 생긴다. 개인의 이름뿐 아니라 어떤 집단을 부르는 이름도 누가 어느 위치에서 부르느냐에 따라 달라진다. 남한으로 이주한 북한 사람은 관점에 따라 '탈북자'와 '귀순용사'로 불린다. 2018년 4월 27일 남북정상회담에서 김정은 위원장이 '탈북자'라는 단어를 꺼낸 것에 언론이 주목했던 이유다.

지난 미국 대선에서 만약 힐러리 클린턴이 당선되었다면 2016년 11월 10일 미국 일간지의 제목은 '마담 프레지던트'였을 것이다. 많은 언론이 '마담 프레지던트'라는 제목을 준비해 두었지만 써먹을 일이 없었다. 귤이 회수를 건너면 탱자가 된다더니, 대통령에게도 붙일 수 있는 '마담'이 한국에 들어오면 전혀 다른 의미로 유통된다. 유흥업소의 주인에게 주로 마담이라 부른다. '미스'나 '호스티스'도 한국으로 수입되면 사용하는 의도가 달라진다. 오늘날 아가씨, 미스, 호스티스, 마담이라는 호칭은 주로 '접대'의 공간에서 일하는 여성에게 붙는다. '접대'하는 여성을 존중하기 때문에 이런 호칭을 쓰느냐, 당연히 그렇지 않다. 여성을 부르는 말을 가급적 '접대부'의 이름으로 바꿔버린 후 밖에서 일하는 여성을 접대부화한다. 한때 '직업여성'이라는 말이 역시 '접대' 공간에서 일하는 여성을 뜻하는 말이었기에 굳이 '커리어 우먼'이라는 외국어가 별도로 필요했듯이, 가족관계 바깥의 여성은 주로 성적 접대의 도구다. 결국 여성을 성적인 대상으로만 규정 짓기 위한 몸부림이 반영된 태도다. 하인을 부르는 데 익숙하던 주인들은 듣는 습관이 안 되어 있다. '부르는' 싸움이 필요하다. 호명에 저항하기. 내가 누구인지 가르치려 하지 말라. 내가 누구인지는 내가 말한다.

개인되기의 기본적인 조건은 '나의 이름'을 갖는 것이다. 다시 말해 개인이 되지 못하도록 방해하는 가장 일상적인 행동은 고유의 이름을 '부르지 않기'이다. 언론은 사회의 소수자와 약자의 이름을 잘 부르지 않는다. 개인의 이름이 아니라 특정한 정체성과 역할로만 호명하여 '부르기 권력'을 행사한다.

예를 들어 마허샬라 알리Mahershala Ali가 영화 〈문라이트〉로 2017년 아카데미 남우조연상을 탔을 때 한국의 일부 언론에서는 이렇게 소개했다. "오클랜드 출신 흑인 배우 남우조연상 수상". 또 미국 배우 메건 마클Meghan Markle이 영국 해리 왕자와 약혼하자 『동아일보』는 「'이혼-혼혈-연상-미국인-가톨릭신자' 英왕실 5대 금기 깼다」라고 제목을 지었다. 이 기사에는 마클의 배우로서의 경력을 비롯한 사회활동, 곧 드라마 〈슈츠〉Suits를 통해 대중적으로 널리 알려진 인물이며, 인터넷 매체 『더 틱』The Tig의 설립자라는 사실은 일체 언급하지 않았다. '진보' 언론이라 하여 크게 다르지는 않다. 『한겨레신문』은 SNS에서 이렇게 소개한다. "영국 해리 왕자, 흑인혼혈에 이혼한 미국인과 결혼 발표".

이름을 부르지 않은 채, 어떤 특정한 정체성만 강조하는 태도는 너는 '보편적 인간'이 아니라는 점을 강조하기 위해서다. 이는 굳이 의지를 가지고 고의적으로 하는 행동이 아닐 수 있다. 그러나 의도하지 않아도 보편에 대해 이미 형성된 관념 때문에 꾸준히 벌어지는 차별적 행위다. 이러한 부름은 불리는 대상의 사회적 위치를 부르는 자가 규정하는 태도다. 차별은 굉장히 섬세하게 일어난다.

내면의 뭔가가 아우성을 치고 잘못된 것을 무조건 바로잡고 싶어진다. 애칭이나 별명도 본인 마음에 들지 않거나 어울리지 않는 경우에는 더욱 그렇다. … 상처 입히는 말들에서는 이름과 현실, 지식과 권력 사이의 특별한 관계를 읽어낼 수 있다. 이름은 언제나 사회적 실존을 확정한다. 다른 사람들이 나에게 말하는 방식이 세계 속의 나의 위치까지 결정하는 것이다.[7]

바로 "세계 속의 나의 위치"를 결정하려는 의지를 가진 어떤 타인들에 의해 자신의 특정 정체성이 지속적으로 불려 나오며 고유의 이름이 늘 지워진다. 사회의 소수자들은 '흑형'이나 '무슨녀'처럼 이름보다는 집단의 정체성으로 불린다. 너는 외부인이라고 매번 알려주는 격이다. 이름 붙이는 권력에 의해 이름이 불리는 사람은 정체성이 제한되고 자기 검열에 길들여진다. 된장녀가 될까 봐, 맘충이 될까 봐, 조심한다.

몸과 돈, 성과 계급에 대한 '인간문제'

그는 중대한 그의 사명이 없다면 당장에 이 문을 두드리고 이 공장 안이 벌컥 뒤집히도록 떠들어 이 사실을 여공들 앞에 폭로시키고 싶었다.[8]

『인간문제』의 여주인공 선비는 자신을 성폭행하던 시골의 지주에게서 탈출하여 인천의 방직공장에 취직하였다. 선비의 주인은 '딸 같아서', '공부시켜 주겠다'는 빌미로 안마부터 시작해서 상습 성폭행에 이른다. 선비는 수치심으로 괴로워하면서도 기왕 이렇게 된 거 차라리 아들을 낳아 첩실의 지위를 가질까 잠깐 고민도 한다. 그러나 주인집 모녀의 학대와 남자의 성적 착취에서 결국 탈출하기로 결정한다. 나운규의 영화 〈아리랑〉(1926)은 주인공 영진이 제 여동생을 겁탈하려는 친일파 친구를 낫으로 찔러 죽이는 내용이다. 민족의 저항의식을 드러낸 이 영화에서 겁탈은 일본 제국의 조선 침탈에 대한 은유다. 여성은 성폭력 피해자이고 피해 여성의 오빠가 저항을 보여준다. 강경애의 『인간문제』는 은유로서의 성폭력이 아니라 성폭력 그 자체의 권력구조를 보여준다.

가부장제 봉건사회에서 인간 대접을 받지 못하는 하녀 노릇에서 탈출한 선비는 자본주의 도시에서 임금노동을 하는 빈민이 되었다. 더구나 공장의 감독들은 여성 노동자를 희롱하거나 밤마다 숙직실로 불러 성적으로 착취한다. 더욱 조직적으로, 더욱 거대하게. 선비는 자신의 고향을 떠나며 일차적으로 봉건사회라는 무대를 벗어나고, 더불어 주인의 성적 착취에서 탈출한 경험을 통해 성장했다. 선비는 이 방직공장에서는 그대로 당하고만 있지 않으리라 마음먹는다. 그는 여성 노동자들 간의 연대로 저항할 방법을 모색한다. 폭로는 모든 수단을 사용한 뒤, 결국 자신이 희생할 각오를 하고 최후에 선택하는 수단이다. 선비는 자신을 지키고 자신의 사명을 완수하는 일도 중요하기 때문에 폭로를 미룬다. 1934년 『동아일보』에 연재된 강경애의 소설 속 주인공들이 겪는 문제는 21세기 여성들에게 아직도 펄펄 살아있는 주제다. 선비가 홀로 폭로하지 않고 조직 활동으로 문제를 해결하려던 시도는 선비의 죽음으로 좌절되었다. 이 땅에는 수많은 선비들이 있다.

내가 성희롱이라는 구체적 개념과 이것이 법 앞에도 설 수 있는 문제임을 확실히 인식한 시기는 대학교 4학년 때인 1999년이다. 당시 서울대 신정휴 교수 성희롱 사건의 최종 판결이 나왔기 때문에 사회적으로 성희롱의 개념을 많이 논했다. 일상에서도 이 성희롱이라는 개념이 회자될 정도였다. 물론 그저 돈 얘기만 하는 남자들이 많았다. 성희롱에 벌금을 물릴 수도 있다는 사실에 빈정이 상한 듯, 오히려 여자들 앞에서 '이거 걸리면 얼마냐' 따위의 농담을 하는 사람도 있었다. (최종적으로 법원이 피해자에게 지급하라고 명령한 금액은 500만 원이었다.) 그러나 명백히 죄라는 인식을 적어도 형식적으로 공유하느냐 하지 않느냐는 꽤 중요한 변화다. 1994년 제정된 성폭력 특별법도 성폭력 피해 생존자들의 수많은 발화가 있었기에 가능했다.

성희롱이니 성추행이니 이런 언어를 모르던 시절에도 '집적대기' 앞에서 내게 일어나는 선명한 불쾌감은 있었다. 왜 짜증 나게 비비적거리지? 왜 남의 옷을 들춰? 날 뭐로 보는 거지? 이런 '화'가 치솟으며 곧장 그 감정을 표현하곤 했다. 그럼, 이렇게 불쾌감을 표현했을 때 과연 괜찮기만 할까. 가해자들이 반성하고 물러났을까. 가해자들은 조용히 퇴각하지 않는다. 이 사회는 여성과 소수자들의 감정이 틀렸다고 꾸준히 가르친다. 감정적이라고, 피해의식이라고 손가락질하며 정당한 감정을 드러내지 못하게 한다. 여자들이 감정적이라고 말하는 이유는 여자들의 감정을 무시하기 위해서다. 그 감정 속에 실은 많은 진실이 숨어 있다.

또한 가해자들이 성폭력에 대해 "연애감정 있었다."(배우 오달수)라고 말하는 모습은 꽤 익숙하다. 성폭력 피해자가 혹여 자신의 상황을 주변에 이야기했을 때도 크게 도움을 받지 못한다. 꼭 피해자를 비난하는 전형적인 사례 때문만이 아니다. '네가 인기가 많아서 그래.'라는 말로 폭력을 연애

감정으로 곱게 포장한다. 성폭력 피해자들도 그 사람이 나를 좋아하기 때문이라고 애써 이해하려고 한다. 굳이 피해자가 되고 싶은 사람은 드물다. 자신을 무력한 사람으로 만들고 싶어 하지 않는다. 그러다 보니 자신을 둘러싼 폭력을 인기로 전환시켜 사고하는 게 오히려 스스로를 보호하는 심리적 방책이 된다. 이 마음을 가해자는 잘 활용한다. 성폭력을 둘러싼 문제가 풀기 어려운 이유다. '공식'으로 설명할 수 없는 성폭력의 복잡성이다. 많은 피해자들이 희롱과 유혹 사이, 폭력과 관계 사이에서 혼란의 시간을 겪는다.

한편 많은 남성들은 관계, 매매, 폭력을 구별하지 않는다. 이를 구별하려면 '나의 의지'가 아니라 '타인의 의지'를 고려해야 한다. 곧 타인을 인격적 대상으로 본다는 전제조건이 필요하다. 타협하고 존중하는 관계에서는 무수한 감정노동이 필요하다. 이 과정이 피곤하기에 굳이 관계, 매매, 폭력을 구별하지 않는다. 이를 뒤섞어 놓을 때 피해자들의 감정을 가해자들이 주도적으로 끌고 갈 수 있다.

성폭력은 대부분 권력의 문제다. 그런데 여기서 멈추면 모호해진다. '이것은 갑을관계의 문제다.'라며 쉽고 단정적으로 성폭력의 원인을 파악하는 시선을 경계해야 한다. 검찰 내 성폭력을 고발한 서지현 검사의 긴 글에는 분명히 '안아달라고 행패를 부리던' 남성 후배도 언급되어 있다. 성폭력을 갑을 관계의 문제로 한정해서 보고 싶은 사람들은 이런 사례를 모른 척한다. 성폭력이 단지 남성이 여성에게 가하는 문제만이 아니듯이, 직위에 의한 권력관계에서만 발생하는 폭력도 아니다. 중요한 사실은, 그 권력이 사회에서 성별화되었다는 점이다. 왜 특정 성별이 권력을 압도적으로 쥐고 있는가. 생물학적 차이를 차별의 근거로 활용한 역사의 무게는 그리 가볍지 않다.

또한 우리 사회에는 몸에 부여한 위계질서가 있다. 생물학적 여성의 몸이 '남자가 아닌 몸'이라면 트랜스젠더의 몸은 '잘못된 몸'이다. 인종에 따른 몸의 서열과 장애를 가진 몸을 대하는 방식을 떠올려도 무방하다. 갑자기 이러한 역사를 깃털처럼 가볍게 날려 버리고 '모든 인간의 문제'라는 두루뭉술한 언어로 차별의식을 보편적 감정인 양 포장하는 태도는 기만적이다. 식당의 주방에서 가장 낮은 위치인 설거지 담당이 여성 셰프를 성희롱하고, 학교에서 남학생이 여성 교사를 성희롱하고, 남성 환자가 간호사를 성희롱, 성추행하고, 후배 남성이 선배 여성을 성추행하는 등 갑-을 관계와 무관한 사이에서도 성폭력은 무수하게 발생한다. '네가 아무리 잘나도 결국은 남자의 성적 대상인 암컷에 불과하다는 사실을 알려주고 말 테야.'라는 의지 표명이다. 한 나라의 대통령도 자신의 죄와 무관한 성별로 조롱받았다는 사실을 떠올리자.

권력을 가져서 성폭력을 행사하기도 하지만 권력을 가지

기 위해서도 성폭력을 행사한다. '권력의 문제'라는 개념을 편협하게 해석하면 단순히 지위고하에 의해서만 성폭력이 발생한다고 착각할 수 있다. 권력과 성폭력의 상관관계를 이렇게 단순한 모양으로 만드는 이유는 성폭력을 일부 권력자만이 행사할 수 있는 폭력으로 축소하기 위해서다. 배우 오달수의 친구처럼, 가난하고 못생긴 남자가 무슨 힘이 있어 성폭력을 저지르겠냐고 옹호하는 사람이 바로 이 권력의 개념을 왜곡하는 경우다.

스트린드베리August Strindberg의 희곡 『미스 줄리』는 계급과 성의 통념적 권력관계를 뒤흔드는 시도를 한 작품이다. 백작의 딸인 줄리는 하인인 장에게 "내 발에 키스해."라고 명령하며 굴종을 요구한다. 그러나 두 사람이 성관계를 가진 후 줄리를 대하는 장의 태도가 달라진다. 둘 사이에 젠더 권력이 끼어들면서 관계는 더 이상 전과 같을 수 없다. 권력의 중심이 이동한다. 이 작품은 상당 기간 공연이 금지되었고 사회 전복적인 내용을 담고 있다고 당시에 평가받았지만 두 인물의 성이 반대라면 전혀 다른 상황이 펼쳐졌을 것이다. 귀족 남성과 하녀의 관계는 성과 계급의 권력 관계를 전복시키지 않는다.

또한 줄리는 이제 오염된 여성이 되었다면 장은 정복자가 되었다. 이제 장에게 남은 것은 줄리를 아버지의 그늘에서 멀어지게 만드는 것이다. 하녀인 크리스틴으로 인해 아버지의 성에서 탈출하지 못하게 되자 줄리는 자살한다. 줄리는 장이 준 면도칼로 자살한다. 장은 이 자살을 종용했다. 그전에 장은 줄리가 아끼는 새를 칼로 난도질해서 죽인다. 이 극의 공간은 부엌이다. 귀족의 저택에서 부엌은 주로 하녀의 공간이다. 이 극의 또 다른 인물은 바로 이 부엌의 실질적 주인인 하녀 크리스틴이다. 장에게는 여성의 공간이며, 줄리에게는 자기보다 신분이 낮은 여성의 공간이며, 하녀인 크리스틴에게는 익숙한 공간이다. 세 사람의 권력 관계가 부엌에서 팽팽하게 이어진다. 사랑도 때로는 권력 투쟁의 한 갈래이다.

자살을 줄리의 주체적 저항으로 해석하는 비평도 있으나 나는 다르게 생각한다. 저항의 방법이 이 세상을 떠나는 길밖에 없다면 이를 온전히 '주체적 저항'으로 볼 수 있을까. 델마와 루이스의 자살은 주체적 자살로 볼 수 있다. 법의 심판을 받지도, 남편이 있는 가정으로 돌아가지도 않기 위해 자살한다. 이들은 법적으로 분명히 죄를 지었다. 자살은 이들이 내린 가장 '합리적' 선택이며 법과 남편에게 엿을 먹일 수 있는 방법이다. 그러나 줄리의 자살은 다르다. 줄리는 법의 영역에서 범법자가 아니다. 문화적으로 탈출구가 없기에 그는 죽는다. 그의 자살은 장을 심판하지 못한다.

『토지』에서 서희와 길상의 관계에도 이 '어려운' 관계가 잘 녹아있다. 두 사람의 속마음이 드러나는 한편 사회적 위치로 인해 이 마음에 스스로 제동을 걸면서 서로를 향해 거친 공격을 쏟아내는 여관에서의 대화는 젠더와 계급의 복잡한 문제를 잘 압축한다. 길상은 서희에게 "넌 일개 계집아이"라 부르며 소리친다. 자신이 마음만 먹으면 얼마든지 서희를 희롱하거나 물리적 폭력을 사용할 수 있다고 외친다. 실제로 길상은 얼마든지 상전인 서희를 희롱할 수도 있고, 죽일 수도 있는 '남성'이다. 물론 길상은 서희를 희롱하지도, 죽이지도 않지만 자신이 그럴 수 있는 사람임을 드러내어 자신의 계급적 울분을 위안한다. 이에 서희는 호통을 치며 권력을 유지하려 한다. 서희와 길상은 수많은 사회적 맥락 속에 위태롭게 서 있는 주체이기에 이들 사이에 갈등이 형성된다. 이 둘의 관계는 사랑과 권력 투쟁이 실은 꽤 닮은 모습이라는 사실을 잘 보여주는 사례다.

그러나 대상화가 된 존재와는 갈등을 일으키지 않는다. 소유와 정복으로 이루어진 관계에서는 갈등을 용납할 수 없다. 갈등은 상대의 의지가 내게 반영될 때 일어난다. 비서에게 "네 의견을 달지 말라. 네 생각을 달지 말라. 날 비추는 거울이다. 그림자처럼 살아라."라고 말했다는 안희정 전 충남 도지사의 태도에서 알 수 있듯이 지배란 이렇게 피지배자의 의지를 박탈하는 행위이다. 오늘날 한국 영화에서 남성 인물은 여성 인물과 갈등을 별로 일으키지 않는다. 여성은 보호받는 대상인 딸로 등장하거나 폭력의 희생양으로 나온다. 여성의 몸을 사이에 둔 그들만의 권력 투쟁이 벌어진다. 한국 영화에서 여성들이 주로 시체로 등장하는 이유다. '관계'의 실종이다.

이 실종된 관계 속에서 많은 여성들의 일상이 비상이다. 성폭력 고발 운동은 남성들의 사생활이라는 괄호 속에 있던 여성의 일상이 그 괄호를 부수고 정치화되는 순간이다. 여성들의 이 고발 행진은 여성을 교환하고 착취하면서 성공을 쌓아가는 남성연대의 고리를 끊는 과정이다. 얼마나 유명한 가해자가 등장하는지, 어느 정도 수위로 폭력을 행사했는지로 시선이 몰리기를 원치 않는다. 성폭력 폭로에 〈JTBC 뉴스룸〉이 큰 역할을 했지만 동시에 경계하는 이유다. 피해의 전시장으로 만들고 '이제 누가 또 걸리나' 흥미진진한 관람거리로 소비해선 안 된다.

'믿음'이 투철한 사람들 눈에는 점점 여성들이 '꽃뱀'으로 변하고 있을 것이다. 메두사의 머리처럼 혀를 날름거리는 뱀들의 머리카락으로 가득한 괴물에게 둘러싸여 있다고 착각할 것이다. 사탄과 이브의 합작에 넘어갔다며 억울함을 호소하는 순진한 아담들의 곡성이 울려 퍼진다. '그런 여자', 그러니까 소위 '무고하는 꽃뱀'이 많은 건 '사실'이라고 믿지만, '그런 남자', 실제로 일어나는 수많은 성폭력을 행사하는 남자의 존재는 '과장'되었다고 믿는 사람들이 많다. 사탄 같은 뱀과 '맛있게 생긴' 돼지고기 사이를 오가는 여성들. 그저

"맛있게"(만화가 박재동) 생긴 대상이다.

『인간문제』의 또 다른 주인공인 남성 인물 '첫째'는 그리워하던 선비가 결국은 제 앞에 시체로 놓인 모습을 본다. 첫째 역시 봉건사회의 소작농으로 죽도록 노동했으나 지주에게 땅을 빼앗기니 먹고 살기 위해 인천에서 막노동을 한다. 그가 꾸준히 가지는 의문은 '법'의 실체다. 법이 무엇인지는 모르나 법이 자기와 같은 사람을 보호하기는커녕 잡아먹는 힘을 가졌다는 사실을 경험했기 때문이다. 법의 길을 잘 아는 검사도 성폭력 앞에서는 법 안으로 들어갈 길을 찾지 못했음을 우리는 잘 보았다. 선비의 죽음 앞에서 첫째는 생각한다.

이 인간문제! 무엇보다도 이 문제를 해결하지 않으면 안 될 것이다. 인간은 이 문제를 위하여 몇천만 년을 두고 싸워 왔다. 그러나 아직 이 문제는 풀리지 않고 있지 않은가! 그러면 앞으로 이 당면한 큰 문제를 풀어나갈 인간이 누굴까?[9]

누굴까. 선비는 결국 문제를 풀지 못하고 죽었으나 '우리'는 죽지 않고 살아서, 일을 그만두지도 말고, 말의 이어달리기를 해야 한다. 서지현 검사는 대한항공의 박창진 사무장을 떠올렸다는 말을 한 적 있다. 한 사람의 말하기는 언뜻 실패한 듯 보이지만 어딘가에서 다시 싹을 틔운다.

소녀들이여, 두려움 없이 말하라

우리는 앞으로도 7·4 공동성명과 6·15 공동선언, 10·4 선언이 가리키는 길을 따라 우리민족끼리 힘을 합쳐 북남관계에서의 대전환, 대변혁을 이룩하기 위해 적극 노력할 것

2017년 5월 31일 자 북한 『노동신문』의 논설이다. 이 글에서 낯선 표현을 찾을 수 있을 것이다. 우리 입에 붙은 '남북관계'가 아니라 '북남관계'라고 한다. 익숙한 언어는 지배체제의 가치관을 담고 있다. 부모, 남매, 남녀처럼 남성을 지칭하는 언어가 먼저 쓰이는 어순을 우리는 자연스럽게 받아들이고 산다. 반면 욕설에 해당하는 '연놈'은 어째서 여성을 먼저 앞세웠을까. 동물에게는 '암수'라 한다. 단순한 우연이 아니다. 속되게 부를수록, 비인간을 지칭할수록 여성(암컷)을 내세운다. 속담을 비롯한 관용적인 표현, 심지어는 역사적 사실도 쉽게 받아들이기보다 의구심을 가져야 한다.

『언어와 여성의 지위』*Language and Woman's place* 저자인 정치사회언어학자 로빈 레이코프Robin Lakoff는 강의 시간에 "크리스토퍼 콜럼버스는 1492년 아메리카를 발견했다."라는 문장을 써놓고 학생들의 반응을 본다고 한다. 이 문장에서 어떤 '문제'를 발견할 수 있는가. 우리는 이 문장을 쉽게 '역사적 사실'로 인식하는 경향이 있다. 사실에도 '입장'이 있다.

'발견'은 유럽에서 온 콜럼버스의 시각이지 원래 그곳에 살던 사람들의 시각은 아니다. 우리는 대체로 권력자의 시각과 그들의 언어를 통해 편향된 '사실'을 습득한다.

여성에 관한 말 : '녀'라는 멸칭

처음 불어를 배울 때 여성형과 남성형 명사, 이에 따라 수식하는 형용사 변화와 관사의 성별이 흥미롭고도 낯설었다. 언어를 통해 세상 만물에 대한 이해가 이분법에서 벗어나지 못하도록 만든다는 생각이 들었다. 잠깐 독일어를 배운 적 있다. 그런데 독일어에는 중성까지 있는 게 아닌가. 인도유럽어족의 특징이다. 같은 어족이라 하여 여성과 남성을 구별하는 기준이 통일되는가 하면 그렇지도 않다. 불어에서는 '광장'(la place)이 여성 명사이지만 독일어에서는 der Platz라는 남성 명사다. 이는 자연 성과는 무관한 우연 때문이지만, 꼭 '우연'만은 아니다. 이미 시몬느 드 보부아르가 독일어에서 외래어가 여성형임을 지적했듯이 성별에 대한 관념이 개입되어 있다. 아메리고 베스푸치의 이름을 딴 아메리카 대륙은 아메리고의 여성형이다. 정복해야 할 '신대륙'은 여성으로 은유된다.

언어에 젠더 개념이 처음부터 없는 한국어의 경우 젠더에 대한 고정관념에서 상대적으로 자유롭지 않을까 싶지만 안타깝게도 그렇지 않다. 우리는 구별이라기보다 아예 여성을 배제하는 언어에 익숙하다. 최인호가 마지막으로 남긴 책 제목이 나의 '외손녀'가 아니라 『나의 딸의 딸』이다. 그는 '외'㈜를 붙이기가 싫었다. 나도 '외'갓집을 비롯하여 엄마의 원가족에게 붙이는 '외'를 사용하는 일이 여전히 어색하다. 친가와 외가라니, 노골적으로 모계를 배제하는 가부장적인 언어다.

또한 적극적으로 새말을 만들어서 관념을 주입시킨다. 바로 계집 '녀'를 마구 집어넣는 것이다. 애초에 성별 구별이 없는 언어에서 성별을 강조할 때는 '열외'의 존재로 만들거나 비하의 의도를 담곤 한다. 여성 배우가 "여배우 아닌 배우로 불리고 싶다"(엄지원)라고 하거나 여성 작가들이 '여류'라 불리지 않기를 희망하는 까닭이다. 아무리 지적을 해도 언론에서 굳은 의지를 가지고 '~녀'를 사용하는 모습을 보라. 언론과 남성 커뮤니티를 중심으로 셀 수 없이 많은 '녀'가 양산되고 있다. 어디 그뿐인가. 국립국어원은 아예 차별적 언어를 제도화시키는 데 적극적으로 일조한다.

10년간 선정된 신어 총 3,663개 중에서 남성과 여성을 지칭하는 단어는 총 288개로 이 중 ~녀(걸)는 196개, ~남은 92개로 여성을 지칭하는 신어가 2배 이상 많았다. … 여성을 지칭하는 단어는 청글녀(청순하고 글래머인 여자), 잇몸녀(웃을 때 잇몸이 과도하게 드러나는 여자), 스크림녀(공포영화 범인이 쓰고 나온 괴기스러운 가면처럼 흉하게 생긴 여자)와 같이 외모와 관련된 단어가 많았다. 남성과 관련된 단어는 츤데레남(겉으로는 퉁명스럽지만 따뜻한 마음을 가진 남자), 뇌섹남('뇌가 섹시한 남자'의 줄임말. 유머가 있고 지적인 매력이 있는 남자) 등 긍정적인 뜻이 상대적으로 많았다.[10]

비유에 있어서도 부정적인 대상에게 늘 '녀'를 붙인다. 검찰이나 정부 기관의 관료를 비판할 때 '권력의 시녀'라는 말을 흔하게 사용한다. 예를 들면 이렇다. "검찰 권력의 도덕성은 시녀 정도를 넘어 창녀 수준으로 치달리고 있다."[11] 역대 검찰 총장은 모두 남성이었다. 대부분 남성으로 구성된 공권력의 도덕성을 비판하기 위해 '시녀'와 '창녀'를 끌어왔다. 게다가 '창녀'를 도덕적으로 타락한 대상으로 지칭하는 표현에 익숙하지만 성매수 남성의 도덕성은 여기서 거론되지 않는다.

여성이 하는 말 : 수다와 회담 사이

한국어를 하는 프랑스 여자를 만난 적이 있다. 한국에서 1년 정도 거주한 적도 있다고 했다. 그가 불어를 사용할 때와 한국어를 사용할 때 태도가 달랐다. 평소에는 그냥 또랑또랑 말하다가 한국어로 말할 때면 표정에 미소가 더 담기며 손으로 자꾸만 머리카락을 귀 뒤로 넘기곤 했다. 어느새 그는 조신한 여성이 되어 있었다. 모방을 통해 외국어를 배운 그는 실제로 한국 여성들의 말투와 몸짓을 그대로 익힌 것이다.

나는 외국에서 비모국어를 사용하면서 젊은 남성의 말을 가장 알아듣기 힘들었다. 듣는 상대방을 고려해서 말하는 습관이 여성들에게 더 보편화되어 있을 뿐 아니라 표준어 사용을 여성들이 더 중요하게 여기기 때문이다. 여성들이 은어나 속어를 사용했을 때 얻게 되는 사회적 이미지는 남성들의 경우보다 더 부정적이다. 남성들은 그들 간의 유대를 위해 오히려 적극적으로 비표준어를 구사한다. 이런 태도가 아직 사회적 위치가 명확하지 않은 젊은 남성들에게 더 자주 나타난다.

그뿐만 아니라 남학생들은 훨씬 더 확신을 가지고 말한다. 확신을 넘어 때로 가르치려 든다. '~라는 게 있어요'라는 식으로 설명을 하려 한다. 반면 여학생들은 웃음으로 말꼬리를 흐릿하게 만들거나 '~같아요'라는 말을 많이 사용한다. 특히 한국 젊은 여성들에게서 아기처럼 말하는 태도를 종종 발견한다. 어떤 사람들은 일상에서 '어리광부리는 말투'를 쓰는 여성을 비웃는다. 티브이에서 툭하면 젊은 여성 연예인들에게 애교 부려 보라고 하는 사회에서 과연 비웃을 일인가 싶다. 우리 사회는 실제 소녀는 성숙한 성적 매력을 뿜어내고, 성인 여성은 소녀 같은 모습을 재현하도록 만든다. 젊은 여성들이 아기처럼 말하는 습관은 제 목소리를 과감히 내기 어려운 위치에서 습득한 하나의 태도이다.

이렇듯 여성들의 얌전한 화법에 익숙하다 보니 여성이 단호하고 공격적인 언어와 화법을 구사할 경우 상대적으로 남성에 비해 더 거센 사회적 반발에 직면한다. 또한 여성의 말은 가치 있는 의견이 아니라 무시해도 될 하찮은 수다 정도로 여긴다. 외국 여성들이 출연하는 〈미녀들의 수다〉와 외국 남성들이 출연하는 〈비정상회담〉이라는 방송 프로그램의 작명에도 이러한 성별 관념이 또렷하게 나타난다. 지난 대선에서 홍준표가 심상정을 향해 "말로는 못 이겨요."라고 했다. 여기서 '말'은 실체가 아닌 허울이라는 이미지로 사용된다. 심상정이 가진 논리와 정확한 언어 사용, 성실하게 수집한 정보, 상대의 문제를 파고드는 집요한 능력을 '그냥 말빨'로 만들기 위해서다. '말로는 못 이기지만 그건 그냥 말일 뿐' 중요한 문제가 아니다, 말로 꼬투리를 잡을 뿐이라는 인식을 심어 준다.

이중 언어 구사자 되기

앞서 살펴보았듯이 여성이 하는 말은 훨씬 공손하지만, 여성에 관한 말은 상스럽다. 여성은 공손한 발화자여야 하지만 쉽게 멸칭의 대상이 된다. 언어가 없는 사람과 언어를 주도적으로 생산하는 사람과의 대화는 가능할까. 대부분 사회적 약자는 2개 국어 이상을 구사한다. 마음속에서 움터 나오지 못한 채 우물거리는 말과 그가 입 밖에서 공식적으로 사용하는 말 사이에 간극이 생긴다.

2017년 '페미니스트 선생님이 필요하다'는 해시태그가 사회관계망서비스에 등장했다. 교육 현장에서 페미니스트의 중요성은 아무리 강조해도 모자라지 않다. 더 정확히 말하자면, 굳이 '페미니스트' 교사라고 부를 필요가 없을 정도로 사회의 차별이 옳지 않다는 인식이 있어야 한다. 일단 언어를 정확하게 사용하는 교사가 필요하다.

사람과의 관계, 자신이 모르는 소수자 문화, 타자의 세계 등에 대해 알아갈 때 나는 '외국어를 공부하듯' 접근해야 한다고 생각한다. 우리는 외국어를 배울 때 자신이 그동안 어떻게 살아왔든, 학벌이 어떻게 되든, 나이가 얼마나 많든, 스스로를 '배우는 사람'으로 인정한다. 외국어 앞에서 누구나 초보자의 경험을 하며 모국어를 벗어났을 때 자신이 펼칠 수 있는 능력이 급격하게 떨어짐을 경험한다. 내 말이 올바르게 전달되는지 조심하고, 미묘한 감정을 살피며 눈치 보고, 상대의 문화에서 어떻게 들리는지 역지사지를 꾸준히 하기 마련이다.

마찬가지로 이러한 학습 방식을 일반적인 인간관계에서는 물론이고 흔히 사회적으로 타자화되는 세계에 다가갈 때에도 적용해야 한다. 여성의 말을 듣고, 지역의 목소리를 듣고, 다른 인종의 언어를 들으며 꾸준히 '다른 언어'를 배우지 않으면 듣지 못하는 인간으로 살아간다. 물론 몰라도 불편하지 않은 사람들이 있다. 몰라도 불편하지 않은 이유는 그만큼 이 세계의 타자들이 이중 노동을 하는 덕분이다. 미국에서 태어나 모국어만 해도 미국인은 세계 시민이 되지만, 제2외국어까지 갖춰도 이민자는 영원한 이방인이다. 그 이방인들이 자신의 모국어를 익혀준 덕분에 1세계 시민으로 불편하지 않게 살아간다는 사실을 '모른다.' 제주도 사람은 누구나 육지의 언어를 익히듯, 여성을 포함하여 대부분의 사회적 타자들은 자연스럽게 '바이링구얼'로 길러진다. 자신의 언어가 있어도 사회의 '표준어'를 익혀야만 한다. 아이들의 교육을 위해 Be bilingual, 곧 이중 언어 구사자 되기에 관심 가진 부모들이 많다. 이 '외국어'의 개념이 철학적으로, 정치적으로 확장되면 좋겠다. 외'국'어만이 아니라 타자의 언어를 익히기.

그리고 이 '타자'들은 두려움 없이 말할 권리가 있다. 흑인 차별에 저항한 버스 보이콧 운동[12]의 상징인 로자 파크스Rosa Parks의 유명한 말이 있다. "당신이 그렇게 해도 좋다."You may do so 이 말은 로자 파크스가 버스에서 백인에게 자리를 양보할 것을 거부한 뒤 경찰에 연행될 때 했던 말이다. 나의 체포를 허락한다는 뜻이다. 그는 자신을 피해자로 두기보다 저항하는 주체로 행동하기를 선택했다. 우리의 말 한 마디 한 마디는 정치적 역할을 한다. 상식을 불편하게 만드는 언어를 통해 억압당하는 존재는 힘을 얻는다. 상식에 저항하라. 해방된 언어는 행동에 추동력을 준다. 소녀들이여, 야망을 가져라! 여기에 덧붙이고 싶다. 소녀들이여, 두려움 없이 말하라.

> 소녀여
> 시인이란 왜 그대들이 고독한지
> 그것을 말할 수 있기 위해
> 그대들한테 배우는 사람들이오.
> ─ 문정희, 「첫 만남 ─ 릴케를 위한 연가」 중에서

살아서 말한다

소녀들이 말한다. 학교 안에서 남성 교사에 의해 무슨 일이 벌어지는지 폭로가 이어진다. 내게도 교실 안의 여학생 시절이 있었기에 '스쿨 미투'를 보며 그 상황에 대한 별도의 상상력은 필요 없었다. '스쿨 미투'는 청소년들이 학교에서 겪는 성폭력을 고발하는 운동을 일컫는다. 이런 사건이 발생하면 교사의 지인들이 '절대 그럴 사람이 아니다'라며 교사를 변호하고 나선다. 성폭력 사건이 드러나면 주변에서

흔히 '나는 몰랐다'라고 말한다. 아직 진위를 가리는 사건에서는 '그럴 사람이 아니다'라고 말하며 폭로자의 말을 믿지 않는 적극적인 움직임이 있다. 훌륭한 교육자가 어째서 성희롱할 리 없는 사람이라는 근거가 되는지 의아했다. 좋은 아빠도 성폭력을 저지를 수 있다. 내가 중학교에 다닐 때 칠판 위에 여자 가슴을 그리며 "가슴은 이렇게 생긴 게 예쁜거야."라던 영어 교사도 교육자로서 신념을 가진 교사일 수 있다. 뜀틀 위에서 구르기 시범을 보이던 체육부장의 엉덩이를 수많은 아이들 앞에서 북처럼 두드리던 체육교사도 동료들 사이에서는 절대 그럴 사람이 아닐 것이다.

교사의 지인들은 학생들이 실제로 겪은 일에 대해 잘 모르지만, 자신이 평소 맺고 있는 관계에 기대어 결과적으로 그럴 리 없다는 주장을 한다. 잘 몰라도 말할 수 있다는 게 권력이다. 교사와 학생의 관계는 이미 권력이 균등하지 않다. 어떤 언론은 학생들의 목소리에 '황당 미투'라는 제목을 붙였다. 학생들의 말을 들어보지도 않고 앞장서서 교사의 억울함을 대변해 주는 태도야말로 과연 교육적인가. 이야기를 지배하려는 욕망이 권력욕이다.

성폭력을 둘러싼 논쟁은 많은 경우 이처럼 평판 싸움이 끼어든다. 대체로 그럴 사람이 아닌 가해자와 그럴 만한 피해자의 구도가 만들어진다. 평판에 있어 여성들은 남성보다 상대적으로 취약한 위치에 있다. 사회에서 권력을 가진 사람이 누구이며 누구의 말이 더 객관적 (힘센 주관) 위치를 점하는지 생각해 보라. 평판싸움에서 대부분 여성들은 진다. 많은 성폭력 판결에서 위력은 폭력과 인과관계가 없다고 외면하지만, 피해자에 대한 평판은 사건과 집요하게 인과관계를 가진다.

폭력의 개념은 사회적 맥락 속에서 규정된다. 성폭력을 바라보는 사회의 시선은 대부분 폭력이 벌어지는 상황이 아니라 가해자와 피해자라는 정체성에 집착한다. 한 사건의 피해자는 모든 일상에서 피해자 역할을 하지 않으면 피해 상황을 인정받지 못한다.

직장에서 상하관계가 남녀관계로 불리는 순간 여성은 노동자가 아니라 남자 홀리는 마녀로 등극한다. 안희정 성폭력 사건에서 여론은 이 '마녀'를 심판했다. 피해자 정체성에 부합하는지 아닌지를 따졌다. 무엇보다 1심 재판부의 가장 큰 '죄'는 '법이 없어 처벌 못 한다'는 그릇된 인식을 성차별주의자들이 당당하게 표출할 수 있는 사법적 근거를 마련해 줬다는 점이다. "No means no rule(노 민즈 노)이나 yes means yes rule(예스 민즈 예스)이 입법화되지 않은 현행 우리 성폭력 범죄 처벌 법제 하에서는 피고인의 행위를 처벌하기 어렵다고 판단하였음."이라는 사법부의 의견은 문제적이다. 또한 '성적 자기결정권'이라는 언어를 배운 사법부는 이제 여성에게 성적 자기결정권을 왜 지키지 않았냐고 훈계하는 방향으로 가고 있다. 실제로 '정조'를 '성적 자기결정권'이라는 언어로 바꿨을 뿐 그 의식은 동일선상에 있다. 인권을 침해하는 사람이 아니라, 침해받는 피해자가 잘못이라는 식이다. 500년 전 루터와 그 제자들의 대화를 보자.

귀족의 성폭행 시도를 피하려다 창문에서 몸을 던져 떨어져 죽은 소녀 이야기가 나왔습니다. 그런 경우를 자살로 보아야 하는가 하는 질문이 제기되었습니다. 루터 박사는 이렇게 말했습니다. "아닙니다. 소녀는 그렇게 해야만 몸을 지킬 수 있다고 생각한 것입니다. 자신이 지켜야 할 것이 목숨이 아니라 정절이라 생각한 것입니다.[13]

동서양을 막론하고 왜 여성은 목숨보다 정절을 지켰는가. 목숨을 걸지 않으면 자신의 피해를 입증하지 못한다. 살아남은 성폭력 피해자는 문화적으로 '유죄'를 받는다.

그리하여, 때가 되면, 당신은 그에게 의지해야 한다.
미치광이의 정액이 아직도 허벅지에 끈적이고
정신은 실성한 듯 빙빙 도는데.
당신은 그에게 자백을 해야만 한다, 당신은
당신이 당한 그 범죄에 대해 유죄이므로.
— 에이드리언 리치, 「강간」 중에서

"그 범죄에 대해 유죄"인 성폭력 피해자는 목숨을 걸고 범죄를 막아야 무죄가 된다. 오늘날에도 한국의 사법부는 여성의 성적 자기결정권이 그저 남성에게 예스나 노로 답하는 걸로 이해하고 있다. 한국 남성들에게 성폭력이 어지간해서는 사법적 처벌을 받기 힘들다고 힌트를 주고 피해자들을 좌절시키는 꼴이다. 안희정에게는 질문하기보다 그의 말을 들었고, 김지은에게는 그의 말을 듣지 않고 질문을 했다. 이때 질문은 곧 심문이 된다. 재판부가 수용하는 정보에 차이가 있으며 편파적으로 구성된 정보가 언론을 타고 흘러나온다. 그 덕분에 1심에서 안희정은 무죄를 받았다.

안희정 성폭력 사건에 대해 '위력은 있으나 위력을 행사하지 않았다'는 말장난은 위력 행사에 대한 이해가 없음을 보여준다. 자신의 폭력을 '관행이었다'고 주장한 연극연출가 이윤택의 피해자가 쓴 고발문 중에 이런 문장이 있다. "선생님께서 또다시 절 성폭행하시기 시작했습니다." 이 문장을 잊을 수 없다. 이 한 문장에 어떻게 권력으로 수많은 사람들을 찍어 눌렀는지 잘 드러난다. 괴로운 과거의 폭력 정황을 설명하는 와중에도 피해 여성은 깍듯한 존댓말로 가해 행위를 알린다. 이것이 바로 위력이다. 오늘날의 이 말하기는 폭력과 착취의 구조에 균열을 내는 일상생활의 혁명이다. '스쿨 미투'에 가장 적극적으로 목소리를 내는 단체는 '정치하는 엄마들'이다. 이 단체는 '스쿨 미투' 발생 현황을 계

속 취합하여 전국 지도를 작성했다. 학교 내 성폭력이 전국
에 널렸다.

강간문화는 살아서 말하는 성폭력 피해자를 멸시한다.
피해 당사자가 스스로 말할 수 없는 상황에서만 피해자의
진정성을 인정한다. 말하지 않는 피해자, 곧 죽음을 뜻한다.
그 후 가증스럽게도 강간문화는 피해자를 추모한다. 배우
장자연의 이름을 입에 올리며 살아있는 성폭력 피해자를
믿지 않는 이들이 있다. 장자연은 하나의 기표로 작동한다.
의미는 장자연의 이야기로 채워지지 않는다. 장자연의 이름
을 내세워 살아있는 여성들을 멸시할 뿐이다.

강간문화를 지탱하는 중요한 기둥은 피해자에게 강요
된 수치심이다. 피해자의 수치심은 성폭행 이후 생존자 사
후관리이며 잠재적 성폭력 피해자를 지속적으로 양산할 수
있는 중요한 요소다. 현장에서 저항하다 산화되지 않았다
면 살아있음을 수치스러워해야 마땅하다. 생물학적으로 살
아있다면 사회적으로 죽여야 한다. 한데 살아서 얼굴을 드
러내고 제 목소리로 말하는 피해자는 이 문화를 뒤흔든다.
수치심의 오작동은 강간문화를 당혹스럽게 만든다. 이제 마
지막 카드는 피해자를 가짜로 모는 것이다. 그렇기에 김지
은은 '가짜'로 몰렸다. 2019년 대법원에서 안희정은 결국 3
년 6개월, 이윤택은 7년 확정을 받았다. '살아서 말한' 여성
들의 역사가 쌓여간다.

2019년 1월 30일 광화문광장에서 불법촬영 및 비동의 유포 피해자를 기리는 '이름 없는 추모제'가 열렸다. 성폭력 피해로 이름 없이 죽어간 여성들이 얼마나 많을까. 피해 여성의 자살은 사회적 타살이다. 이 타살을 남성연대는 방조한다. 피해자를 없애서 피해 사실도 함께 묻는다. 이제는 죽지 않고 살아가며 진실을 밝힐 것이다. 여성들이 겹겹이 목소리를 쌓아 서사의 권력을 빼앗기지 않을 것이다. 이야기, 곧 서사를 만드는 능력과 태도는 삶을 '있게' 만드는 최소한의 무기다. 샤이야르의 손에 죽지 않고 살아남아 그의 여성 연쇄살인을 멈추게 만든 세헤라자데의 힘은 바로 천 하루 동안 끊임없이 이야기를 짓는 능력에 있었다.[14]

삭발과 상의 탈의

많은 투쟁을 보고 들으며 살지만 가장 가슴이 먹먹해지는 순간은 최후의 수단으로 제 몸을 사용할 때다. 대표적으로 단식과 삭발이 그렇다. 단식과 달리 삭발은 건강에 영향을 미치진 않는다. 머리카락은 어차피 다시 자란다. 그렇다면 삭발이 왜 투쟁에서 의미가 있을까. 삭발은 수행의 각오, 항거의 의미, 징계의 징표 등이었다. 특히 신체발부 수지부모라는 유교 문화권에 있는 한국에서 삭발은 '몸을 깎는다'는 상징성이 있었다. 투쟁하는 사람들은 개인의 개성을 지우고 오직 정치적인 몸이 되어 발화하기 위해 머리카락마저 잘라낸다.

2019년 자유한국당 의원들의 삭발은 단식투쟁을 조롱하는 폭식투쟁만큼 폭력적이진 않더라도, 삭발의 의미를 변질시킨다는 점에서 쓴웃음이 난다. 약자의 언어를 빼앗듯이 이들은 꾸준히 연좌농성, 삭발, 단식과 같은 투쟁의 언어를 집어삼킨다. 패션으로서의 삭발인지, 나름 미용적 측면을 고려하여 '빡빡' 깎지는 않았다. 게리 올드만과 율 브리너를 언급하며 서로 띄워주는 모습에는 웃음도 안 난다.

황교안 당시 자유한국당 대표는 삭발한 뒤 더욱 젊은 남성의 이미지를 얻었고 강한 남성성에 도취된 모습을 보인다. 이제 한발 더 나아가 스티브 잡스 흉내를 내느라 운동화에 면바지와 헤드셋 마이크까지 소품으로 갖추고 프레젠테이션을 했다. 그가 연출하는 젊은 이미지에 비하면 전하는 메시지는 퇴행적인 반노동 정책일 뿐이다. 박근혜 전 대통령이 제 어머니의 머리 모양으로 지지층을 결집시키는 일종의 '향수' 전략을 썼다면, 자유한국당은 나름 젊은 이미지를 얻으려 몸부림친다. 나아가 삭발의 남성성은 나경원의 삭발을 부추긴다. 특히 외모가 많이 언급되는 여성일수록 이 외모에 타격을 주려는 시선도 있는 법이다. 낄낄대며 나경원의 삭발에 관심이 쏠리는 모습은 저열했다.

여성의 삭발은 남성보다 훨씬 전복적이다. 1989년 영화

〈아제아제 바라아제〉 촬영을 위해 강수연이 삭발했을 때 상당한 화제였다. 그는 '삭발 투혼'의 연기를 보여줬다고 평가받았다. 1995년 옥소리 역시 〈카루나〉에서 비구니 역할을 위해 삭발했다. 머리를 밀며 그는 눈물을 쏟았다. 여성의 외적 아름다움에 많은 영향을 끼치는 머리카락을 여성 배우가 모두 잘라낼 때 이는 '투혼'으로 바라본다.

여성의 삭발이 가지는 의미가 남성과 다르듯, 여성이 옷을 벗는 투쟁도 남성의 경우와 다르다. 사회적으로 최소한의 체면을 만들어주는 의복을 걷어낸 몸으로 대항함으로써 희롱과 조롱의 대상이 되기 쉬운 여성의 몸을 투쟁의 몸으로 전환시킨다. 여성이 투쟁의 방식으로 옷을 벗을 때 그 몸은 가리는 몸이 아니라 두려움 없는 몸이 된다.

단식이나 상의 탈의는 그야말로 '가진 게 몸뚱이뿐'인 사람들이 선택하는 최후의 수단이다. 이들의 언어가 제대로 전달되지 않을 때, 몸 그 자체만이 발화 도구가 된다. 이때 몸은 비유로서의 몸이 아니다. 머리를 밀고 곡기를 끊고 옷을 벗으며 온몸을 목소리로 전환시킨다. 더는 잃을 게 없는 사람들이 몸을 투쟁의 도구이자 주체로 활용한다면, 자유한국당 의원들은 자신이 가진 것을 잃기 싫어서 몸을 활용했을 뿐이다.

거의 중년 여성으로 구성된 도로공사 요금수납원들이 점거농성 중 윗옷을 벗었을 때 역사의 시간은 43년 전 동일

방직 여성 노동자들의 투쟁으로 돌아갔다. 1995년 출간된 신경숙의 『외딴방』에 등장하는 여성 노동자들이 옷을 벗고 외치던 목소리도 들렸다. 2013년 밀양송전탑 반대를 위해 옷을 벗은 고령의 여성들이 기억 속에서 되살아난다. 대법원 판결까지 받은 합법적인 고용을 위해서도 여성들이 옷을 벗고 외쳐야 하는 상황을 '촛불' 이후에도 보고 있다. 오늘날은 43년 전처럼 옷을 벗어던진 여성 노동자들에게 오물을 뿌리진 않았으나 그 순간 카메라를 들이대며 히죽거리는 폭력적 눈이 있었다.

도로공사 요금 수납원들은 원래의 위치에서 하던 일을 계속하고 싶을 뿐이다. 사법부도 이들의 목소리가 옳다고 판단했다. 그럼에도 '톨게이트 아줌마'들이 '정규직 시켜 달라고' 억지를 부리는 줄 안다. 이 투쟁은 또다시 역사가 될 것이다. 싸우는 여자가 이긴다. 싸우는 여자들의 존재는 단순하게 말하면 '여기 사람이 있다'는 존재 증명이다.

재현의 대상에서 재현의 주체로

평소에는 장애인이나 여성이 공공장소에서 보이는 모습을 마뜩치 않게 생각하지만 이들을 적극적으로 보이게 만들 때가 있다. 2017년 1월 반기문은 노인 요양원에서 노인의 얼굴을, 2011년 나경원은 장애인을 목욕시키며 장애인의 벗은 몸을 카메라에 노출되게 만들었다. 이때 노인이나 장애인은 반기문과 나경원의 '선행'을 보여주기 위한 도구로 활용된다. 노인이나 장애인의 동의와 무관하다. 그들은 비인격적 대상으로서 정치인의 정치 행보를 위해 언론에 몸이 실린다. 노인과 장애인은 몸이 보이지만 주체적으로 목소리 내는 존재가 되지 못한다.

칼 마르크스는 『루이 보나파르트의 브뤼메르 18일』에서 '대표자'들이 결국 자신이 대표하는 집단 위에 군림하며 권력을 남용하는 현실을 비판했다.

> 그들은 의회를 통해서건 국민공회를 통해서건 간에 자기의 이름으로 자기계급의 이해를 관철시켜 나갈 수 없다. 그들은 스스로를 대표할 수 없고, 누군가에 의해 대표되어야 한다. 그들의 대표는 동시에 그들 위에 군림하는 권위로, 그들의 지배자로, 그리고 그들을 다른 계급들로부터 보호해 주고 그들에게 위로부터 비와 햇빛을 선사하는 무제한적 행정 권력으로 나타나야만 한다.[15]

재현의 주체, 곧 대표자들은 재현의 대상을 지배한다. 대표되지 못하는 재현의 대상은 제도 속에서 스스로 말하지 못한다. 그렇기에 제도 밖으로 나올 때 그들은 '누구에 의해' 대표되지 않고 스스로 외칠 기회를 얻는다.

『보이지 않는 인간』의 '나'는 자신이 왜 자기 이야기를 길게 쓰는지 마지막에 말한다. "나 자신도 모르게 무언가를 배웠기 때문이다. 실행의 가능성이 없는 모든 지식은 '철해 두고 잊을 것'이라는 딱지가 붙은 지식으로 전락한다. 나는 철해 둘 수도, 잊어버릴 수도 없다. 또 어떤 생각들은 나를 놓아주지 않는다."[16] 나의 경우 지나간 시간 속에서 보고, 듣고, 경험했으나 내 안에서 소화되지 않은 이미지와 이야기, 시선들을 계속 복기했다. 철해 둘 수도, 잊어버릴 수도 없는, 여전히 진행 중인 나를 불편하게 하는 많은 문제들을 기록하고 생각하는 과정이다. 세상에서 재현되는 여성의 모습과 실제 제 삶과의 괴리감 속에서 '나의 이야기'를 하지 않으면 그 간극을 헤쳐 나갈 도리가 없는 사람들이 있다. '나'의 입장을 모르는 사람들이 '나'를 대변하도록 내버려 둘 수는 없다. 스스로 자신을 대변하지 못하는 여성들은 아름다운 피해자에 갇힌다. 혹은 '요즘 여자'와는 다른 여자, 예외적인 여자라는 남성 사회의 인정을 필요로 한다.

주체와 타자의 관계는 시선의 권력과 밀접한 관계가 있다. 사르트르Jean-Paul Sartre는 『존재와 무』에서 '공원에서의 관찰자'를 통해 이 개념을 제시한다. 아무도 없는 공원에 들어선 한 사람. 그는 그 공원 안에서 누구의 간섭도 받지 않는 시선의 지배자다. 공원 안의 모든 것은 이 관찰자에 의해 풍경이 된다. 그러나 새로운 사람이 공원에 들어오자 그는 더 이상 독자적인 관찰자로서 주체의 위치를 가질 수 없게 된다. 그는 다른 사람에 의해 다시 보이는 대상으로 위치가 바뀐다. 이렇게 시선의 권력은 전복된다.

재현은 대표성을 가진다. 재현하다represent는 미학적 재현과 정치적 대표라는 뜻을 모두 담고 있다. 재현은 어떤 것을 강조하고 드러내기 위해 필연적으로 다른 어떤 것을 지우고 흐릿하게 만든다. 원근법으로 세상을 볼 때 시선의 주체에서 멀리 있는 대상은 작고 희미하게 보인다. 누가 어떻게 재현되는가, 무엇을 어떻게 기억하는지에 대해 끊임없이 의문을 가지고 대표되는 것들을 재구성하기, 이는 곧 재현의 정치다.

영화 〈공작〉(2018)은 재현의 권력을 쉽게 설명할 수 있는 영화다. 이 영화에서 주인공 흑금성(황정민)이 여성에게 말을 거는 장면은 딱 두 번 있다. 두 번 모두 대화를 시도하는 태도는 아니었고, "미인이다"라는 품평이었다. 영화 속에서 연대든 적대든 모두 남성의 몫이다. 그들의 공작과 그들의 울분 속에서 그들의 밀고 당기기가 있다. 이 영화의 마지막은 실제 2005년에 있었던 한 광고 장면을 재현한다. 남한의 이효리와 북한의 조명애가 만나는 장면이다. 여태 국가와 민족을 대표하던 남성들은 이 광고에서는 무대 아래에 머문다.

여성은 재현의 주체는 될 수 없지만 재현의 대상으로는

잘 활용된다. 바로 남성으로 대표되는 민족의 연대에서 여성은 일종의 '윤활유' 역할을 위해 전면에 나선다. 나아가 이 여성 간에 만들어낸 재현에도 차이가 있다. 남한의 스타는 세련된 이미지를 연출하여 진보의 시간을 드러내지만 북한의 스타는 한복을 입어 민족 정체성을 더욱 부각한다.

'한국의 미'라는 모호한 개념 속에는 한국 여성에 대한 대상화가 포함된다. 해외에 걸린 서울시 홍보 광고에 한복 입은 여성 실루엣이 야릇한 분위기로 들어간 적이 있다. 여성이 주로 전통의 자리를 맡아두면 남성은 앞서 나아가는 진보의 상징을 맡는다. 일상에서도 결혼식과 장례식 복장에는 이러한 의식이 침투해 있다. 여성은 전통을 이끌어간다기보다 전통의 재현을 맡는다. 재현의 윤리는 재현하는 사람과 대표하는 사람의 권력관계에 대한 고찰이다.

재현의 대상은 종종 서사의 권력을 잃는다. 재현의 주체는 재현의 대상을 침묵시킨다. 에드워드 사이드Edward Said는 『오리엔탈리즘』에서 '동양에 관한 진실들이 사실은 누군가에 의해 그렇게 만들어진 것일 뿐'이라는 점을 폭로했다. 재현의 주체는 재현의 대상을 자신이 보는 위치에서 묘사하며 나아가 정의한다. 어떤 경우는 보는 일에 동참하지 않기도 하나의 저항이다. 보이는 대로 보지 말고 무엇을 볼 것인가, 무엇을 보지 않을 것인가, 나아가 무엇을 '어떻게' 보느냐의 문제이다.

성경에서 천지를 창조하는 동안 지속적으로 "하나님이 보시기에 좋았더라."라고 한다. 하나님이 보는 위치에 있다. 또한 하나님은 천지를 창조할 때마다 이름을 지어 부른다. 낮이라 부르고 밤이라 부르고 바다라 부른다. 하나님은 들짐승과 새를 만들고 이들을 부를 권한을 아담에게 준다. "아담이 무엇이라고 부르나 보시려고 그것들을 그에게로 이끌어 가시니 아담이 각 생물을 부르는 것이 곧 그의 이름이 되었더라."(『창세기』 2 : 19) 이처럼 아담은 모든 짐승에게 이름을 준다. 아담은 하나님이 만든 여자 인간을 보며 역시 이름을 짓는다. "여자라 부르리라 하니라."(『창세기』 2 : 23) "아담이 그의 아내의 이름을 하와라 불렀으니 그는 모든 산 자의 어머니가 됨이더라."(『창세기』 3 : 20) 하나님이 남자와 동식물을 만들고 천지에 이름을 붙였다면 남자인 아담이 여자의 이름을 부르고 동물의 이름을 지었다. 신과 남성은 보고 부르는 주체이나 여성과 동식물은 남성에게서 이름을 부여받는다. 남성은 그렇게 신의 대리인이 된다.

　　'시위하다'라는 뜻의 영어 단어 demonstration은 '나타내다'라는 의미가 있다. 시위는 보여줌이다. 보이지 않는 인간을 보여주는 행위, 존재를 보여주어 목소리의 주인을 확실하게 드러내는 행동이다. 얼굴, 이름, 목소리는 이야기의 주체가 되기 위한, 개인이 되기 위한 필수 요소다. 이름을 부여받고, 보이는 대상이며, 듣기만 하는 대상은 해석되어지기만 한다. 침묵시키는 권력에 저항하기. 이는 해석의 대상이 아니라, 자기 이야기의 주인이 되기 위한 분투다. 보이지 않는 것을 보려 하고, 들리지 않는 것을 들으려 하고, 이름 없는 자의 이름을 부르자. '우리'는 서로에게 침묵하는 목격자가 되지 않는 용기가 필요하다. 이름 없이 사라진 모든 이들을 애도한다.

:: 후주

서문 : 보이지 않는 보통명사의 존재들을 위하여
1. 김지헌, 「서울 구청장들 "박원순 정책 흔들림없이 … 논란은 사적 영역"」, 『연합뉴
   스』, 2020년 7월 14일 수정, 2020년 8월 15일 접속, https://bit.ly/2Y2lBwL.

1부 복기
1. 미국의 레스토랑 체인점으로 세계 각지에 지점이 있다. 레스토랑 이름인 후터스
   (hooters)는 '올빼미'를 뜻하는 후터(hooter)의 복수형이며 '후터'는 속어로 여성의
   큰 가슴을 뜻한다. 주로 남성을 대상으로 영업하며 종업원은 모두 여성이다. 이 여
   성들은 '후터스 걸'로 불린다. 오늘날에는 여성을 성적 대상화한다는 많은 비판을
   받으며 점차 매장이 사라지는 추세다.
2. 1935년생인 크리스토와 잔 클로드(Christo and Jeanne-Claude)는 대지예술, 혹
   은 환경예술로 유명한 부부 작가다. 이들은 파리의 퐁뇌프 다리, 마이애미의 섬 등
   을 대규모 천으로 감싸는 작업을 진행했다.
3. 19세기 말에서 20세기 초에 영국을 중심으로 일어난 공예운동으로 작가와 장인,
   창작과 노동의 이분법에서 벗어나려는 시도였다. 산업혁명 후 대량생산에 대한 회
   의와 중세 시대 수공예의 예술성을 되찾으려는 움직임이 일어났다.
4. 1913년 영국 런던에서 작가 로저 프라이(Roger Fry)가 만든 공방으로, 예술을 실
   생활에 응용하는 작업을 보여줬다.
5. 신경숙, 『외딴방』, 문학동네, 1995, 32쪽.

2부 얼굴, 이름, 목소리

1장 보이지 않는 인간
1. 랠프 엘리슨, 『보이지 않는 인간 1』, 조영환 옮김, 민음사, 2008, 131쪽.
2. 흑인 최초로 미국에서 주요 문학상을 수상했다는 설명이 꼭 따라오는 랠프 엘리
   슨의 『보이지 않는 인간』은 엘리슨이 생전에 발표한 유일한 장편소설이다. 엘리슨
   은 이 장편소설을 쓰는 데 7년이 걸렸다. 그 기간 동안 아내가 경제활동을 담당했
   다. 이 작품은 백인에 의해 억압받는 흑인뿐만 아니라 백인 남성에 의해 성적 억압
   을 받는 백인 중산층 여성이 겪는 문제도 함께 다뤄진다. 계층과 인종 문제를 집요
   하게 파헤친 탁월한 작품이지만 흑인 '남성'이 가진 한계도 있다. 상대적으로 흑인
   여성이 겪는 문제가 덜 가시화되었으며, 백인 여성이 겪는 문제는 중산층의 성적
   억압에 초점이 맞춰져 있다. 이는 백인 중산층 여성들이 흑인 남성을 성적으로 착
   취하는 문제를 보여주는 통로로 작용한다. 여성이 겪는 문제가 주로 섹슈얼리티에

한정되어 있기에 '남성적 응시'를 드러내는 한계가 있으나 차별이 작동하는 방식을 매우 치밀하게 보여주는 작품이다.

3. 랠프 엘리슨, 『보이지 않는 인간 1』, 11쪽.

4. 랠프 엘리슨, 『보이지 않은 인간 2』, 조영환 옮김, 민음사, 2008, 215쪽.

5. 해리엇 터브먼(Harriet Tubman, 1820~1913)은 노예로 태어났으나 탈출하여 노예 폐지론자로 활동했다. 당시 노예해방운동가와 탈출한 노예들의 네트워크와 비밀 아지트를 제공하는 역할을 했던 '언더그라운드 레일로드'의 대표적인 활동가다. 남 북전쟁 후에는 여성참정권 운동에도 참여하였다.

6. 논쟁적인 책 『채식의 배신』의 저자 리어 키스는 채식을 하던 시절에는 "엄마가 있 거나 얼굴이 있는 건 먹지 않는다."라고 했다. 그러나 훗날 "왜 얼굴이 있고 없고가 어떤 생물이 더 중요하고 그렇지 않고를 결정하는 요인이 되었을까? 얼굴의 진짜 의미는 그 생물이 얼마나 인간과 비슷하게 생겼는지를 결정하는 요소라는 데 있 다."(41쪽)라고 자신의 인간 중심의 사고에 의구심을 던진다.

7. 랠프 엘리슨, 『보이지 않는 인간 2』, 90쪽.

8. 에마뉘엘 레비나스, 『전체성과 무한』, 김도형·문성원·손영창 옮김, 그린비, 2018.

9. 18세기 후반 영국, 미국, 프랑스에서 노예제 폐지 운동이 본격적으로 시작되었다. 미국 북부의 일부 주가 노예제를 폐지하고, 프랑스에서는 1793~94년에 걸쳐 공식 적으로 노예제가 폐지되었다. 영국은 노예무역제를 폐지(1807)한 후, 1833년 노예 제를 폐지한다. 1865년이 되어야 미국 전역에서 공식적으로 노예제가 완전히 폐지 된다.

10. 조지 암스트롱 커스터(George Armstrong Custer, 1839~1876)는 미국 군인으로 남북전쟁에서 미연합군(북군)에서 활약했고, 그 후로는 서부에서 원주민과의 전 쟁에서 활약하여 사실상 원주민 학살에 앞장섰다. 후에 원주민과의 전투인 몬태 나의 리틀빅혼 전투에서 전사한다.

11. Frederick Douglass, *Narrative of the life of Frederick Douglass, an American Slave*, Barnes & Noble Books, 2003, p. 17. [프레더릭 더글러스, 『미국 노예, 프레 더릭 더글러스의 삶에 관한 이야기』, 손세호 옮김, 지만지, 2014.]

12. 강준만, 『미국사 산책 8 ― 미국인의 풍요와 고독』, 인물과 사상사, 2010.

13. 송채경화, 「"'홍대 누드모델 사진 유출' 워마드는 페미니즘이 아니다"」, 『한겨레신 문』, 2018년 5월 9일 수정, 2020년 8월 15일 접속, https://bit.ly/3kPpCyn.

14. 수전 손택, 『타인의 고통』, 이재원 옮김, 이후, 2004, 103~104쪽.

15. 2017년 6월 한 초등학교 교감이 여성 교사를 과녁 앞에 세워놓고 체험용 활을 쏜 사실이 알려졌고 해당 교감은 직위해제 되었다.

16. 2017년 11월 성심병원에서 간호사들에게 노출이 심한 옷을 입고 선정적인 춤을 추도록 강요한 사실이 알려져 사회적으로 논란이 일었다.

2장 보여지는 인간

1. 한승곤, 「"죽어서도 성관계"…양진호 '리벤지 포르노' 어떻게 진화했나」, 『아시아경

제」, 2018년 11월 7일 수정, 2020년 8월 15일 접속, https://bit.ly/2PW5Zqc.

2. 2013년 당시 남성연대 대표였던 성재기가 서울 마포대교에서 투신 후 사망했다. 2015년 메갈리아가 만들어지면서 메갈리아 회원들이 한국 남성들을 조롱하는 의미로 성재기의 이름을 빌려 '재기해'라는 말을 사용하였다.

3. 유튜버로 활동했던 양예원은 과거에 '비공개 촬영회'에 아르바이트를 하러 갔다가 성추행을 겪었다고 2018년 5월 유튜브를 통해 폭로했다. 이를 계기로 '비공개 촬영회'의 문제가 사회적으로 알려졌다. 이 촬영회에서 양예원을 성추행한 남성은 2019년 8월 강제추행과 사진 유포로 대법원에서 유죄 확정 판결을 받았다.

4. 발터 벤야민, 『발터 벤야민의 문예이론』, 반성완 편역, 민음사, 1983, 220쪽.

5. 수전 브라운밀러, 『우리의 의지에 반하여』, 박소영 옮김, 오월의봄, 2018.

6. 홍성식, 「"O씨에겐 미안하다, 언제까지 숨어 살수는 없었다"」, 『오마이뉴스』, 2000년 5월 24일 수정, 2000년 8월 15일 접속, https://bit.ly/3iJXhYc.

7. 2019년 8월 최종범은 폭행협박에 대해서는 유죄를 받았으나 '불법촬영' 혐의는 무죄를 받았다.

8. 스타투데이, 「변혁 감독 "욕망의 노예가 되지 말자는 각성, 말하고 싶었다"」, 『스타투데이』, 2018년 8월 25일 수정, 2020년 8월 15일 접속, http://news.mk.co.kr/newsRead.php?no=533820&year=2018.

9. 한병철, 『에로스의 종말』, 김태환 옮김, 문학과지성사, 2015, 42쪽.

10. 박민규, 『죽은 왕녀를 위한 파반느』, 예담, 2009, 375쪽.

11. 같은 책, 41쪽.

12. 강신주, 『상처받지 않을 권리』, 프로네시스, 2009, 288쪽.

13. http://headlesswomenofhollywood.com/

14. 윌리 톰슨, 『노동, 성, 권력』, 우진하 옮김, 문학사상사, 2016, 148쪽.

15. 데커드가 인간이냐 복제 인간이냐를 두고 논란이 있지만 그는 '인간의 역할'을 한다면 레이첼은 영화에서 확실하게 복제 인간으로 판명이 난다.

16. 시몬느 드 보부아르, 『제2의성 ─ 상·하』, 조흥식 옮김, 을유문화사, 1993, 218쪽.

17. 앙드레 브르통, 『나자』, 오생근 옮김, 민음사, 2008, 11쪽.

18. 같은 책, 45쪽.

19. 같은 책, 165쪽.

20. 엘렌 식수, 『메두사의 웃음/출구』, 박혜영 옮김, 동문선, 2004, 16쪽.

3장 듣는 인간에서 말하는 인간으로

1. 신경숙, 『외딴방』, 184쪽.

2. 자넷 토드, 『세상을 뒤바꾼 열정』, 서미석 옮김, 한길사, 2003, 86쪽.

3. 권김현영, 「'군림하는 적폐'의 무지에 대하여」, 『한겨레21』, 2017년 8월 1일 수정, 2020년 8월 15일 접속, https://bit.ly/325Jjte.

4. 한스 크리스티안 안데르센, 『안데르센 동화전집』, 윤후남 옮김, 현대지성, 2016, 86쪽.

5. 이 사건에 대한 여러 의견 중에서 박유하 교수의 페이스북 글은 상당히 문제적이

다. 그가 『제국의 위안부』라는 책을 썼기에 그의 의견은 자주 주목받고 언론에 인용되기 쉽다. 그런 점에서 여성살해에 대한 그의 의견은 페이스북에 쓴 글이라도 대수롭지 않게 넘기기 어렵다. 그는 가해 남성의 행동에 굳이 서사를 지어준다.

"2008년부터 병을 앓았다니 34살 되기까지 여자 친구도 없었을 가능성이 높다. 그런 성적 박탈감과 가난이 만든 분노가 직접적인 원인이 아닐까."

이 문장에서 '사실'은 가해 남성의 정신병력뿐이다. 그 뒤로 이어지는 서술은 박유하의 짐작이다. 성적 박탈감과 가난이 한 여성을 살해하는 동력이 될 수도 있다는 서사를 만들어준다. 실제로 그럴 수 있다. 문제는 왜 자신의 성적 박탈감과 가난을 여성살해로 해결하느냐에 대한 비판과 분석으로 이어지지 않는다면 '위험한 연민'에 그치고 만다. 이어서 그는 계층의 화두를 꺼낸다.

"대한민국에서 가장 화려한 장소인 "강남"의 구석진 그늘인 "화장실"에서 일어났다는 것이 내겐 상징적으로 보인다."

이러한 상징을 읽는 건 너무 무리이지 않을까. 범죄 행위에 대한 문학적 수사를 경계한다. 이 문장은 '화려한' 강남과 '그늘진' 화장실이라는 구도를 만들어 가해자의 계층적 울분을 연민하도록 이끈다. 그 화려한 강남에서 왜 '여성'을 죽였을까. 마치 살해당한 여성이 강남의 화려함과 연관이 있는 듯이 읽힌다는 점에서 위험한 발언이다. 살해된 여성은 아무 말도 할 수 없는 상황이다. 그는 "여성혐오를 읽어내는 건 중요하지만, 여성혐오'만' 보는 일은 또 다른 잠재적 살인자가 늘어나는 걸 막지 못한다."라고 덧붙인다. 여성혐오'를' 지적하는 이들이 여성혐오'만' 본다는 말장난은 사실상 여성혐오를 언급하는 이들의 목소리를 진압하는 방식이다. 실제로 박유하의 이 페이스북 게시글을 많은 사람들이 인용했다. 박유하의 의도는 아닐 수 있지만, 이처럼 애매한 신중함은 대체로 가해자를 연민하도록 돕는 결과를 만든다.

6. 가네코 후미코, 『무엇이 나를 이렇게 만들었는가』, 정애영 옮김, 이학사, 2012, 215쪽.
7. 윌라 캐더, 『나의 안토니아』, 전경자 옮김, 열린책들, 2011, 287쪽.
8. 마쓰다 미사, 『소문의 시대』, 이수형 옮김, 추수밭, 2016, 257쪽.
9. 배우 조덕제는 2015년 영화 촬영 도중 상대 여성 배우를 강제 추행한 혐의로 유죄 판결을 받았다. 1심에서 무죄였으나 대법원 최종 판결에서 유죄가 확정되었다. 그럼에도 그는 페이스북 등을 통해 직접적으로 사건과 무관한 영상을 올려 자신의 무고함을 호소했다. 사법적 판결과 무관하게 여론 재판에 기대어 무죄를 주장했다. 그의 지인인 개그맨 출신 언론인 이재포는 악의적으로 피해 여성에 대한 헛소문을 퍼뜨렸다. 이재포는 결국 2018년 허위사실 유포로 1년 2개월 실형을 선고받았다.
10. 2002년에 「그 페미니즘」을 쓴 김규항의 현재 생각은 달라진 것으로 보인다. 예를 들어 메갈리아의 '미러링'을 이해하는 방식이나 텔레그램 성착취 사건에서 가해자의 신상공개 사안에 대해 그는 대체로 페미니스트들과 비슷한 목소리를 냈다.

4장 너는 누구냐
1. 리베카 솔닛, 『이것은 이름들의 전쟁이다』, 김명남 옮김, 창비, 2018.
2. 변정윤·이혜정·희정, 『(당신이 스쳐 지나간) 얼굴들』, 이상엽 사진, 한국비정규노

동센터 기획, 후마니타스, 2017.

3. 박진, 「[세상읽기] n번방의 죄와 벌」, 『한겨레신문』, 2020년 3월 24일 수정, 2020년 8월 15일 접속, http://www.hani.co.kr/arti/opinion/column/933706.html.

4. 권김현영, 「[세상읽기] 평생 고통받기를 바란다」, 『한겨레신문』, 2020년 3월 25일 수정, 2020년 8월 15일 접속, http://www.hani.co.kr/arti/opinion/column/933897.html.

5. 랠프 엘리슨, 『보이지 않는 인간 2』, 371쪽.

6. 2018년 2월 20대 여성이 제주도의 한 게스트 하우스에 숙박했다가 주인 남성에게 살해당했다. 용의자는 여성을 살해한 후에도 영업을 하다가 경찰의 수사를 피해 제주도를 탈출했고 천안의 한 모텔에서 자살했다.

7. 김기태·하어영, 『은밀한 호황』, 이후, 2012.

8. 문정희, 「곡시(哭詩) – 탄실 김명순을 위한 진혼가」, 『문예중앙』 148호, 2016년 겨울호.

9. 신준봉, 「"고은은 돌출적 존재, 무조건 매도는 말아야"」, 『중앙일보』, 2018년 2월 9일 수정, 2020년 8월 15일 접속, https://news.joins.com/article/22357457.

10. 2018년 2월 24일 〈김어준의 다스뵈이다〉에서 김어준은 '미투'를 지지하는 듯하지만, 앞으로 문재인 정부를 겨냥한 '공작'을 위한 폭로가 있으리라 '예언'한다는 발언을 한다.

11. 제임스 조이스, 『젊은 예술가의 초상』, 여석기 옮김, 문예출판사, 2006.

12. Tippi Hedren, *Tippi: A Memoir*, William Morrow, 2016.

13. "데이비드 프리먼이 쓴 「알프레드 히치콕의 말년」(The Last Days of Alfred Hitchcock, *Esquire*, 1982.4.)과 함께 도널드 스포토(Donald Spoto)가 쓴 전기물인 『천재의 어두운 면』(*The Dark Side of Genius*)를 읽으면 도움이 된다. 어떤 비평가들은 위대한 인물의 애처로운 말년을 그런 식으로 까발린다고 그 두 작가를 비난하기도 했다. 내 자신은 그런 주석가들처럼 가혹하게 말하고 싶진 않다. 그 두 작가는 말년의 히치콕을 사회적이고 직업적인 관계로만 사귀었기 때문에 굳이 히치콕에게 감사하는 마음을 갖거나 호의적인 이유가 없는 것이다." 프랑수아 트뤼포, 『히치콕과의 대화』, 곽한주·이채훈 옮김, 한나래, 1994, 423~424쪽.

5장 싸우는 인간으로

1. 대부분 연예인의 부모나 형제들이 빚을 진 뒤 갚지 않은 사실이 폭로되는 현상으로 '미투 운동'에 빗대어 '빚투'라고 했다.

2. 김용, 『사조영웅전5』, 김용소설번역연구회 옮김, 김영사, 2003, 326쪽.

3. 브라운밀러, 『우리의 의지에 반하여』, 479쪽.

4. 응구기 와 시옹오, 『피의 꽃잎들』, 왕은철 옮김, 민음사, 2015, 572~573쪽.

5. 정대연, 「[단독]"덕분에 도우미 비용 아꼈다" "나랑 자자"…서지현 검사, 또 다른 성폭력도 폭로」, 『경향신문』, 2018년 1월 30일, 2020년 8월 15일, https://bit.ly/2Y1xgeY.

6. 랠프 엘리슨, 『보이지 않는 인간 2』, 361쪽.

7. 카롤린 엠케, 『혐오사회』, 정지인 옮김, 다산초당, 2017, 166쪽.

8. 강경애, 『소금·인간문제』, 문학사상사, 2006, 336쪽.

9. 같은 책, 395쪽.

10. 조미덥, 「'낮져밤이', '개공감' 신조어 등록한 국립국어원, 소수자는 나몰라라」, 『경향신문』, 2015년 10월 7일 수정, 2020년 8월 15일 접속, http://news.khan. co.kr/kh_news/khan_art_view.html?artid=201510071438501.

11. 김기협, 「검찰은 '권력의 시녀'? 이정도면 '창녀'지」, 『프레시안』, 2014년 5월 20일 수정, 2020년 8월 15일 접속, https://bit.ly/3g0tf0G.

12. 1955년 미국 앨라배마주 몽고메리에서 백인에게 버스 좌석을 양보하지 않았다는 이유로 버스 기사는 경찰을 불렀고 로자 파크스는 연행되었다. 짐 크로우(Jim Crow) 법으로 불리는 인종분리정책에 의해 흑인의 자리는 버스 뒷자리였고, 버스의 중간 즈음 앉았던 로자 파크스에게 백인 승객이 일어날 것을 요구했다. 자리가 없다면 백인은 앉아 있는 흑인에게 자리를 요구할 권리가 있는 사회였기 때문이다. 이런 부당함에 흑인들은 꾸준히 항거했다. 로자 파크스의 사건이 특히 더 유명하게 알려진 이유는 개개인의 저항이 아니라 조직적으로 장기간 운동이 이어졌기 때문이다. 이 운동은 마틴 루터 킹 주니어가 이끌었고 장기간의 저항에도 그는 꾸준히 비폭력을 주장했다. 380여 일간 흑인들은 버스 타기를 거부하고 걷거나 카풀을 했고 이 운동은 다른 지역으로도 알려져 비슷한 버스 보이콧이 여러 곳에서 일어났다. 대부분 대중교통을 흑인들이 이용했기 때문에 장기간의 버스 보이콧은 버스회사에도 막대한 손실을 안겼고 결국 법원도 인종분리정책이 위헌이라는 판결을 내렸다.

13. 마르틴 루터, 『탁상담화』, 크리스챤다이제스트 편집부 엮음, 이길상 옮김, 크리스챤다이제스트, 2005, 426쪽.

14. 세헤라자데는 『천일야화』에서 이야기를 이어가는 이야기꾼이다. 샤이아르 왕은 아내가 노예와 간통하는 장면을 목격한 후 아내를 살해하고, 그 후 매일 밤 새로운 여자와 동침 후 살해하기를 반복한다. 이 연쇄살인을 멈추기 위해 세헤라자데는 자발적으로 왕과의 동침을 자청한다. 동생을 끌어들여 동생이 이야기를 해 달라고 조르는 상황을 만든 후 세헤라자데는 끝없이 이야기를 이어간다. 그의 이야기를 듣기 위해 왕은 세헤라자데를 죽이지 않고 하루하루 함께 보내는 동안 천 하루가 지났으며 그사이에 세헤라자데는 세 명의 자식을 낳는다. 왕은 드디어 여성살해를 멈추기로 한다.

15. 칼 마르크스, 『루이 보나파르트의 브뤼메르 18일』, 최형익 옮김, 비르투, 2012, 141쪽.

16. 랠프 엘리슨, 『보이지 않는 인간 2』, 369쪽.